劳动合同法

一本通

法规应用研究中心　编

中国法治出版社
CHINA LEGAL PUBLISHING HOUSE

编辑说明

“法律一本通”系列丛书自2005年出版以来，以其科学的体系、实用的内容，深受广大读者的喜爱。2007年、2011年、2014年、2016年、2018年、2019年、2021年、2023年我们对其进行了改版，丰富了其内容，增强了其实用性，博得了广大读者的赞誉。

我们秉承“以法释法”的宗旨，在保持原有的体例之上，今年再次对“法律一本通”系列丛书进行改版，以达到“应办案所需，适学习所用”的目标。新版丛书具有以下特点：

1. 丛书以主体法的条文为序，逐条穿插关联的现行有效的法律、行政法规、部门规章、司法解释、请示答复和部分地方规范性文件，以方便读者理解和适用。

2. 丛书紧扣实践和学习两个主题，在目录上标注了重点法条，并在某些重点法条的相关规定之前，对收录的相关文件进行分类，再按分类归纳核心要点，以便读者最便捷地查找使用。

3. 丛书紧扣法律条文，在主法条的相关规定之后附上案例指引，收录最高人民法院、最高人民检察院指导性案例、公报案例以及相关机构公布的典型案例的裁判摘要、案例要旨或案情摘要等。通过相关案例，可以进一步领会和把握法律条文的适用，从而作为解决实际问题的参考。并对案例指引制作索引目录，方便读者查找。

4. 丛书以脚注的形式，对各类法律文件之间或者同一法律文件不同条文之间的适用关系、重点法条疑难之处进行说明，以便读者系统地理解我国现行各个法律部门的规则体系，从而更好地为教学科研和司法实践服务。

目 录

中华人民共和国劳动合同法

第一章 总 则

第二章 劳动合同的订立

第三章　劳动合同的履行和变更

第四章　劳动合同的解除和终止

第五章　特别规定

第一节　集体合同

第二节　劳务派遣

第八章 附 则

附 录 一

附录二

附录三

案例索引目录

中华人民共和国劳动合同法

（2007年6月29日第十届全国人民代表大会常务委员会第二十八次会议通过　根据2012年12月28日第十一届全国人民代表大会常务委员会第三十次会议《关于修改〈中华人民共和国劳动合同法〉的决定》修正）

目　　录

第一章　总　　则

第一条　立法宗旨①

为了完善劳动合同制度，明确劳动合同双方当事人的权利和义务，保护劳动者的合法权益，构建和发展和谐稳定的劳动关系，制定本法。

● 宪　法

1.《宪法》（2018年3月11日）②

第42条　中华人民共和国公民有劳动的权利和义务。

国家通过各种途径，创造劳动就业条件，加强劳动保护，改善劳动条件，并在发展生产的基础上，提高劳动报酬和福利待遇。

劳动是一切有劳动能力的公民的光荣职责。国有企业和城乡集体经济组织的劳动者都应当以国家主人翁的态度对待自己的劳动。国家提倡社会主义劳动竞赛，奖励劳动模范和先进工作者。国家提倡公民从事义务劳动。

国家对就业前的公民进行必要的劳动就业训练。

第43条　中华人民共和国劳动者有休息的权利。

国家发展劳动者休息和休养的设施，规定职工的工作时间和休假制度。

● 法　律

2.《劳动法》（2018年12月29日）

第1条　为了保护劳动者的合法权益，调整劳动关系，建立

---

① 条文主旨为编者所加，仅供参考，下同。

② 本书法律文件使用简称。本书所标规范性文件的日期为该文件的通过、发布、修改后公布日期之一。以下不再标注。

和维护适应社会主义市场经济的劳动制度，促进经济发展和社会进步，根据宪法，制定本法。

第3条 劳动者享有平等就业和选择职业的权利、取得劳动报酬的权利、休息休假的权利、获得劳动安全卫生保护的权利、接受职业技能培训的权利、享受社会保险和福利的权利、提请劳动争议处理的权利以及法律规定的其他劳动权利。

劳动者应当完成劳动任务，提高职业技能，执行劳动安全卫生规程，遵守劳动纪律和职业道德。

第4条 用人单位应当依法建立和完善规章制度，保障劳动者享有劳动权利和履行劳动义务。

第5条 国家采取各种措施，促进劳动就业，发展职业教育，制定劳动标准，调节社会收入，完善社会保险，协调劳动关系，逐步提高劳动者的生活水平。

● 行政法规及文件

3. **《保障农民工工资支付工作考核办法》**（2023年9月21日 国办发〔2023〕33号）

第1条 为落实保障农民工工资支付工作的属地监管责任，有效预防和解决拖欠农民工工资问题，切实保障农民工劳动报酬权益，维护社会公平正义，促进社会和谐稳定，根据《保障农民工工资支付条例》等有关规定，制定本办法。

4. **《国务院办公厅关于优化调整稳就业政策措施全力促发展惠民生的通知》**（2023年4月19日 国办发〔2023〕11号）

（十三）细化实化政策。各地要结合实际，细化实化本通知明确的各项政策措施，加速释放政策红利。同步梳理前期本地出台的阶段性稳就业政策，明确优化调整意见，落实好各项常态化就业政策，推动各项政策落地见效、惠企利民，为就业大局总体稳定提供有力保障。政策实施中的重要问题和经验做法，及时报有关主管部门。

● 司法解释及文件

5.《最高人民法院关于审理劳动争议案件适用法律问题的解释(二)》(2025年7月31日　法释〔2025〕12号)

第2条　不具备合法经营资格的组织或者个人挂靠具备合法经营资格的单位对外经营，该组织或者个人招用的劳动者请求确认被挂靠单位为承担用工主体责任单位，承担支付劳动报酬、认定工伤后的工伤保险待遇等责任的，人民法院依法予以支持。

第5条　依法设立的外国企业常驻代表机构可以作为劳动争议案件的当事人。当事人申请追加外国企业参加诉讼的，人民法院依法予以支持。

● 案例指引

1. 冯某诉大连某公司北京研发中心劳动争议案(人民法院案例库：2023-16-2-490-007)①

案例要旨：用人单位未按规定足额缴纳社会保险致使劳动者工伤保险待遇降低的，应承担差额损失赔偿责任。本案因大连某公司北京研发中心未足额缴纳工伤保险费用，事实上导致冯某工伤保险待遇降低，且无法通过行政途径予以救济，原审法院对此项诉讼请求未予支持欠妥，冯某主张由大连某公司北京研发中心承担其一次性伤残补助金差额94842元，应予支持。

2. 男职工在妻子生育子女后依法享受护理假(最高人民法院发布劳动争议典型案例②)

案例要旨：近年来，各地落实《中共中央 国务院关于优化生育

---

①　参见人民法院案例库，https：//rmfyalk. court. gov. cn/，最后访问时间：2025年8月2日。本书同一出处案例仅在其首次出现时标注来源。

②　参见中华人民共和国最高人民法院网站，https：//www. court. gov. cn/zixun/xiangqing/431252. html，最后访问时间：2025年8月2日。

政策促进人口长期均衡发展的决定》，出台支持优化生育的政策措施。在家庭中，丈夫和妻子共同承担着生儿育女的责任。陪产护理假是男职工在妻子生育期间享有的看护、照料妻子与子女的权利。本案中，人民法院判令用人单位支付男职工护理假期间的工资，有助于引导用人单位严格执行国家相关规定，发挥男性在生育中不可或缺的丈夫和父亲的角色作用，强化两性在生育事务中的平等合作，有利于下一代的健康成长、生育支持政策体系的进一步完善及人口的高质量发展。本案根据《江苏省人口与计划生育条例》第二十四条规定，符合本条例规定生育子女的夫妻，女方在享受国家规定产假的基础上，延长产假不少于三十天，男方享受护理假不少于十五天，假期视为出勤，在规定假期内照发工资。李某在护理假期间视为出勤，某服饰公司应当发放工资。审理法院支持李某要求某服饰公司支付十五天护理假工资等诉讼请求。

3. **禁止用人单位体罚，保障劳动者人格权**（江苏省高级人民法院发布2023年度劳动人事争议十大典型案例①）

案例要旨：2018年7月，李某入职某信息服务公司，后担任团队主管。工作期间，公司多次发布指令，要求包括李某在内的未完成工作任务的团队主管，立即执行五公里、十公里的晨跑或者夜跑、爬行高达28层的公司大厦三次，且必须即刻打卡上传，否则会遭受面谈、劝退。2022年7月，李某以公司违反相应法律规定为由邮寄离职申请。后李某申请劳动仲裁，要求信息服务公司支付加班工资、经济补偿金。仲裁裁决未予支持后，李某诉至法院。法院经审理认为，因用人单位的违法行为导致劳动者无法继续工作，从而被迫提出辞职的，用人单位应当支付解除劳动合同经济补偿金。本案中，信息服务公司确实存在未支付加班工资的情形，且公司多次要求李某执行强度极大的惩罚措施，侵犯劳动者的人身权利，李某主张被迫辞职有

① 参见江苏省高级人民法院微信公众号，https：//mp. weixin. qq. com/s/94YnHcvStSWig7BH0hp7HA，最后访问时间：2025年8月2日。

事实和法律依据。法院遂判决信息服务公司支付李某加班工资和经济补偿。公司不服，提出上诉。二审中，双方达成调解协议。

第二条 适用范围

中华人民共和国境内的企业、个体经济组织、民办非企业单位等组织（以下称用人单位）与劳动者建立劳动关系，订立、履行、变更、解除或者终止劳动合同，适用本法。

国家机关、事业单位、社会团体和与其建立劳动关系的劳动者，订立、履行、变更、解除或者终止劳动合同，依照本法执行。①

● 法 律

1.《劳动法》（2018 年 12 月 29 日）

第 2 条 在中华人民共和国境内的企业、个体经济组织（以下统称用人单位）和与之形成劳动关系的劳动者，适用本法。

国家机关、事业组织、社会团体和与之建立劳动合同关系的劳动者，依照本法执行。

---

①《劳动合同法》扩大了《劳动法》的适用范围：

一是规定中华人民共和国境内的企业、个体经济组织、民办非企业单位等组织与劳动者建立劳动关系，订立、履行、变更、解除或者终止劳动合同，适用本法。也就是在适用范围中增加了民办非企业单位等组织及其劳动者。

二是规定事业单位与实行聘用制的工作人员订立、履行、变更、解除或者终止劳动合同，法律、行政法规或者国务院另有规定的，依照其规定；未作规定的，依照本法有关规定执行。也就是明确事业单位与实行聘用制的工作人员之间也应订立劳动合同，但考虑到事业单位实行的聘用制度与一般劳动合同制度在劳动关系双方的权利和义务方面、管理体制方面存在一定的差别，因此允许其优先适用特别规定。

三是规定国家机关、事业单位、社会团体和与其建立劳动关系的劳动者，订立、履行、变更、解除或者终止劳动合同，依照本法执行。也就是除公务员和参照公务员法管理的人员，以及事业单位中实行聘用制的工作人员外，国家机关、事业单位、社会团体与其他劳动者均应当建立劳动关系，并执行本法。

● 行政法规及文件

2.《劳动合同法实施条例》（2008 年 9 月 18 日　国务院令第 535 号）

第 3 条　依法成立的会计师事务所、律师事务所等合伙组织和基金会，属于劳动合同法规定的用人单位。

第 4 条　劳动合同法规定的用人单位设立的分支机构，依法取得营业执照或者登记证书的，可以作为用人单位与劳动者订立劳动合同；未依法取得营业执照或者登记证书的，受用人单位委托可以与劳动者订立劳动合同。

● 司法解释及文件

3.《最高人民法院关于审理劳动争议案件适用法律问题的解释（二）》（2025 年 7 月 31 日　法释〔2025〕12 号）

第 4 条　外国人与中华人民共和国境内的用人单位建立用工关系，有下列情形之一，外国人请求确认与用人单位存在劳动关系的，人民法院依法予以支持：

（一）已取得永久居留资格的；

（二）已取得工作许可且在中国境内合法停留居留的；

（三）按照国家有关规定办理相关手续的。

4.《最高人民法院关于为稳定就业提供司法服务和保障的意见》（2022 年 12 月 26 日　法发〔2022〕36 号）

一、推动落实就业优先政策，支持稳市场主体保就业

……

4. 依法支持脱贫人口稳岗就业，推动农村劳动力转移就业。为巩固拓展脱贫攻坚成果、全面推进乡村振兴、实施乡村建设行动提供有效司法服务，妥善处理涉“三农”领域传统纠纷以及休闲农业、乡村旅游、民宿经济、健康养老等农村新业态纠纷，妥善处理涉农担保融资纠纷案件，促进农村产业融合发展，推动提升富农产业、本地特色产业就业吸纳能力。深入推进新型城镇化

和乡村振兴战略有效衔接，为农村劳动力转移就业提供有效司法服务，依法保障进城落户农民农村土地承包权、宅基地使用权、集体收益分配权，依法平等保护其就业、教育、住房、医疗等民生权益，推动在城镇稳定就业生活、具有落户意愿的农业转移人口便捷落户。推动形成平等竞争、规范有序、城乡统一的劳动力市场，落实城乡劳动者平等就业、同工同酬，完善办理拖欠农民工工资案件的快立快审快执通道，依法适用先予执行，推动完善欠薪治理长效机制，依法推动农业转移人口全面融入城市。

5. 依法支持高校毕业生就业，促进多渠道灵活就业。妥善审理平等就业权纠纷案件，依法纠正用人单位因性别歧视、地域歧视等不予招录、拒绝签订劳动合同的行为，破除各种不合理限制，推动高校毕业生平等就业、多渠道灵活就业创业。依法打击“黑职介”、虚假招聘、售卖简历等违法犯罪活动，依法审理涉就业见习纠纷案件，妥善认定涉就业见习用工法律关系，维护高校毕业生合法就业权益。对因受疫情影响不能按时离校的应届毕业生，在处理相关案件时要引导用人单位推迟签约时间，相应延长报到接收、档案转递、落户办理时限。高校毕业生在试用期内因受疫情影响不能返岗的，可以引导用人单位采取灵活的试用考察方式考核其是否符合录用条件；无法采取灵活考察方式实现试用期考核目的的，无法实施考察实现试用期考核目的期间可以协商不计算在原约定试用期内，用人单位通过顺延试用期变相突破法定试用期上限的，人民法院不予支持。科学设置司法辅助岗位，深化落实基层法官助理规范便捷招录机制，畅通政法专业高校毕业生进入基层人民法院就业渠道。

二、依法规范新就业形态用工，推动平台经济可持续发展

……

6. 准确把握新就业形态民事纠纷案件审判工作要求。推进落实《人力资源社会保障部、国家发展改革委、交通运输部、应急

部、市场监管总局、国家医保局、最高人民法院、全国总工会关于维护新就业形态劳动者劳动保障权益的指导意见》（以下简称新业态劳动者权益保障指导意见）有关制度和要求，加强灵活就业和新就业形态劳动者权益保障，支持和规范发展新就业形态，合理认定平台企业责任，支持网约配送、移动出行、网络直播等平台企业在引领发展、创造就业、国际竞争中大显身手。依法支持劳动者依托互联网平台就业，支持用人单位依法依规灵活用工，引导平台企业与劳动者就劳动报酬、工作时间、劳动保护等建立制度化、常态化沟通协调机制，保障新就业形态劳动者合法劳动权益。适时制定司法政策，发布典型案例，统一裁判标准，发挥个案裁判和司法政策引领作用，推动形成新就业形态用工综合治理机制。

7. 依法合理认定新就业形态劳动关系。平台企业及其用工合作单位与劳动者建立劳动关系的，应当订立书面劳动合同。未订立书面劳动合同，劳动者主张与平台企业或者用工合作单位存在劳动关系的，人民法院应当根据用工事实和劳动管理程度，综合考虑劳动者对工作时间及工作量的自主决定程度、劳动过程受管理控制程度、劳动者是否需要遵守有关工作规则、劳动纪律和奖惩办法、劳动者工作的持续性、劳动者能否决定或者改变交易价格等因素，依法审慎予以认定。平台企业或者用工合作单位要求劳动者登记为个体工商户后再签订承揽、合作等合同，或者以其他方式规避与劳动者建立劳动关系，劳动者请求根据实际履行情况认定劳动关系的，人民法院应当在查明事实的基础上依法作出相应认定。

8. 加强新就业形态劳动者合法权益保障。不完全符合确立劳动关系情形但企业对劳动者进行劳动管理的，可以结合新业态劳动者权益保障指导意见有关规定，依法保障劳动者权益。依法保护劳动者按照约定或者法律规定获得劳动报酬的权利；劳动者因不可抗力、见义勇为、紧急救助以及工作量或者劳动强度明显不合理等非主观因素，超时完成工作任务或者受到消费者差评，主张不能因此扣减应得报酬的，人民法院应当依法支持。推动完善劳动者因执行工作任务遭受损害的责任分担机制。依法认定与用工管理相关的算法规则效力，保护劳动者取得劳动报酬、休息休假等基本合法权益；与用工管理相关的算法规则存在不符合日常生活经验法则、未考虑遵守交通规则等客观因素或者其他违背公序良俗情形，劳动者主张该算法规则对其不具有法律约束力或者请求赔偿因该算法规则不合理造成的损害的，人民法院应当依法支持。

9. 推动健全新业态用工综合治理机制。依法妥善审理涉新就业形态社会保险纠纷案件，支持完善基本养老保险、医疗保险参保办法，推动企业引导和支持不完全符合确立劳动关系情形的新就业形态劳动者，根据自身情况参加相应社会保险。依法妥善审理保险合同纠纷案件，促进平台企业通过购买人身意外、雇主责任等商业保险，提升平台灵活就业人员保障水平。妥善审理机动车交通事故责任纠纷、非机动车交通事故责任纠纷等案件，依法合理认定各方责任，推动平台企业制定注重遵守交通规则等社会秩序的算法规则和规章制度，强化外卖快递从业人员遵守交通规则等社会秩序意识。配合有关部门推动行业协会、头部企业或者企业代表与工会组织、职工代表开展协商，签订行业集体合同或者协议，推动制定行业劳动标准；畅通裁审衔接程序，完善多元化解机制，支持各类调解组织、法律援助机构等依法为新就业形态劳动者提供更加便捷、优质高效的纠纷调解、法律咨询、法律援助等服务。

5.《最高人民法院关于人民法院审理事业单位人事争议案件若干问题的规定》（2003 年 8 月 27 日　法释〔2003〕13 号）

为了正确审理事业单位与其工作人员之间的人事争议案件，根据《中华人民共和国劳动法》的规定，现对有关问题规定如下：

第 1 条　事业单位与其工作人员之间因辞职、辞退及履行聘用合同所发生的争议，适用《中华人民共和国劳动法》的规定处理。

第 2 条　当事人对依照国家有关规定设立的人事争议仲裁机构所作的人事争议仲裁裁决不服，自收到仲裁裁决之日起十五日内向人民法院提起诉讼的，人民法院应当依法受理。一方当事人在法定期间内不起诉又不履行仲裁裁决，另一方当事人向人民法院申请执行的，人民法院应当依法执行。

第 3 条　本规定所称人事争议是指事业单位与其工作人员之间因辞职、辞退及履行聘用合同所发生的争议。

● 人大代表建议的答复

6.《人力资源社会保障部对十三届全国人大二次会议第 3577 号建议的答复》（2019 年 7 月 24 日　人社建字〔2019〕38 号）

一、关于外籍教师的管理政策

在我国，高等学校大部分是事业单位。目前，事业单位实行编制管理。按照《事业单位人事管理条例》的规定，事业单位与其聘用的工作人员应订立聘用合同，期限一般不低于 3 年。按照劳动合同法第二条“事业单位与其建立劳动关系的劳动者，订立、履行、变更、解除或者终止劳动合同，依照本法执行”的规定，事业单位与其建立劳动关系的劳动者应订立劳动合同。

按照《外国人在中国就业管理规定》（劳部发〔1996〕29 号）、《关于全面实施外国人来华工作许可制度的通知》（外专发〔2017〕40 号）的规定，包括外籍教师在内的外国人来华就业的，应当办理来华工作许可，用人单位与被聘用的外国人应依法订立劳动合同，劳动合同的期限不得超过五年。同时，按照《事业单位公开招聘人员暂行规定》（原人事部令第 6 号）的规定，事业单位需要招聘外籍人员的，须报省级以上政府人事行政部门核准，并按照国家有关规定进行招聘。因此，外籍教师在我国高校就业的，高校应与外籍教师签订不超过五年的固定期限劳动合同，不适用劳动合同法关于无固定期限合同的规定。

将外籍教师统一纳入高校教师进行管理的，能在学术待遇、社会待遇等方面赋予外籍教师更多的权利，但目前受我国事业单位编制管理的限制，且一旦纳入统一管理，外籍教师的劳动报酬也会受到目前事业单位工作人员工资管理制度的约束。我部正在会同有关部门积极研究相关工作，拟在部分地方开展探索性试点。

二、关于建立健全外籍教师社会保险制度

按照《社会保险法》、《在中国境内就业的外国人参加社会保险暂行办法》（人力资源社会保障部令第 16 号，以下简称 16 号令）的规定，外籍教师在我国就业，应当依法参加职工社会保险，由高校和本人按照规定缴纳社会保险费。包括外籍教师在内的跨国流动就业人员在就业国依法参加基本养老保险是国际通用做法。具有与中国签订社会保险双边或多边协议国家国籍的人员在中国境内就业的，可根据协议免除在中国缴纳基本养老保险费等缴费义务。

根据 16 号令，在中国就业并参保的外籍教师在达到规定的领取养老金年龄前离境的，其养老保险个人账户予以保留，再次来中国就业的，缴费年限累计计算；本人书面申请终止养老保险关系的，也可以将其个人账户储存额一次性支付给本人。上述规定，既可维护在中国就业的外籍教师合法的养老保险权益，也赋予了离境外籍教师个人选择权。

在中国高校就业的外籍教师与其他职工一样，按照同样的办法缴纳基本养老保险费、享受基本养老保险待遇。为了保障养老保险制度健康平稳发展，根据现行法规政策，参加职工基本养老保险的人员达到法定退休年龄、累计缴费不满 15 年的，无法采取一次性补缴的方式增加缴费年限。外籍教师符合延缓退休条件的，可办理延缓退休，高校和外籍教师本人可继续缴纳养老保险费，其中在社会保险法实施前即2011年7月1日前已经参加职工基本养老保险的人员，延长缴费5年后仍不足15年的，可以一次性缴费至满15年。

案例指引

1. 某服务外包公司诉徐某确认劳动关系纠纷案（人民法院案例库：2023-07-2-186-010）

案例要旨：徐某经由某服务外包公司安排至某网络科技公司经营的“某某买菜”九亭站从事配送工作，徐某虽与某服务外包公司签订了《自由职业者合作协议》及《新业态自由职业者任务承揽协议》，然对于双方间真实的法律关系，应根据双方间的实际权利义务内容依法予以审查并作出认定。根据双方当事人陈述及本案查明的事实，徐某从事的配送工作属于某服务外包公司自某网络科技公司处承揽的配送等业务的组成部分。徐某在“某某买菜”九亭站从事配送工作，需接受该站站长的管理，按照站长的排班准时到站，并需根据派单按时完成配送任务，徐某并无选择接单的自由。且从徐某的报酬组成来看，虽双方提供的明细中对于报酬的组成项目在表述上有差异，但均包含有基本报酬、按单计酬以及奖励等项目，表明某服务外包公司对徐某的工作情况进行相应的考核和管理。综上，某服务外包公司与徐某签订的合作协议、承揽协议，与双方实际权利义务履行情况不相匹配，徐某与某服务外包公司存在事实上的人格、经济、组织从属性，双方间的法律关系符合劳动关系基本特征。徐某主张与某服务外包公司之间存在劳动关系，具有事实依据，应予以支持。

2. 依法厘清灵活就业人员法律关系，促进行业健康有序发展（江苏省高级人民法院发布2023年度劳动人事争议十大典型案例）

案例要旨：对于未订立书面劳动合同且双方对法律关系存在争议的，应当根据用工事实和劳动管理程度等因素确定。本案中，王某无需受服务公司规章制度的约束，服务公司对王某亦不进行奖惩，王某对于是否接单、何时接单、接单内容均有自由选择的权利，在没有接单时无需出勤、时间自由安排，且王某亦存在以个人名义提供月嫂外接单服务的情形，双方不存在劳动关系，故判决驳回王某的诉讼请求。

第三条 基本原则

订立劳动合同，应当遵循合法、公平、平等自愿、协商一致、诚实信用的原则。

依法订立的劳动合同具有约束力，用人单位与劳动者应当履行劳动合同约定的义务。

● 法 律

《劳动法》（2018 年 12 月 29 日）

第 16 条 劳动合同是劳动者与用人单位确立劳动关系、明确双方权利和义务的协议。

建立劳动关系应当订立劳动合同。

第 17 条 订立和变更劳动合同，应当遵循平等自愿、协商一致的原则，不得违反法律、行政法规的规定。

劳动合同依法订立即具有法律约束力，当事人必须履行劳动合同规定的义务。

● 案例指引

1. 彭某诉某有限责任公司追索劳动报酬纠纷案（最高人民法院指导案例 182 号）

案例要旨：用人单位规定劳动者在完成一定绩效后可以获得奖金，其无正当理由拒绝履行审批义务，符合奖励条件的劳动者主张获奖条件成就，用人单位应当按照规定发放奖金的，人民法院应予支持。

2. **李某诉某足球俱乐部有限公司追索劳动报酬纠纷案**（人民法院案例库：2023-07-2-186-013）

案例要旨：劳动者的工资报酬应当按时发放。某足球俱乐部有限公司拖欠李某工资及奖金未予发放，并为李某出具欠条，对李某要求某足球俱乐部有限公司支付295200元工资奖金的诉请，予以支持。《最高人民法院关于审理劳动争议案件适用法律问题的解释（一）》第十五条规定："劳动者以用人单位的工资欠条为证据直接提起诉讼，诉讼请求不涉及劳动关系其他争议的，视为拖欠劳动报酬争议，人民法院按照普通民事纠纷受理。"李某以《欠条》为证据直接提起诉讼，一审法院按照普通民事纠纷受理，无需经过劳动仲裁前置程序。

3. **刘某诉北京某公司劳动争议纠纷案**（人民法院案例库：2024-07-2-186-001）

案例要旨：依据《员工手册》"在奖金发放之日（含当日）前以任何形式离职的员工都不予发放本年度的奖金"的规定，北京某公司以刘某在发放奖金时已经离职，且在2020年度存在多次迟到和数次违纪行为为由，不予发放其2020年奖金。但刘某离职原因系北京某公司违法解除与刘某的劳动合同，未提供劳动的原因并非刘某导致，北京某公司依据《员工手册》的规定不予发放刘某2020年年终奖金不合理，且北京某公司未提供充分证据证明经考核认定刘某不应享有年终奖，故北京某公司应发放刘某2020年度年终奖。用人单位违法解除劳动合同致使劳动者不满足年终奖发放条件，但未提供充分证据证明劳动者存在其他不应享有年终奖情形的，应认定劳动者满足年终奖发放条件。用人单位以其年终奖发放的限制性规定拒绝支付劳动者年终奖的，人民法院不予支持。

4. **尚某某与邦某某服务外包有限公司、某速运有限公司工伤保险待遇纠纷案**（浙江省高级人民法院、浙江省人力资源和社会保障厅、浙江省总工会联合发布劳动人事争议典型案例①）

案例要旨：本案邦某某服务外包有限公司已为冒用的身份“宋某某”缴纳了工伤保险，且在招用过程中不存在明显过错，工伤保险无法理赔是由于尚某某“冒名顶替”引起的，因此用人单位的赔偿金额需要扣除应由工伤保险基金支付的部分，邦某某服务外包有限公司只要赔偿尚某某一次性就业补助金、停工留薪期间工资等属于用人单位支付的部分。经过小娘舅工作室充分释法析理，双方最终达成协议：1. 邦某某服务外包有限公司一次性支付尚某某一次性就业补助金、停工留薪期间工资及护理费共计人民币 6.8 万元；2. 尚某某收到赔偿款后，不再向邦某某服务外包有限公司主张任何权利。

第四条 规章制度

用人单位应当依法建立和完善劳动规章制度，保障劳动者享有劳动权利、履行劳动义务。

用人单位在制定、修改或者决定有关劳动报酬、工作时间、休息休假、劳动安全卫生、保险福利、职工培训、劳动纪律以及劳动定额管理等直接涉及劳动者切身利益的规章制度或者重大事项时，应当经职工代表大会或者全体职工讨论，提出方案和意见，与工会或者职工代表平等协商确定。

在规章制度和重大事项决定实施过程中，工会或者职工认为不适当的，有权向用人单位提出，通过协商予以修改完善。

用人单位应当将直接涉及劳动者切身利益的规章制度和重大事项决定公示，或者告知劳动者。

---

① 参见浙江省高级人民法院微信公众号，https://mp.weixin.qq.com/s/dlBXIU1EPlZRTqGeTOQm1g，最后访问时间：2025 年 8 月 2 日。

法　律

1.《劳动法》（2018 年 12 月 29 日）

第 4 条　用人单位应当依法建立和完善规章制度，保障劳动者享有劳动权利和履行劳动义务。

第 8 条　劳动者依照法律规定，通过职工大会、职工代表大会或者其他形式，参与民主管理或者就保护劳动者合法权益与用人单位进行平等协商。

2.《公司法》（2023 年 12 月 29 日）

第 16 条　公司应当保护职工的合法权益，依法与职工签订劳动合同，参加社会保险，加强劳动保护，实现安全生产。

公司应当采用多种形式，加强公司职工的职业教育和岗位培训，提高职工素质。

3.《就业促进法》（2015 年 4 月 24 日）

第 8 条　用人单位依法享有自主用人的权利。

用人单位应当依照本法以及其他法律、法规的规定，保障劳动者的合法权益。

第 9 条　工会、共产主义青年团、妇女联合会、残疾人联合会以及其他社会组织，协助人民政府开展促进就业工作，依法维护劳动者的劳动权利。

4.《工会法》（2021 年 12 月 24 日）

第 39 条　企业、事业单位、社会组织研究经营管理和发展的重大问题应当听取工会的意见；召开会议讨论有关工资、福利、劳动安全卫生、工作时间、休息休假、女职工保护和社会保险等涉及职工切身利益的问题，必须有工会代表参加。

企业、事业单位、社会组织应当支持工会依法开展工作，工会应当支持企业、事业单位、社会组织依法行使经营管理权。

● 行政法规及文件

5.《国务院办公厅关于优化调整稳就业政策措施全力促发展惠民生的通知》（2023 年 4 月 19 日　国办发〔2023〕11 号）

一、激发活力扩大就业容量

（一）加大对吸纳就业能力强的行业企业扩岗政策支持。及时梳理本地区带动就业能力强、涉及国计民生和生产保供的企业清单，配备就业服务专员，建立岗位收集、技能培训、送工上岗联动机制。对吸纳高校毕业生等重点群体就业的，在符合发放条件的前提下，运用“直补快办”等模式，一揽子兑现社会保险补贴、吸纳就业补贴、职业培训补贴等政策。支持各地在符合国家规定的前提下出台地方性政策，为吸纳就业能力强的行业企业扩大岗位供给提供有力支撑。

……

（四）加大技能培训支持力度。适应数字中国、健康中国、制造强国等建设和本地区产业发展需求，积极推动各类职业院校（含技工院校）、职业培训机构和符合条件的企业大规模开展重点行业、急需紧缺职业（工种）技能培训……

● 人大代表建议的答复

6.《人力资源社会保障部对十四届全国人大一次会议第 3568 号建议的答复》（2023 年 6 月 30 日　人社建字〔2023〕22 号）

一、关于构建具有中国特色职业技能竞赛体系，搭建各级各类职业技能竞赛平台

近年来，我部着力构建以世界技能大赛为引领、中华人民共和国职业技能大赛为龙头、全国行业职业技能竞赛和地方各级职业技能竞赛以及专项赛为主体、企业和院校职业技能比赛为基础的具有中国特色的职业技能竞赛体系。经国务院批准，2020 年 12 月，我部在广东省广州市成功举办了中华人民共和国第一届职业

技能大赛。2023 年 9 月，将在天津市举办的中华人民共和国第二届职业技能大赛中，面向企业职工设立国赛精选项目 47 项。同时，每年会同有关行业企业，组织开展近百项全国行业职业技能竞赛活动，赛项涉及 200 多个职业（工种），参赛选手中职工参与比例逐年提升。通过开展各级各类职业技能竞赛活动，为企业职工搭建了展示精湛技能、交流切磋技术的平台，推动广大劳动者不断学习技能、热爱技能、投身技能。

下一步，我们将继续广泛深入开展各级各类职业技能竞赛，为选拔培养高技能人才发挥积极作用，进一步推动技能人才队伍建设。

二、关于加强职业技能竞赛表彰奖励，激励广大劳动者走技能成才技能报国之路

我部高度重视对职业技能竞赛获奖选手的表彰奖励工作，按规定晋升职业资格或职业技能等级，授予全国技术能手称号。对在世界技能大赛中获得金、银、铜牌及优胜奖的获奖选手及其专家团队颁发相应奖金。同时，会同全国总工会、共青团中央、全国妇联等单位，将职业技能竞赛获奖选手推荐授予“五一劳动奖章”“青年岗位能手”“三八红旗手”等称号。鼓励各地、各行业部门结合实际，对技能竞赛获奖选手给予表彰奖励。

下一步，我们将指导各地、各行业建立健全职业技能竞赛表彰奖励政策，进一步强化表彰奖励的正向激励作用，推动广大劳动者特别是青年一代走技能成才、技能报国之路。

三、关于加强职业技能竞赛宣传，引导全社会重视技能人才

我部认真学习贯彻落实党的二十大精神和习近平总书记关于技能人才工作重要指示批示精神，注重宣传提高职业技能竞赛社会影响力，营造有利于技能人才成长成才的良好氛围。协调中央媒体、地方媒体、行业媒体，多渠道宣传报道。在“学习强国”学习平台开设技能中国栏目，开通“技能中国”微信公众号，协

调《新闻联播》《焦点访谈》《新闻 1+1》等多个栏目多次报道职业技能竞赛活动和获奖选手事迹，与工人日报、中国青年报、中国网、央视新媒体中心等媒体对接，开展中华人民共和国职业技能大赛和世界技能大赛系列宣传活动，为营造尊重劳动、尊重知识、尊重人才的社会氛围发挥了积极作用。

下一步，我们将进一步加大职业技能竞赛宣传工作力度，创新方式方法，推动各级党委政府、有关部门和行业企业更加重视技能人才工作，增强技能人才职业荣誉感。

● 案例指引

1. 用人单位以规章制度形式否认劳动者加班事实是否有效（人力资源社会保障部、最高人民法院联合发布第二批劳动人事争议典型案例①）

案例要旨：劳动争议案件的处理，既要保护劳动者的合法权益，亦应促进企业有序发展。合法的规章制度既能规范用人单位用工自主权的行使，又能保障劳动者参与用人单位民主管理，实现构建和谐劳动关系的目的。不合理的规章制度则会导致用人单位的社会声誉差、认同感低，最终引发人才流失，不利于用人单位的长远发展。用人单位制定的合理合法的规章制度，可以作为确定用人单位、劳动者权利义务的依据。一旦用人单位以规章制度形式规避应当承担的用工成本，侵害劳动者的合法权益，仲裁委员会、人民法院应当依法予以审查，充分保护劳动者的合法权益。用人单位应当根据单位实际，制定更为人性化的规章制度，增强劳动者对规章制度的认同感，激发劳动者的工作积极性，从而进一步减少劳动纠纷，为构建和谐劳动关系做出贡献。

---

① 参见中华人民共和国人力资源和社会保障部网站，http：//www. mohrss. gov. cn/SYrlzyhshbzb/laodongguanxi_/zcwj/202108/t20210825_ 421600. html，最后访问时间：2025 年 8 月 2 日。

2. 用人单位未按规章制度履行加班审批手续，能否认定劳动者加班事实（人力资源社会保障部、最高人民法院联合发布第二批劳动人事争议典型案例）

案例要旨：劳动规章制度对用人单位和劳动者都具有约束力。一方面，用人单位应严格按照规章制度的规定实施管理行为，不得滥用优势地位，侵害劳动者合法权益；另一方面，劳动者在合法权益受到侵害时，要注意保留相关证据，为维权提供依据。仲裁委员会、人民法院应准确把握加班事实认定标准，纠正用人单位规避法定责任、侵害劳动者合法权益的行为。

3. 北京某制药公司诉李某某劳动合同纠纷案（人民法院案例库：2023-07-2-186-003）

案例要旨：用人单位以劳动者违反规章制度为由解除劳动合同，应审查劳动者的行为是否严重违反公司规章制度，给用人单位业务造成严重影响或损失，或者对他人造成严重人身、财产损失。在用人单位规章制度设置了纪律处分类别的情况下，应判断劳动者的行为属于规章制度中的哪一具体情形及其行为后果，同时考量劳动者的工作岗位和职责要求，判定解除劳动合同的合法性。如果劳动者违反规章制度的行为并未达到规章制度规定的应予解除劳动关系的严重程度，用人单位不能以此为由解除劳动合同。

4. 用人单位是否有权对劳动者实施“处罚扣款”（云南省高级人民法院联合省人力资源和社会保障厅发布12个劳动人事争议典型案例①）

案例要旨：用人单位具有自主经营权，可以基于经营管理的实际需要，对员工的岗位、工作内容、待遇进行合理调整，但用人单位行使自主经营权必须在相关法律和政策的框架内行使。用人单位在制定、修改或者决定有关劳动纪律、劳动报酬等直接涉及劳动者

---

① 参见云南省高级人民法院微信公众号，https：//mp. weixin. qq. com/s/C-HADkL0uzZf9vlB4cYHCQ，最后访问时间：2025年8月2日。

切身利益的规章制度或者重大事项时，应经过民主程序制定并公示、告知等。在实施过程中，工会或职工认为不适当的，有权向用人单位提出，通过协商予以修改完善。

第五条 协调劳动关系三方机制

县级以上人民政府劳动行政部门会同工会和企业方面代表，建立健全协调劳动关系三方机制，共同研究解决有关劳动关系的重大问题。

法 律

《工会法》（2021年12月24日）

第35条　县级以上地方各级人民政府可以召开会议或者采取适当方式，向同级工会通报政府的重要的工作部署和与工会工作有关的行政措施，研究解决工会反映的职工群众的意见和要求。

各级人民政府劳动行政部门应当会同同级工会和企业方面代表，建立劳动关系三方协商机制，共同研究解决劳动关系方面的重大问题。

第六条 集体协商机制

工会应当帮助、指导劳动者与用人单位依法订立和履行劳动合同，并与用人单位建立集体协商机制，维护劳动者的合法权益。

法 律

1.《工会法》（2021年12月24日）

第6条　维护职工合法权益、竭诚服务职工群众是工会的基本职责。工会在维护全国人民总体利益的同时，代表和维护职工的合法权益。

工会通过平等协商和集体合同制度等，推动健全劳动关系协调机制，维护职工劳动权益，构建和谐劳动关系。

工会依照法律规定通过职工代表大会或者其他形式，组织职工参与本单位的民主选举、民主协商、民主决策、民主管理和民主监督。

工会建立联系广泛、服务职工的工会工作体系，密切联系职工，听取和反映职工的意见和要求，关心职工的生活，帮助职工解决困难，全心全意为职工服务。

第 20 条　企业、事业单位、社会组织违反职工代表大会制度和其他民主管理制度，工会有权要求纠正，保障职工依法行使民主管理的权利。

法律、法规规定应当提交职工大会或者职工代表大会审议、通过、决定的事项，企业、事业单位、社会组织应当依法办理。

第 21 条　工会帮助、指导职工与企业、实行企业化管理的事业单位、社会组织签订劳动合同。

工会代表职工与企业、实行企业化管理的事业单位、社会组织进行平等协商，依法签订集体合同。集体合同草案应当提交职工代表大会或者全体职工讨论通过。

工会签订集体合同，上级工会应当给予支持和帮助。

企业、事业单位、社会组织违反集体合同，侵犯职工劳动权益的，工会可以依法要求企业、事业单位、社会组织予以改正并承担责任；因履行集体合同发生争议，经协商解决不成的，工会可以向劳动争议仲裁机构提请仲裁，仲裁机构不予受理或者对仲裁裁决不服的，可以向人民法院提起诉讼。

第 22 条　企业、事业单位、社会组织处分职工，工会认为不适当的，有权提出意见。

用人单位单方面解除职工劳动合同时，应当事先将理由通知工会，工会认为用人单位违反法律、法规和有关合同，要求重新研究处理时，用人单位应当研究工会的意见，并将处理结果书面通知工会。

职工认为用人单位侵犯其劳动权益而申请劳动争议仲裁或者向人民法院提起诉讼的，工会应当给予支持和帮助。

第23条 企业、事业单位、社会组织违反劳动法律法规规定，有下列侵犯职工劳动权益情形，工会应当代表职工与企业、事业单位、社会组织交涉，要求企业、事业单位、社会组织采取措施予以改正；企业、事业单位、社会组织应当予以研究处理，并向工会作出答复；企业、事业单位、社会组织拒不改正的，工会可以提请当地人民政府依法作出处理：

（一）克扣、拖欠职工工资的；

（二）不提供劳动安全卫生条件的；

（三）随意延长劳动时间的；

（四）侵犯女职工和未成年工特殊权益的；

（五）其他严重侵犯职工劳动权益的。

2. **《劳动法》**（2018年12月29日）

第7条 劳动者有权依法参加和组织工会。

工会代表和维护劳动者的合法权益，依法独立自主地开展活动。

第30条 用人单位解除劳动合同，工会认为不适当的，有权提出意见。如果用人单位违反法律、法规或者劳动合同，工会有权要求重新处理；劳动者申请仲裁或者提起诉讼的，工会应当依法给予支持和帮助。

第88条 各级工会依法维护劳动者的合法权益，对用人单位遵守劳动法律、法规的情况进行监督。

任何组织和个人对于违反劳动法律、法规的行为有权检举和控告。

3. **《公司法》**（2023年12月29日）

第17条 公司职工依照《中华人民共和国工会法》组织工

会，开展工会活动，维护职工合法权益。公司应当为本公司工会提供必要的活动条件。公司工会代表职工就职工的劳动报酬、工作时间、休息休假、劳动安全卫生和保险福利等事项依法与公司签订集体合同。

公司依照宪法和有关法律的规定，通过职工代表大会或者其他形式，实行民主管理。

公司研究决定改制、解散、申请破产以及经营方面的重大问题、制定重要的规章制度时，应当听取公司工会的意见，并通过职工代表大会或者其他形式听取职工的意见和建议。

第二章　劳动合同的订立

第七条 劳动关系的建立

用人单位自用工之日起即与劳动者建立劳动关系。用人单位应当建立职工名册备查。

● 法　律

1. **《劳动法》**（2018 年 12 月 29 日）

第 16 条　劳动合同是劳动者与用人单位确立劳动关系、明确双方权利和义务的协议。

建立劳动关系应当订立劳动合同。

● 行政法规及文件

2. **《劳动合同法实施条例》**（2008 年 9 月 18 日　国务院令第 535 号）

第 5 条　自用工之日起一个月内，经用人单位书面通知后，劳动者不与用人单位订立书面劳动合同的，用人单位应当书面通知劳动者终止劳动关系，无需向劳动者支付经济补偿，但是应当依法向劳动者支付其实际工作时间的劳动报酬。

第6条 用人单位自用工之日起超过一个月不满一年未与劳动者订立书面劳动合同的，应当依照劳动合同法第八十二条的规定向劳动者每月支付两倍的工资，并与劳动者补订书面劳动合同；劳动者不与用人单位订立书面劳动合同的，用人单位应当书面通知劳动者终止劳动关系，并依照劳动合同法第四十七条的规定支付经济补偿。

前款规定的用人单位向劳动者每月支付两倍工资的起算时间为用工之日起满一个月的次日，截止时间为补订书面劳动合同的前一日。

第7条 用人单位自用工之日起满一年未与劳动者订立书面劳动合同的，自用工之日起满一个月的次日至满一年的前一日应当依照劳动合同法第八十二条的规定向劳动者每月支付两倍的工资，并视为自用工之日起满一年的当日已经与劳动者订立无固定期限劳动合同，应当立即与劳动者补订书面劳动合同。

第8条 劳动合同法第七条规定的职工名册，应当包括劳动者姓名、性别、公民身份号码、户籍地址及现住址、联系方式、用工形式、用工起始时间、劳动合同期限等内容。

第33条 用人单位违反劳动合同法有关建立职工名册规定的，由劳动行政部门责令限期改正；逾期不改正的，由劳动行政部门处2000元以上2万元以下的罚款。

● 司法解释及文件

3.《最高人民法院关于审理劳动争议案件适用法律问题的解释（一）》（2020年12月29日　法释〔2020〕26号）

第33条 外国人、无国籍人未依法取得就业证件即与中华人民共和国境内的用人单位签订劳动合同，当事人请求确认与用人单位存在劳动关系的，人民法院不予支持。

持有《外国专家证》并取得《外国人来华工作许可证》的外国人，与中华人民共和国境内的用人单位建立用工关系的，可以认定为劳动关系。

● 案例指引

1. 李某诉某文化传播公司劳动争议案（人民法院案例库：2023-07-2-490-001）

案例要旨：网络主播与合作公司签订艺人独家合作协议，通过合作公司包装推荐，自行在第三方直播平台上注册，从事网络直播活动，并按合作协议获取直播收入。因合作公司没有对网络主播实施劳动管理行为，网络主播从事的直播活动并非合作公司的业务组成部分，其基于合作协议获得的直播收入亦非劳动法意义上的劳动报酬。因此，二者不符合劳动关系的法律特征，网络主播基于劳动关系提出的各项诉讼请求，不能成立。

2. 杨某与A公司劳动关系纠纷案（浙江省高级人民法院、浙江省人力资源和社会保障厅、浙江省总工会联合发布劳动人事争议典型案例）

案例要旨：近年来，依托互联网平台作为劳动力资源组织方式的新就业形态迅速发展，部分用人单位通过设置层层转包、承包等方式，或者是采取签署劳务合同、合作合同等名义上非劳动合同的方式，试图规避用人单位的责任。因此，审查用人单位与劳动者之间是否存在劳动关系，不应仅从外观主义判断，还要重点审查双方之间是否具有劳动关系的本质属性即人身从属性和经济从属性，包括劳动者是否受到用人单位规章制度约束、服从用人单位指挥管理与检查考核等、劳动者工作内容是否为单位业务组成部分、劳动者是否工资报酬相对稳定不承担经营风险、劳动者收入是否主要或全部来源于用人单位等。本案通过前述要件，准确判断双方之间为劳动关系，保护了劳动者的合法权益。

3. **企业间共享用工不改变原劳动关系**（江苏省高级人民法院发布2022年度劳动人事争议十大典型案例①）

案例要旨：企业之间开展共享用工，进行用工余缺调剂合作，对解决用工余缺矛盾、提升人力资源配置效率和稳就业发挥了积极作用。共享用工情形，并不改变原企业与劳动者之间的劳动关系。本案中，万某在与某科技公司劳动合同期限内被借用至某材料公司工作，万某与某材料公司之间不构成新的劳动关系。万某本案中二倍工资差额的主张已在前案万某与某科技公司劳动争议案件中处理完毕。现万某又向非其劳动合同相对方的某材料公司主张二倍工资差额，缺乏事实和法律依据，故判决驳回万某的诉讼请求。

4. **如何认定网约货车司机与平台企业之间是否存在劳动关系**（人力资源社会保障部、最高人民法院关于联合发布第三批劳动人事争议典型案例②）

案例要旨：《中华人民共和国劳动合同法》第七条规定："用人单位自用工之日起即与劳动者建立劳动关系"，《关于维护新就业形态劳动者劳动保障权益的指导意见》（人社部发〔2021〕56号）第十八条规定："根据用工事实认定企业和劳动者的关系"，以上法律规定和政策精神体现出，认定劳动关系应当坚持事实优先原则。《关于确立劳动关系有关事项的通知》（劳社部发〔2005〕12号）相关规定体现出，劳动关系的核心特征为"劳动管理"，即劳动者与用人单位之间具有人格从属性、经济从属性、组织从属性。从人格从属性看，主要体现为平台企业是否可通过制定规则、设定算法等对劳动者劳动过程进行管理控制；劳动者是否须按照平台指令完成工作任务等。从经济从属性看，主要体现为平台企业是否掌握劳动者从

---

① 参见江苏省高级人民法院微信公众号，https://mp.weixin.qq.com/s/UqLCoAmp_Hj266bXIJVGdg，最后访问时间：2025年8月2日。

② 参见中华人民共和国最高人民法院网站，https://www.court.gov.cn/zixun/xiangqing/401172.html，最后访问时间：2025年8月2日。

业所必需的数据信息等重要生产资料；劳动者通过平台获得的报酬是否构成其重要收入来源等。从组织从属性看，主要体现在劳动者是否被纳入平台企业的组织体系当中，成为企业生产经营组织的有机部分，并以平台名义对外提供服务等。

5. 如何认定网约配送员与平台企业之间是否存在劳动关系（人力资源社会保障部、最高人民法院关于联合发布第三批劳动人事争议典型案例）

案例要旨：平台向非特定配送员发送订单信息，不对配送员的上线接单时间和接单量作任何要求，但与此同时，平台企业制定统一的配送服务规则和服务费结算标准，通过设定算法对配送员的配送行为进行控制和管理，并将配送时长、客户评价等作为结算服务费的依据。一方面，劳动者工作时间、工作地点更加自由，不再受限于特定的生产经营组织体系；另一方面，平台企业借助信息技术手段打破了传统用工方式的时空限制，对劳动者实现了更加精细的用工管理。对此，《关于维护新就业形态劳动者劳动保障权益的指导意见》明确不完全符合确立劳动关系的情形，并指出相关部门应指导企业与该类劳动者订立书面协议、合理确定双方权利义务，逐步推动将该类劳动者纳入最低工资、休息休假等制度保障范围。

6. 外卖平台用工合作企业通过劳务公司招用网约配送员，如何认定劳动关系（人力资源社会保障部、最高人民法院关于联合发布第三批劳动人事争议典型案例）

案例要旨：部分配送站点承包经营企业形式上将配送员的招募和管理工作外包给其他企业，但实际上仍直接对配送员进行劳动管理，在劳动者主张相关权益时通常否认与劳动者之间存在劳动关系，将“外包”当成了规避相应法律责任的“挡风板”“防火墙”，增加了劳动者的维权难度。对于此类“隐蔽劳动关系”，不能简单适用“外观主义”审查，应当根据劳动管理事实和从属性特征明确劳动关系主体。

第八条 用人单位的告知义务和劳动者的说明义务

用人单位招用劳动者时，应当如实告知劳动者工作内容、工作条件、工作地点、职业危害、安全生产状况、劳动报酬，以及劳动者要求了解的其他情况；用人单位有权了解劳动者与劳动合同直接相关的基本情况，劳动者应当如实说明。

● 部门规章及文件

1. **《就业服务与就业管理规定》**（2022 年 1 月 7 日　人力资源社会保障部令第 47 号）

第 11 条　用人单位委托公共就业服务机构或职业中介机构招用人员，或者参加招聘洽谈会时，应当提供招用人员简章，并出示营业执照（副本）或者有关部门批准其设立的文件、经办人的身份证件和受用人单位委托的证明。

招用人员简章应当包括用人单位基本情况、招用人数、工作内容、招录条件、劳动报酬、福利待遇、社会保险等内容，以及法律、法规规定的其他内容。

第 12 条　用人单位招用人员时，应当依法如实告知劳动者有关工作内容、工作条件、工作地点、职业危害、安全生产状况、劳动报酬以及劳动者要求了解的其他情况。

用人单位应当根据劳动者的要求，及时向其反馈是否录用的情况。

第 13 条　用人单位应当对劳动者的个人资料予以保密。公开劳动者的个人资料信息和使用劳动者的技术、智力成果，须经劳动者本人书面同意。

第 15 条　用人单位不得以诋毁其他用人单位信誉、商业贿赂等不正当手段招聘人员。

第 16 条　用人单位在招用人员时，除国家规定的不适合妇女从事的工种或者岗位外，不得以性别为由拒绝录用妇女或者提高对妇女的录用标准。

用人单位录用女职工，不得在劳动合同中规定限制女职工结婚、生育的内容。

第 17 条　用人单位招用人员，应当依法对少数民族劳动者给予适当照顾。

第 18 条　用人单位招用人员，不得歧视残疾人。

第 19 条　用人单位招用人员，不得以是传染病病原携带者为由拒绝录用。但是，经医学鉴定传染病病原携带者在治愈前或者排除传染嫌疑前，不得从事法律、行政法规和国务院卫生行政部门规定禁止从事的易使传染病扩散的工作。

用人单位招用人员，除国家法律、行政法规和国务院卫生行政部门规定禁止乙肝病原携带者从事的工作外，不得强行将乙肝病毒血清学指标作为体检标准。

第 20 条　用人单位发布的招用人员简章或招聘广告，不得包含歧视性内容。

第 21 条　用人单位招用从事涉及公共安全、人身健康、生命财产安全等特殊工种的劳动者，应当依法招用持相应工种职业资格证书的人员；招用未持相应工种职业资格证书人员的，须组织其在上岗前参加专门培训，使其取得职业资格证书后方可上岗。

● 人大代表建议的答复

2.《人力资源社会保障部对十四届全国人大一次会议第 1404 号建议的答复》（2023 年 8 月 23 日　人社建字〔2023〕147 号）

二、关于建立平等就业的制度机制

反对就业歧视、促进公平就业，是维护广大劳动者合法权益的必然要求。国家对此高度重视，出台了一系列政策措施，制定了相关激励政策、优惠措施促进女大学生等妇女就业创业。

一是出台专门文件，促进公平就业。2019 年 2 月，人力资源社会保障部会同教育部、司法部、国家卫生健康委、国家医保局、全国总工会、全国妇联、最高人民法院等九部门制定出台了《关于进一步规范招聘行为促进妇女就业的通知》（人社部发〔2019〕17号），聚焦求职招聘环节，提出了用人单位和人力资源服务机构开展招聘行为中的“六个不得”，即不得限定性别或性别优先，不得以性别为由限制求职就业、拒绝录用，不得询问妇女婚育情况，不得将妊娠测试作为入职体检项目，不得将限制生育作为录用条件，不得差别化提高妇女录用标准，明确了就业性别歧视具体表现。畅通了“三条救济渠道”，即强化人力资源市场监管，建立联合约谈机制，健全司法救济机制。2022年，人力资源社会保障部推动将文件相关规定列入了新修订的妇女权益保障法，更好保障妇女平等就业权益。

……

● 案例指引

1. **牛某诉上海某物流有限公司劳动合同纠纷案**（人民法院案例库：2023-07-2-186-008）

案例要旨：法院认为，虽然用人单位为了保障人尽其用、提高劳动效率、保障劳动成果，提高企业的经营效益，需要了解劳动者的学历、履历、薪酬要求等详细信息，但用人单位的知情权应有合理边界。《中华人民共和国劳动合同法》第八条规定，用人单位有权了解劳动者与劳动合同直接相关的基本情况，劳动者应当如实说明。依照该规定，对于不属于与劳动合同直接相关的基本情况，劳动者不负有如实说明的义务。通常而言，“与劳动合同直接相关”的信息应当是指与工作岗位相匹配的信息，比如教育经历、工作经验、技术技能、研究成果等，而婚姻状况、生育情况与意愿、家庭条件、个人爱好等通常与岗位、工作能力不直接相关的信息，则不属于劳动者应当如实说明的范围。

2. 合理界定包薪制适用范围，尊重用人单位劳动报酬分配自主权（江苏省高级人民法院发布 2023 年度劳动人事争议十大典型案例）

案例要旨："包薪制"在不违反劳动者最长工作时间及最低工资标准的强制性规定的情况下应认定为有效。本案中，鉴于厨师工作的特殊性，双方在入职时对薪酬方式约定了"包薪制"。餐饮公司提交的工资表注明每月工资的构成情况，包括出勤天数、基本工资、加班工资、各种补贴等项目，与招聘广告内容及孙某提交的考勤表互相吻合。且按照当地最低工资标准计算，孙某的收入并未低于法定工资标准，故法院驳回孙某加班工资的诉讼请求。

第九条 用人单位不得扣押劳动者证件和要求提供担保

用人单位招用劳动者，不得扣押劳动者的居民身份证和其他证件，不得要求劳动者提供担保或者以其他名义向劳动者收取财物。

● 法 律

1.《居民身份证法》（2011 年 10 月 29 日）

第 15 条第 3 款 任何组织或者个人不得扣押居民身份证。但是，公安机关依照《中华人民共和国刑事诉讼法》执行监视居住强制措施的情形除外。

第 16 条 有下列行为之一的，由公安机关给予警告，并处二百元以下罚款，有违法所得的，没收违法所得：

（一）使用虚假证明材料骗领居民身份证的；

（二）出租、出借、转让居民身份证的；

（三）非法扣押他人居民身份证的。

● 部门规章及文件

2.《就业服务与就业管理规定》（2022年1月7日 人力资源社会保障部令第47号）

第14条 用人单位招用人员不得有下列行为：

（一）提供虚假招聘信息，发布虚假招聘广告；

（二）扣押被录用人员的居民身份证和其他证件；

（三）以担保或者其他名义向劳动者收取财物；

（四）招用未满16周岁的未成年人以及国家法律、行政法规规定不得招用的其他人员；

（五）招用无合法身份证件的人员；

（六）以招用人员为名牟取不正当利益或进行其他违法活动。

第十条 书面劳动合同

建立劳动关系，应当订立书面劳动合同。

已建立劳动关系，未同时订立书面劳动合同的，应当自用工之日起一个月内订立书面劳动合同。

用人单位与劳动者在用工前订立劳动合同的，劳动关系自用工之日起建立。

● 法 律

1.《民法典》（2020年5月28日）

第469条 当事人订立合同，可以采用书面形式、口头形式或者其他形式。

书面形式是合同书、信件、电报、电传、传真等可以有形地表现所载内容的形式。

以电子数据交换、电子邮件等方式能够有形地表现所载内容，并可以随时调取查用的数据电文，视为书面形式。

第490条 当事人采用合同书形式订立合同的，自当事人均签名、盖章或者按指印时合同成立。在签名、盖章或者按指印之前，当事人一方已经履行主要义务，对方接受时，该合同成立。

法律、行政法规规定或者当事人约定合同应当采用书面形式订立，当事人未采用书面形式但是一方已经履行主要义务，对方接受时，该合同成立。

2. **《劳动法》**（2018年12月29日）

第16条第2款 建立劳动关系应当订立劳动合同。

● 行政法规及文件

3. **《国务院关于解决农民工问题的若干意见》**（2006年1月31日 国发〔2006〕5号）

四、依法规范农民工劳动管理

（八）严格执行劳动合同制度。所有用人单位招用农民工都必须依法订立并履行劳动合同，建立权责明确的劳动关系。严格执行国家关于劳动合同试用期的规定，不得滥用试用期侵犯农民工权益。劳动保障部门要制定和推行规范的劳动合同文本，加强对用人单位订立和履行劳动合同的指导和监督。任何单位都不得违反劳动合同约定损害农民工权益。

● 部门规章及文件

4. **《关于〈劳动法〉若干条文的说明》**（1994年9月5日 劳办发〔1994〕289号）

第16条第3款 此条明确：建立劳动关系的所有劳动者，不论是管理人员、技术人员还是原来所称的固定工，都必须订立劳动合同。"应当"在这里是"必须"的含义。

● 案例指引

1. **陈某诉某物流有限公司劳动争议案**（人民法院案例库：2023-07-2-490-005）

案例要旨： 挂靠行为违法不能成为船员与被挂靠公司劳动合同

关系成立的依据。在船员与被挂靠公司不存在劳动合同的情况下，需判断双方是否成立事实劳动关系。事实劳动关系的成立，可以通过事实劳动关系存在的相关凭证、用人单位与劳动者之间的从属关系、劳动者从事劳动的性质以及劳动报酬领取等多个层面进行认定。

2. 建筑分包企业项目现场管理人员直接招用的劳动者，与该企业是否存在劳动关系（云南省高级人民法院联合省人力资源和社会保障厅发布12个劳动人事争议典型案例）

案例要旨：本案争议焦点是杨某所在工地涉及工程总承包公司、先后两家建筑劳务分包公司及赵某等多个法律主体，杨某与上述三家公司之间是否存在事实劳动关系。甲建筑劳务公司并未提交与赵某存在承包（承揽）等排除自身用工或杨某系赵某个人雇佣的相关证据，因此，赵某直接招用杨某并由其个人支付劳动报酬的行为，应视为代表用人单位的职务行为，在发生劳动争议后，应由具有合法用工主体资格的用人单位承担相应的法律责任，故仲裁委员会确认杨某与甲建筑劳务公司之间自2022年6月起至杨某受伤之日期间存在事实劳动关系。对于杨某要求确认与其他两家公司同时存在事实劳动关系的请求，因缺乏事实及法律依据，仲裁委员会予以驳回。

第十一条　未订立书面劳动合同时劳动报酬不明确的解决

用人单位未在用工的同时订立书面劳动合同，与劳动者约定的劳动报酬不明确的，新招用的劳动者的劳动报酬按照集体合同规定的标准执行；没有集体合同或者集体合同未规定的，实行同工同酬。

● 部门规章及文件

1.《集体合同规定》（2004年1月20日　劳动和社会保障部令第22号）

第6条　符合本规定的集体合同或专项集体合同，对用人单位和本单位的全体职工具有法律约束力。

用人单位与职工个人签订的劳动合同约定的劳动条件和劳动报酬等标准，不得低于集体合同或专项集体合同的规定。

● 司法解释及文件

2.《最高人民法院关于审理劳动争议案件适用法律问题的解释（二）》（2025 年 7 月 31 日　法释〔2025〕12 号）

第 3 条　劳动者被多个存在关联关系的单位交替或者同时用工，其请求确认劳动关系的，人民法院按照下列情形分别处理：

（一）已订立书面劳动合同，劳动者请求按照劳动合同确认劳动关系的，人民法院依法予以支持；

（二）未订立书面劳动合同的，根据用工管理行为，综合考虑工作时间、工作内容、劳动报酬支付、社会保险费缴纳等因素确认劳动关系。

劳动者请求符合前款第二项规定情形的关联单位共同承担支付劳动报酬、福利待遇等责任的，人民法院依法予以支持，但关联单位之间依法对劳动者的劳动报酬、福利待遇等作出约定且经劳动者同意的除外。

● 案例指引

关联企业混同用工，人民法院可根据劳动者主张并结合案情认定劳动关系（最高法发布劳动争议典型案例①）

案例要旨：审理法院认为，某数字公司、某科技公司属关联企业，经营业务存在重合，梁某同时担任两公司股东及法定代表人，王某难以确定实际用人单位。王某虽通过某科技公司名义应聘入职，但是其工作场所张贴有“某数字公司”名牌、工作沟通使用的通讯

① 参见中华人民共和国最高人民法院网站，https：//www.court.gov.cn/zixun/xiangqing/472681.html，最后访问时间：2025 年 8 月 2 日。

软件冠以“某数字公司”名称，王某的工作内容包含某数字公司经营业务，其有理由相信是为某数字公司提供劳动。审理法院判决支持王某要求确认与某数字公司存在劳动关系并支付欠发工资等诉讼请求。

第十二条　劳动合同期限

劳动合同分为固定期限劳动合同、无固定期限劳动合同和以完成一定工作任务为期限的劳动合同。

法　律

1.《劳动法》（2018年12月29日）

第20条第1款　劳动合同的期限分为有固定期限、无固定期限和以完成一定的工作为期限。

行政法规及文件

2.《国务院办公厅转发人事部关于在事业单位试行人员聘用制度意见的通知》（2002年7月6日　国办发〔2002〕35号）

四、规范聘用合同的内容

……

聘用合同分为短期、中长期和以完成一定工作为期限的合同。对流动性强、技术含量低的岗位一般签订3年以下的短期合同；岗位或者职业需要、期限相对较长的合同为中长期合同；以完成一定工作为期限的合同，根据工作任务确定合同期限。合同期限最长不得超过应聘人员达到国家规定的退休年龄的年限。聘用单位与受聘人员经协商一致，可以订立上述任何一种期限的合同。

对在本单位工作已满25年或者在本单位连续工作已满10年且年龄距国家规定的退休年龄已不足10年的人员，提出订立聘用至退休的合同的，聘用单位应当与其订立聘用至该人员退休的合同。

● **部门规章及文件**

3. **《劳动部**[1]**关于实行劳动合同制度若干问题的通知》**（1996 年 10 月 31 日　劳部发〔1996〕354 号）

1. 在签订劳动合同时，按照《劳动法》的规定，只要当事人双方协商一致，即可签订有固定期限、无固定期限或以完成一定工作为期限的劳动合同。

4. **《事业单位试行人员聘用制度有关问题的解释》**（2003 年 12 月 10 日　国人部发〔2003〕61 号）

四、聘用合同的期限

10. 聘用合同分为四种类型：3 年（含）以下的合同为短期合同，对流动性强、技术含量低的岗位一般签订短期合同；3 年（不含）以上的合同为中期合同；至职工退休的合同为长期合同；以完成一定工作为期限的合同为项目合同。

11. 试用期的规定只适用于单位新进的人员，试用期只能约定一次。试用期包括在聘用合同期限内。原固定用人制度职工签订聘用合同，不再规定试用期。

12. “对在本单位工作已满 25 年或者在本单位连续工作已满 10 年且年龄距国家规定的退休年龄已不足 10 年的人员，提出订立聘用至退休的合同的，聘用单位应当与其订立聘用至该人员退休的合同”中，“对在本单位工作已满 25 年”的规定，可按在本单位及国有单位工作的工龄合计已满 25 年掌握。

符合上述条件，在竞争上岗中没有被聘用的人员，应当比照《意见》中规定的未聘人员安置政策，予以妥善安置，不得解除与单位的人事关系。

---

① 国务院机构改革后，部分机构的名称和职能现已发生变化。以下不再标注。

第十三条　固定期限劳动合同

固定期限劳动合同，是指用人单位与劳动者约定合同终止时间的劳动合同。

用人单位与劳动者协商一致，可以订立固定期限劳动合同。

● 部门规章及文件

1.《关于贯彻执行〈中华人民共和国劳动法〉若干问题的意见》（1995 年 8 月 4 日　劳部发〔1995〕309 号）

21. 用人单位经批准招用农民工，其劳动合同期限可以由用人单位和劳动者协商确定。

从事矿山井下以及在其他有害身体健康的工种、岗位工作的农民工，实行定期轮换制度，合同期限最长不超过八年。

2.《劳动部关于实行劳动合同制度若干问题的通知》（1996 年 10 月 31 日　劳部发〔1996〕354 号）

14. 有固定期限的劳动合同期满后，因用人单位方面的原因未办理终止或续订手续而形成事实劳动关系的，视为续订劳动合同。用人单位应及时与劳动者协商合同期限，办理续订手续。由此给劳动者造成损失的，该用人单位应当依法承担赔偿责任。

第十四条　无固定期限劳动合同

无固定期限劳动合同，是指用人单位与劳动者约定无确定终止时间的劳动合同。

用人单位与劳动者协商一致，可以订立无固定期限劳动合同。有下列情形之一，劳动者提出或者同意续订、订立劳动合同的，除劳动者提出订立固定期限劳动合同外，应当订立无固定期限劳动合同：

（一）劳动者在该用人单位连续工作满十年的；

（二）用人单位初次实行劳动合同制度或者国有企业改制重新订立劳动合同时，劳动者在该用人单位连续工作满十年且距法定退休年龄不足十年的；

（三）连续订立二次固定期限劳动合同，且劳动者没有本法第三十九条和第四十条第一项、第二项规定的情形，续订劳动合同的。①

用人单位自用工之日起满一年不与劳动者订立书面劳动合同的，视为用人单位与劳动者已订立无固定期限劳动合同。

法 律

1.《劳动法》（2018 年 12 月 29 日）

第 20 条第 2 款 劳动者在同一用人单位连续工作满十年以上，当事人双方同意续延劳动合同的，如果劳动者提出订立无固定期限的劳动合同，应当订立无固定期限的劳动合同。

行政法规及文件

2.《劳动合同法实施条例》（2008 年 9 月 18 日 国务院令第 535 号）

第 9 条 劳动合同法第十四条第二款规定的连续工作满 10 年的起始时间"连续工作满 10 年"的起算点是用人单位实际用工之日，应当自用人单位用工之日起计算，包括劳动合同法施行前的工作年限。

第 10 条 劳动者非因本人原因从原用人单位被安排到新用人单位工作的，劳动者在原用人单位的工作年限合并计算为新用人单位的工作年限。原用人单位已经向劳动者支付经济补偿的，

---

① 需要注意的是，第一次固定期限劳动合同需于 2008 年 1 月 1 日之后订立，才能算在连续订立的劳动合同次数内。

新用人单位在依法解除、终止劳动合同计算支付经济补偿的工作年限时，不再计算劳动者在原用人单位的工作年限。

第 11 条 除劳动者与用人单位协商一致的情形外，劳动者依照劳动合同法第十四条第二款的规定，提出订立无固定期限劳动合同的，用人单位应当与其订立无固定期限劳动合同。对劳动合同的内容，双方应当按照合法、公平、平等自愿、协商一致、诚实信用的原则协商确定；对协商不一致的内容，依照劳动合同法第十八条的规定执行。

第 12 条 地方各级人民政府及县级以上地方人民政府有关部门为安置就业困难人员提供的给予岗位补贴和社会保险补贴的公益性岗位，其劳动合同不适用劳动合同法有关无固定期限劳动合同的规定以及支付经济补偿的规定。

● 部门规章及文件

3.《关于〈劳动法〉若干条文的说明》（1994 年 9 月 5 日 劳办发〔1994〕289 号）

第 20 条第 3 款 本条中的“当事人双方同意续延劳动合同的”，是指已有劳动合同到期，双方同意续延的，并非指原固定工同意而一律订立无固定期限的劳动合同。

4.《关于贯彻执行〈中华人民共和国劳动法〉若干问题的意见》（1995 年 8 月 4 日 劳部发〔1995〕309 号）

20. 无固定期限的劳动合同是指不约定终止日期的劳动合同。按照平等自愿、协商一致的原则，用人单位和劳动者只要达成一致，无论初次就业的，还是由固定工转制的，都可以签订无固定期限的劳动合同。

无固定期限的劳动合同不得将法定解除条件约定为终止条件，以规避解除劳动合同时用人单位应承担支付给劳动者经济补偿的义务。

22. 劳动法第二十条中的“在同一用人单位连续工作满十年以上”是指劳动者与同一用人单位签订的劳动合同的期限不间断达到十年，劳动合同期满双方同意续订劳动合同时，只要劳动者提出签订无固定期限劳动合同的，用人单位应当与其签订无固定期限的劳动合同。在固定工转制中各地如有特殊规定的，从其规定。

5.《劳动部关于实行劳动合同制度若干问题的通知》（1996 年 10 月 31 日　劳部发〔1996〕354 号）

2. 在固定工制度向劳动合同制度转变过程中，用人单位对符合下列条件之一的劳动者，如果其提出订立无固定期限的劳动合同，应当与其订立无固定期限的劳动合同：

（1）按照《劳动法》的规定，在同一用人单位连续工作满 10 年以上，当事人双方同意续延劳动合同的；

（2）工作年限较长，且距法定退休年龄 10 年以内的；

（3）复员、转业军人初次就业的；

（4）法律、法规规定的其他情形。

● 司法解释及文件

6.《最高人民法院关于审理劳动争议案件适用法律问题的解释（二）》（2025 年 7 月 31 日　法释〔2025〕12 号）

第 10 条　有下列情形之一的，人民法院应认定为符合劳动合同法第十四条第二款第三项“连续订立二次固定期限劳动合同”的规定：

（一）用人单位与劳动者协商延长劳动合同期限累计达到一年以上，延长期限届满的；

（二）用人单位与劳动者约定劳动合同期满后自动续延，续延期限届满的；

（三）劳动者非因本人原因仍在原工作场所、工作岗位工作，用人单位变换劳动合同订立主体，但继续对劳动者进行劳动管理，合同期限届满的；

（四）以其他违反诚信原则的规避行为再次订立劳动合同，期限届满的。

7.《最高人民法院关于审理劳动争议案件适用法律问题的解释（一）》（2020年12月29日　法释〔2020〕26号）

第34条　劳动合同期满后，劳动者仍在原用人单位工作，原用人单位未表示异议的，视为双方同意以原条件继续履行劳动合同。一方提出终止劳动关系的，人民法院应予支持。

根据劳动合同法第十四条规定，用人单位应当与劳动者签订无固定期限劳动合同而未签订的，人民法院可以视为双方之间存在无固定期限劳动合同关系，并以原劳动合同确定双方的权利义务关系。

● 案例指引

1. 深圳某科技发展有限公司诉苏某辞退争议案①

案例要旨：《中华人民共和国劳动合同法实施条例》第十九条规定了用人单位可以解除劳动关系的事由，非因法定事由解除劳动关系即构成违法解除劳动关系。苏某在某科技公司连续工作十年以上，依照法律规定，有权要求签订无固定期限劳动合同。但该公司在劳动合同到期以前的2019年4月13日，即向业务联系单位发送电子邮件，明确表示不准备再继续与苏红艳的劳动关系，苏某当月底将离职。苏某于2019年5月18日从外地返回深圳以后，该公司相关负责人拒绝就解除劳动关系的经济补偿进行协商，没有签订新的劳动合同也未给苏某安排新的工作岗位，而是由人事部门收走其代表员工身份的厂牌和考勤卡。显然，用人单位，某科技公司系以实际行为解除了劳动关系，其所谓从未解除与苏某劳动关系的主张与事实不

① 本案例选自中国裁判文书网，最后访问时间：2025年8月2日。

符，非因法定事由拒绝履行义务应依法承担违法解除劳动关系的法律责任。

2. 劳动者对于是否订立无固定期限劳动合同具有单方选择权（最高人民法院发布劳动争议典型案例）

案例要旨：张某与某公交公司已连续订立二次固定期限劳动合同，张某不存在劳动合同法第三十九条规定的过失性辞退情形，亦不存在第四十条第一项规定的“因劳动者患病或者非因工负伤，在规定的医疗期满后不能从事原工作，也不能从事由用人单位另行安排的工作”及第二项规定的“劳动者不能胜任工作，经过培训或者调整工作岗位，仍不能胜任工作”的情形，张某提出与某公交公司订立无固定期限劳动合同符合法定条件，某公交公司应依法与张某订立无固定期限劳动合同。某公交公司单方作出终止劳动合同通知不符合法律规定。审理法院判令某公交公司与张某订立无固定期限劳动合同。

第十五条 以完成一定工作任务为期限的劳动合同

以完成一定工作任务为期限的劳动合同，是指用人单位与劳动者约定以某项工作的完成为合同期限的劳动合同。

用人单位与劳动者协商一致，可以订立以完成一定工作任务为期限的劳动合同。

第十六条 劳动合同生效

劳动合同由用人单位与劳动者协商一致，并经用人单位与劳动者在劳动合同文本上签字或者盖章生效。

劳动合同文本由用人单位和劳动者各执一份。

部门规章及文件

《劳动部关于实行劳动合同制度若干问题的通知》（1996 年 10 月 31 日　劳部发〔1996〕354 号）

5. 劳动合同可以规定合同的生效时间。没有规定劳动合同生效时间的，当事人签字之日即视为该劳动合同生效时间。

劳动合同的终止时间，应当以劳动合同期限最后 1 日的 24 时为准。

第十七条　劳动合同的条款

劳动合同应当具备以下条款：

（一）用人单位的名称、住所和法定代表人或者主要负责人；

（二）劳动者的姓名、住址和居民身份证或者其他有效身份证件号码；

（三）劳动合同期限；

（四）工作内容和工作地点；

（五）工作时间和休息休假；

（六）劳动报酬；

（七）社会保险；

（八）劳动保护、劳动条件和职业危害防护；

（九）法律、法规规定应当纳入劳动合同的其他事项。

劳动合同除前款规定的必备条款外，用人单位与劳动者可以约定试用期、培训、保守秘密、补充保险和福利待遇等其他事项。

核心要点

1. 劳动合同的必备条款：《劳动法》19；《职业病防治法》33。

2. 劳动合同的约定条款：《劳动法》19。

● 法 律

1. **《劳动法》**（2018 年 12 月 29 日）

第 19 条 劳动合同应当以书面形式订立，并具备以下条款：

（一）劳动合同期限；

（二）工作内容；

（三）劳动保护和劳动条件；

（四）劳动报酬；

（五）劳动纪律；

（六）劳动合同终止的条件；

（七）违反劳动合同的责任。

劳动合同除前款规定的必备条款外，当事人可以协商约定其他内容。

2. **《职业病防治法》**（2018 年 12 月 29 日）

第 33 条 用人单位与劳动者订立劳动合同（含聘用合同，下同）时，应当将工作过程中可能产生的职业病危害及其后果、职业病防护措施和待遇等如实告知劳动者，并在劳动合同中写明，不得隐瞒或者欺骗。

劳动者在已订立劳动合同期间因工作岗位或者工作内容变更，从事与所订立劳动合同中未告知的存在职业病危害的作业时，用人单位应当依照前款规定，向劳动者履行如实告知的义务，并协商变更原劳动合同相关条款。

用人单位违反前两款规定的，劳动者有权拒绝从事存在职业病危害的作业，用人单位不得因此解除与劳动者所订立的劳动合同。

● 行政法规及文件

3.《国务院办公厅转发人事部关于在事业单位试行人员聘用制度意见的通知》（2002 年 7 月 6 日　国办发〔2002〕35 号）

四、规范聘用合同的内容

聘用合同由聘用单位的法定代表人或者其委托的人与受聘人员以书面形式订立。聘用合同必须具备下列条款：

（一）聘用合同期限；

（二）岗位及其职责要求；

（三）岗位纪律；

（四）岗位工作条件；

（五）工资待遇；

（六）聘用合同变更和终止的条件；

（七）违反聘用合同的责任。

经双方当事人协商一致，可以在聘用合同中约定试用期、培训和继续教育、知识产权保护、解聘提前通知时限等条款。

……

● 部门规章及文件

4.《关于贯彻执行〈中华人民共和国劳动法〉若干问题的意见》（1995 年 8 月 4 日　劳部发〔1995〕309 号）

6. 用人单位应与其富余人员、放长假的职工，签订劳动合同，但其劳动合同与在岗职工的劳动合同在内容上可以有所区别。用人单位与劳动者经协商一致可以在劳动合同中就不在岗期间的有关事项作出规定。

7. 用人单位应与其长期被外单位借用的人员、带薪上学人员、以及其他非在岗但仍保持劳动关系的人员签订劳动合同，但在外借和上学期间，劳动合同中的某些相关条款经双方协商可以变更。

5. **《劳动部关于实行劳动合同制度若干问题的通知》**（1996 年 10 月 31 日　劳部发〔1996〕354 号）

6. 生产经营发生严重困难的企业应当与劳动者签订劳动合同，但劳动合同中有关工作岗位、劳动报酬等内容可在协商一致的基础上通过签订专项协议来规定。专项协议作为劳动合同的附件，具有与劳动合同同等的约束力。

7. “停薪留职”的职工愿意回原单位工作的，用人单位应当与其签订劳动合同，明确权利义务关系。如果用人单位不能安排工作岗位，而职工又愿意到其他单位工作并继续与原单位保留劳动关系的，应当按照劳动部《关于贯彻实施〈中华人民共和国劳动法〉若干问题的意见》第 7 条规定办理，即职工与原单位保持劳动关系但不在岗的，可以变更劳动合同相关内容。

8. 用人单位应与本单位富余人员签订劳动合同，对待岗或放长假的应当变更劳动合同相关内容，并就有关内容协商签订专项协议。

12. 已办理厂内离岗休养或退养手续的原固定工，用人单位应当与其签订劳动合同，明确权利义务关系，其离岗休养或退养的有关文件作为劳动合同的附件。

13. 已享受养老保险待遇的离退休人员被再次聘用时，用人单位应与其签订书面协议，明确聘用期内的工作内容、报酬、医疗、劳保待遇等权利和义务。

6. **《集体合同规定》**（2004 年 1 月 20 日　劳动和社会保障部令第 22 号）

第 8 条　集体协商双方可以就下列多项或某项内容进行集体协商，签订集体合同或专项集体合同：

（一）劳动报酬；

（二）工作时间；

（三）休息休假；

（四）劳动安全与卫生；

（五）补充保险和福利；

（六）女职工和未成年工特殊保护；

（七）职业技能培训；

（八）劳动合同管理；

（九）奖惩；

（十）裁员；

（十一）集体合同期限；

（十二）变更、解除集体合同的程序；

（十三）履行集体合同发生争议时的协商处理办法；

（十四）违反集体合同的责任；

（十五）双方认为应当协商的其他内容。

第9条　劳动报酬主要包括：

（一）用人单位工资水平、工资分配制度、工资标准和工资分配形式；

（二）工资支付办法；

（三）加班、加点工资及津贴、补贴标准和奖金分配办法；

（四）工资调整办法；

（五）试用期及病、事假等期间的工资待遇；

（六）特殊情况下职工工资（生活费）支付办法；

（七）其他劳动报酬分配办法。

第10条　工作时间主要包括：

（一）工时制度；

（二）加班加点办法；

（三）特殊工种的工作时间；

（四）劳动定额标准。

第11条　休息休假主要包括：

（一）日休息时间、周休息日安排、年休假办法；

（二）不能实行标准工时职工的休息休假；

（三）其他假期。

第12条　劳动安全卫生主要包括：

（一）劳动安全卫生责任制；

（二）劳动条件和安全技术措施；

（三）安全操作规程；

（四）劳保用品发放标准；

（五）定期健康检查和职业健康体检。

第13条　补充保险和福利主要包括：

（一）补充保险的种类、范围；

（二）基本福利制度和福利设施；

（三）医疗期延长及其待遇；

（四）职工亲属福利制度。

第14条　女职工和未成年工的特殊保护主要包括：

（一）女职工和未成年工禁忌从事的劳动；

（二）女职工的经期、孕期、产期和哺乳期的劳动保护；

（三）女职工、未成年工定期健康检查；

（四）未成年工的使用和登记制度。

第15条　职业技能培训主要包括：

（一）职业技能培训项目规划及年度计划；

（二）职业技能培训费用的提取和使用；

（三）保障和改善职业技能培训的措施。

第16条　劳动合同管理主要包括：

（一）劳动合同签订时间；

（二）确定劳动合同期限的条件；

（三）劳动合同变更、解除、续订的一般原则及无固定期限劳动合同的终止条件；

（四）试用期的条件和期限。

第17条　奖惩主要包括：

（一）劳动纪律；

（二）考核奖惩制度；

（三）奖惩程序。

第18条　裁员主要包括：

（一）裁员的方案；

（二）裁员的程序；

（三）裁员的实施办法和补偿标准。

● 司法解释及文件

7.《最高人民法院关于为稳定就业提供司法服务和保障的意见》（2022年12月26日　法发〔2022〕36号）

三、妥善处理劳动争议案件，依法保护双方权益

……

11. 妥善审理劳动合同纠纷案件。用人单位生产经营困难，按照法定程序经与职工代表大会讨论或者经与工会、职工代表等民主协商，对在合理期限内延迟支付工资、轮岗轮休等事项达成一致意见的，可以作为认定双方权利义务的依据。除依法按协商程序降低劳动报酬外，用人单位安排劳动者通过居家办公或者灵活办公等方式提供正常劳动，劳动者请求按正常工资标准支付其工资的，人民法院应当依法支持。依法妥善审理相关案件，积极引导和支持用人单位与劳动者依法协商，采取协商薪酬、调整工时、轮岗轮休、在岗培训等措施稳定工作岗位。

……

● 案例指引

1. 王某诉北京某文化传媒有限公司劳动争议案（人民法院案例库：2024-07-1-490-004）

案例要旨：案涉《独家经纪合同》明确约定“本合同为合作服

务合同，并非劳动合同，双方并不因签订本合同而建立劳动关系”。从双方洽商过程看，《独家经纪合同》经双方多次沟通确认，王某还对合同具体条文提出了修改意见，尤其是对于核心的收益分配部分着重进行了对己方有利的修改并加入了最终合同文本中，可见王某对合同重要条款具有充分的谈判议价能力。双方合作本意是通过北京某传媒公司的孵化进一步提升王某在抖音、快手等自媒体平台的艺术、表演、广告、平面形象影响力和知名度，继而通过艺人参与商业活动及获得外界相应收入并依据约定进行分配。合同内容主要包括有关经纪事项、报酬/收益分配、违约责任等权利义务约定，与一般劳动合同构成要件存在明显不同，难以体现双方存在建立劳动关系合意。

2. **用人单位调整劳动者的工作岗位、工作地点应具备合理性**（浙江省高级人民法院、浙江省人力资源和社会保障厅、浙江省总工会联合发布劳动人事争议典型案例）

案例要旨：法院审理认为，用人单位根据自身生产经营需要对劳动者的工作岗位、工作地点进行适当调整，是行使用工自主权的重要内容。但用人单位必须在相关法律和政策的框架内合理行使用工自主权，合理性的判断依据主要包括：是否基于生产经营需要；是否对劳动合同构成较大变更；是否对劳动者有歧视性、侮辱性；对劳动报酬及其他劳动条件是否产生较大影响；劳动者能否胜任调整后的岗位；如工作地点调整导致不便，用人单位是否提供必要协助或补偿措施；等等。本案中，某公司已与皇甫某某就报酬问题发生争议且尚未解决，某公司即将皇甫某某调整到与原工作内容相差较大的新岗位且未说明调整后的岗位工作内容、职责、薪资，未给予其充分协商的机会，也未提供其他必要便利，又要求短时间内报到，某公司对皇甫某某的岗位调整缺乏合理性。皇甫某某拒绝调岗后，某公司以皇甫某某不服从工作调整为由单方解除合同，系违法解除劳动合同，应当向皇甫某某支付经济赔偿金。人民法院判决：某公司向皇甫某某支付违法解除劳动合同赔偿金。

第十八条 劳动合同条款不明确

劳动合同对劳动报酬和劳动条件等标准约定不明确，引发争议的，用人单位与劳动者可以重新协商；协商不成的，适用集体合同规定；没有集体合同或者集体合同未规定劳动报酬的，实行同工同酬；没有集体合同或者集体合同未规定劳动条件等标准的，适用国家有关规定。

● 案例指引

上海某品牌管理有限公司诉姚某劳动合同纠纷案（人民法院案例库：2023-07-2-186-011）

案例要旨：某管理公司与姚某的劳动合同中约定的工作地点无效。某管理公司出于用工便利角度，在劳动合同中约定的工作地点为“服从公司安排”，属于工作地点约定不明，系无效约定。姚某的工作岗位系普通营业员，应当认定以劳动合同实际履行地长沙为姚某的工作地点。

第十九条 试用期

劳动合同期限三个月以上不满一年的，试用期不得超过一个月；劳动合同期限一年以上不满三年的，试用期不得超过二个月；三年以上固定期限和无固定期限的劳动合同，试用期不得超过六个月。

同一用人单位与同一劳动者只能约定一次试用期。

以完成一定工作任务为期限的劳动合同或者劳动合同期限不满三个月的，不得约定试用期。

试用期包含在劳动合同期限内。劳动合同仅约定试用期的，试用期不成立，该期限为劳动合同期限。

● 法　律

1.《劳动法》（2018 年 12 月 29 日）

第 21 条　劳动合同可以约定试用期。试用期最长不得超过六个月。

● 行政法规及文件

2.《国务院办公厅转发人事部关于在事业单位试行人员聘用制度意见的通知》（2002 年 7 月 6 日　国办发〔2002〕35 号）

四、规范聘用合同的内容

……

聘用单位与受聘人员签订聘用合同，可以约定试用期。试用期一般不超过 3 个月；情况特殊的，可以延长，但最长不得超过 6 个月。被聘人员为大中专应届毕业生的，试用期可以延长至 12 个月。试用期包括在聘用合同期限内。

……

3.《国务院关于解决农民工问题的若干意见》（2006 年 1 月 31 日　国发〔2006〕5 号）

四、依法规范农民工劳动管理

（八）严格执行劳动合同制度。所有用人单位招用农民工都必须依法订立并履行劳动合同，建立权责明确的劳动关系。严格执行国家关于劳动合同试用期的规定，不得滥用试用期侵犯农民工权益。劳动保障部门要制定和推行规范的劳动合同文本，加强对用人单位订立和履行劳动合同的指导和监督。任何单位都不得违反劳动合同约定损害农民工权益。

● 部门规章及文件

4.《关于〈劳动法〉若干条文的说明》（1994 年 9 月 5 日　劳办发〔1994〕289 号）

第 21 条　本条中规定的“试用期”适用于初次就业或再次

就业时改变劳动岗位或工种的劳动者。

5.《关于贯彻执行〈中华人民共和国劳动法〉若干问题的意见》（1995年8月4日　劳部发〔1995〕309号）

18. 劳动者被用人单位录用后，双方可以在劳动合同中约定试用期，试用期应包括在劳动合同期限内。

19. 试用期是用人单位和劳动者为相互了解、选择而约定的不超过六个月的考察期。一般对初次就业或再次就业的职工可以约定。在原固定工进行劳动合同制度的转制过程中，用人单位与原固定工签订劳动合同时，可以不再约定试用期。

6.《劳动部关于实行劳动合同制度若干问题的通知》（1996年10月31日　劳部发〔1996〕354号）

3. 按照《劳动法》的规定，劳动合同中可以约定不超过六个月的试用期。劳动合同期限在六个月以下的，试用期不得超过十五日；劳动合同期限在六个月以上一年以下的，试用期不得超过三十日；劳动合同期限在一年以上两年以下的，试用期不得超过六十日。

试用期包括在劳动合同期限中。

4. 用人单位对工作岗位没有发生变化的同一劳动者只能试用一次。

7.《事业单位公开招聘人员暂行规定》（2005年11月16日　人事部令第6号）

第26条　事业单位公开招聘的人员按规定实行试用期制度。试用期包括在聘用合同期限内。

试用期满合格的，予以正式聘用；不合格的，取消聘用。

● 案例指引

1. 某教育公司诉王某劳动争议案（人民法院案例库：2024-07-2-490-002）

案例要旨：在法定最长试用期内延长试用期属于二次约定试用

期，用人单位应当依法支付赔偿金。法院生效裁判认为，关于违法约定试用期赔偿金问题，同一用人单位与同一劳动者只能约定一次试用期。本案中，某教育公司与王某订立期限自2018年3月26日起至2021年3月25日止的劳动合同，其中试用期为2018年3月26日至2018年6月25日。后某教育公司以王某在三个月试用期间没有签单为由将试用期延长至2018年9月25日，这一行为属于二次约定试用期。某教育公司虽主张王某对延长试用期表示认可，但二次约定试用期行为已违反法律强制性规定，延长的期间不再属于法定试用期。此外，某教育公司出具的《试用期转正通知书》显示，王某自2018年10月1日成为正式员工，结合2018年9月26日至2018年10月25日期间的工资发放情况，可以认定某教育公司将王某的试用期延长至了2018年9月30日，某教育公司这一行为违反法律规定，故某教育公司应支付王某2018年6月26日至2018年9月30日期间违法约定试用期的赔偿金42027.59元。

2. 应届毕业生就业权益依法受保护（*江苏省高级人民法院发布2022年度劳动人事争议十大典型案例*）

案例要旨：李某系大四学生，于2021年10月12日入职某媒体公司从事全职工作，岗位是媒体后期，双方未签订任何书面协议。后李某申请劳动仲裁，认为双方系劳动关系，要求某媒体公司支付拖欠的工资等。某媒体公司认为双方系劳务关系。劳动仲裁委不予受理后，李某诉至法院。法院经审理认为，不能因在校生或实习生的身份而一律否认劳动关系的建立。大学毕业生以就业为目的进入用人单位，不同于在校生以学习为目的假期实习、社会实践及勤工助学等情形，双方用工关系符合劳动关系特征的，应认定为劳动关系。本案中，李某作为应届毕业生以就业为目的至某媒体公司工作，向公司提供了劳动，并接受公司的管理，公司向其发放了报酬，存在建立劳动关系的合意。双方存在人身上、组织上及经济上的从属性，构成劳动关系，故判决支持了李某的诉讼请求。

第二十条 试用期工资

劳动者在试用期的工资不得低于本单位相同岗位最低档工资或者劳动合同约定工资的百分之八十，并不得低于用人单位所在地的最低工资标准。

法 律

1.《劳动法》（2018 年 12 月 29 日）

第 48 条 国家实行最低工资保障制度。最低工资的具体标准由省、自治区、直辖市人民政府规定，报国务院备案。

用人单位支付劳动者的工资不得低于当地最低工资标准。

第 49 条 确定和调整最低工资标准应当综合参考下列因素：

（一）劳动者本人及平均赡养人口的最低生活费用；

（二）社会平均工资水平；

（三）劳动生产率；

（四）就业状况；

（五）地区之间经济发展水平的差异。

第 91 条 用人单位有下列侵害劳动者合法权益情形之一的，由劳动行政部门责令支付劳动者的工资报酬、经济补偿，并可以责令支付赔偿金：

（一）克扣或者无故拖欠劳动者工资的；

（二）拒不支付劳动者延长工作时间工资报酬的；

（三）低于当地最低工资标准支付劳动者工资的；

（四）解除劳动合同后，未依照本法规定给予劳动者经济补偿的。

行政法规及文件

2.《劳动合同法实施条例》（2008 年 9 月 18 日 国务院令第 535 号）

第 15 条 劳动者在试用期的工资不得低于本单位相同岗位

最低档工资的80%或者不得低于劳动合同约定工资的80%，并不得低于用人单位所在地的最低工资标准。

● 部门规章及文件

3.《关于贯彻执行〈中华人民共和国劳动法〉若干问题的意见》（1995年8月4日　劳部发〔1995〕309号）

57. 劳动者与用人单位形成或建立劳动关系后，试用、熟练、见习期间，在法定工作时间内提供了正常劳动，其所在的用人单位应当支付其不低于最低工资标准的工资。

第二十一条　试用期内解除劳动合同

> 在试用期中，除劳动者有本法第三十九条和第四十条第一项、第二项规定的情形外，用人单位不得解除劳动合同。用人单位在试用期解除劳动合同的，应当向劳动者说明理由。

● 法　律

1.《劳动法》（2018年12月29日）

第25条　劳动者有下列情形之一的，用人单位可以解除劳动合同：

（一）在试用期间被证明不符合录用条件的；

（二）严重违反劳动纪律或者用人单位规章制度的；

（三）严重失职，营私舞弊，对用人单位利益造成重大损害的；

（四）被依法追究刑事责任的。

第32条　有下列情形之一的，劳动者可以随时通知用人单位解除劳动合同：

（一）在试用期内的；

（二）用人单位以暴力、威胁或者非法限制人身自由的手段强迫劳动的；

（三）用人单位未按照劳动合同约定支付劳动报酬或者提供

劳动条件的。

司法解释及文件

2.《最高人民法院关于审理劳动争议案件适用法律问题的解释（一）》（2020年12月29日　法释〔2020〕26号）

第44条　因用人单位作出的开除、除名、辞退、解除劳动合同、减少劳动报酬、计算劳动者工作年限等决定而发生的劳动争议，用人单位负举证责任。

第二十二条　服务期

用人单位为劳动者提供专项培训费用，对其进行专业技术培训的，可以与该劳动者订立协议，约定服务期。

劳动者违反服务期约定的，应当按照约定向用人单位支付违约金。违约金的数额不得超过用人单位提供的培训费用。用人单位要求劳动者支付的违约金不得超过服务期尚未履行部分所应分摊的培训费用。

用人单位与劳动者约定服务期的，不影响按照正常的工资调整机制提高劳动者在服务期期间的劳动报酬。

核心要点

1. 用人单位职工培训义务：《劳动法》68；《职业教育法》5、6、28、29。

2. 劳动合同解除后培训费用的赔偿：《劳动合同法实施条例》16、26；《关于贯彻执行〈中华人民共和国劳动法〉若干问题的意见》23；《人才市场管理规定》30；《事业单位试行人员聘用制度有关问题的解释》17。

● 法　律

1.《职业教育法》（2022 年 4 月 20 日）

第 5 条　公民有依法接受职业教育的权利。

第 7 条　各级人民政府应当将发展职业教育纳入国民经济和社会发展规划，与促进就业创业和推动发展方式转变、产业结构调整、技术优化升级等整体部署、统筹实施。

第 9 条第 3 款　有关行业主管部门、工会和中华职业教育社等群团组织、行业组织、企业、事业单位等应当依法履行实施职业教育的义务，参与、支持或者开展职业教育。

第 58 条　企业应当根据国务院规定的标准，按照职工工资总额一定比例提取和使用职工教育经费。职工教育经费可以用于举办职业教育机构、对本单位的职工和准备招用人员进行职业教育等合理用途，其中用于企业一线职工职业教育的经费应当达到国家规定的比例。用人单位安排职工到职业学校或者职业培训机构接受职业教育的，应当在其接受职业教育期间依法支付工资，保障相关待遇。

企业设立具备生产与教学功能的产教融合实习实训基地所发生的费用，可以参照职业学校享受相应的用地、公用事业费等优惠。

第 64 条　企业未依照本法规定对本单位的职工和准备招用的人员实施职业教育、提取和使用职工教育经费的，由有关部门责令改正；拒不改正的，由县级以上人民政府收取其应当承担的职工教育经费，用于职业教育。

2.《劳动法》（2018 年 12 月 29 日）

第 68 条　用人单位应当建立职业培训制度，按照国家规定提取和使用职业培训经费，根据本单位实际，有计划地对劳动者进行职业培训。

从事技术工种的劳动者，上岗前必须经过培训。

● 行政法规及文件

3.《劳动合同法实施条例》（2008 年 9 月 18 日　国务院令第 535 号）

第 16 条　劳动合同法第二十二条第二款规定的培训费用，包括用人单位为了对劳动者进行专业技术培训而支付的有凭证的培训费用、培训期间的差旅费用以及因培训产生的用于该劳动者的其他直接费用。

第 17 条　劳动合同期满，但是用人单位与劳动者依照劳动合同法第二十二条的规定约定的服务期尚未到期的，劳动合同应当续延至服务期满；双方另有约定的，从其约定。

第 26 条　用人单位与劳动者约定了服务期，劳动者依照劳动合同法第三十八条的规定解除劳动合同的，不属于违反服务期的约定，用人单位不得要求劳动者支付违约金。

有下列情形之一，用人单位与劳动者解除约定服务期的劳动合同的，劳动者应当按照劳动合同的约定向用人单位支付违约金：

（一）劳动者严重违反用人单位的规章制度的；

（二）劳动者严重失职，营私舞弊，给用人单位造成重大损害的；

（三）劳动者同时与其他用人单位建立劳动关系，对完成本单位的工作任务造成严重影响，或者经用人单位提出，拒不改正的；

（四）劳动者以欺诈、胁迫的手段或者乘人之危，使用人单位在违背真实意思的情况下订立或者变更劳动合同的；

（五）劳动者被依法追究刑事责任的。

● 部门规章及文件

4.《关于贯彻执行〈中华人民共和国劳动法〉若干问题的意见》（1995 年 8 月 4 日　劳部发〔1995〕309 号）

23. 用人单位用于劳动者职业技能培训费用的支付和劳动者

违约时培训费的赔偿可以在劳动合同中约定，但约定劳动者违约时负担的培训费和赔偿金的标准不得违反劳动部《违反〈劳动法〉有关劳动合同规定的赔偿办法》（劳部发〔1995〕223号）等有关规定。

5.《事业单位试行人员聘用制度有关问题的解释》（2003年12月10日　国人部发〔2003〕61号）

17. 在聘用合同中对培训费用没有约定的，受聘人员提出解除聘用合同后，单位不得收取培训费用；有约定的，按约定收取培训费，但不得超过培训的实际支出，并按培训结束后每服务一年递减20%执行。

6.《人才市场管理规定》（2019年12月31日　人力资源和社会保障部令第43号）

第29条　对于符合国家人才流动政策规定的应聘人才，所在单位应当及时办理有关手续，按照国家有关规定为应聘人才提供证明文件以及相关材料，不得在国家规定之外另行设置限制条件。

应聘人才凡经单位出资培训的，如个人与单位订有合同，培训费问题按合同规定办理；没有合同的，单位可以适当收取培训费，收取标准按培训后回单位服务的年限，按每年递减20%的比例计算。

● 司法解释及文件

7.《最高人民法院关于审理劳动争议案件适用法律问题的解释（二）》（2025年7月31日　法释〔2025〕12号）

第12条　除向劳动者支付正常劳动报酬外，用人单位与劳动者约定服务期限并提供特殊待遇，劳动者违反约定提前解除劳动合同且不符合劳动合同法第三十八条规定的单方解除劳动合同情形时，用人单位请求劳动者承担赔偿损失责任的，人民法院可以综合考虑实际损失、当事人的过错程度、已经履行的年限等因素确定劳动者应当承担的赔偿责任。

● 人大代表建议的答复

8.《人力资源社会保障部对十四届全国人大一次会议第7013号建议的答复》（2023年8月22日　人社建字〔2023〕108号）

一、关于发挥政府职能，规范农民工职业培训

近年来，我部高度重视农民工职业技能培训工作，健全农民工参加职业技能培训政策体系，提高培训质量，优化农民工就业环境，维护农民工合法权益。一是健全培训政策体系。会同有关部门指导各地认真贯彻落实《国务院关于推行终身职业技能培训制度的意见》《职业技能提升行动方案（2019—2021年）》《“十四五”职业技能培训规划》等文件要求，将农民工作为培训重点对象之一，组织实施新生代农民工职业技能提升计划（2019—2022年）、农民工稳就业职业技能培训计划等。2019年至2023年上半年，组织开展农民工政府补贴性职业技能培训约4000万人次。二是提升就业服务质量。健全完善公共就业服务体系，提升专业化服务水平，各级公共就业服务机构和基层平台面向农民工等常住人口免费提供职业介绍等服务。持续组织开展春风行动等10+N公共就业服务专项活动，集中帮扶农民工等劳动者就业创业。加强就业信息化建设和线上渠道应用，推进就业业务“指尖办”、“掌上办”，努力实现就业服务“24小时不打烊”。建设规范化零工市场，建立“即时快招”服务模式。三是维护农民工合法权益。2020年5月，出台《保障农民工工资支付条例》并完善相关配套政策规定，重点保障农民工按时足额获得工资的权利。2021年7月，出台并推动落实《关于维护新就业形态劳动者劳动保障权益的指导意见》，指导地方做好以农民工为主体的新就业形态劳动者权益保障工作。组织开展全国农民工工作督察，

落实落细农民工就业创业、根治欠薪、权益维护、平等享受公共服务等方面政策措施。开展“薪暖农民工”服务行动，重点围绕做好法治宣传教育、畅通维权渠道、做好执法服务、强化法律援助服务、营造良好环境5方面，着力维护农民工劳动报酬权益。

下一步，我部将会同相关部门进一步健全完善劳动者终身职业技能培训制度，优化农民工职业技能培训政策，进一步提升培训质量。加强就业政策落实和劳动权益保障，提高农民工获得感、幸福感。

……

三、关于推行“订单式”培训，提供精准优质高效服务

近年来，我部会同相关部门深入贯彻落实《“十四五”职业技能培训规划》，大力支持农民工参加职业技能培训，鼓励各地通过订单式、定向式、项目制培训方式，促进农民工培训后稳定就业。一是2021年12月，经国务院同意，我部会同教育部、国家发展改革委、财政部印发《“十四五”职业技能培训规划》(人社部发〔2021〕102号)，提出实施农村转移劳动力等职业技能提升计划的要求。在培训组织方式上，主要是以企业为主，组织开展在岗农民工培训；以输入地为主，开展转岗和失业农民工定向定岗培训；以输出地为主，组织输出前职业技能培训和返乡农民工就业创业培训。企业新招用农民工，与企业签订1年以上期限劳动合同、1年内参加由企业依托所属培训机构或政府认定的培训机构开展岗位技能培训的，在取得证书（包括职业资格证书、职业技能等级证书、专项职业能力证书、培训合格证书，下同）后，给予职工个人或企业职业培训补贴。参加企业新型学徒制培训、技师培训的企业在职职工，培训后取得证书的，给予职工个人或企业职业培训补贴。二是加强农民工劳务输出服务，我部会同公安部等12部门组织开展“春暖农民工”服务行动，重点做好农民工关怀慰问、出行服务、就业培训、健康服务、文化

服务、权益维护、关爱帮扶等工作，保障春节期间农民工返乡返岗平稳有序；持续开展家政劳务对接行动，积极推进家政劳务品牌建设，加大农村劳动力有组织输出。三是我部积极推进劳务协作，依托现有东西部协作和省内协作工作机制，指导地方广泛开展地区间劳务协作，推动就业服务下沉延伸，促进跨区域信息共享和有组织劳务输出，发展劳务品牌促进劳务协作提质增效。

下一步，我部将会同相关部门持续实施“十四五”职业技能培训规划，加大农民工等农村转移劳动力订单定向定岗培训力度，提升就业稳定性。继续做好农民工劳务输出和劳务协作工作，为农民工培训就业提供优质高效服务。

9.**《人力资源社会保障部对十四届全国人大一次会议第5884号建议的答复》**（2023年8月22日　人社建字〔2023〕107号）

一、关于完善政府补贴性培训政策

近年来，我部高度重视职业技能培训工作，认真贯彻落实党中央、国务院决策部署，全面推行终身职业技能培训制度，深入实施职业技能提升行动，全力推进“十四五”职业技能培训规划，不断健全完善职业技能培训政策体系。一是2018年5月，报请国务院印发《关于推行终身职业技能培训制度的意见》（国发〔2018〕11号），建立并推行覆盖城乡全体劳动者、贯穿劳动者学习工作终身、适应就业创业和人才成长需要以及经济社会发展需求的终身职业技能培训制度，大规模开展高质量职业技能培训。二是2019年5月，报请国务院办公厅印发《职业技能提升行动方案（2019—2021年）》（国办发〔2019〕24号），面向企业职工、就业重点群体、贫困劳动力等城乡各类劳动者大规模开展职业技能培训，加快建设知识型、技能型、创新型劳动者大军。会同财政部出台相关政策，明确省级人社部门、财政部门可在规定的原则下结合实际调整享受职业培训补贴、生活费补贴人员范围和条件要求，可将确有就业能力和培训需求、未按月领取城镇职工基本养老金的人员（年龄不设上限）纳入政策范围。三是2021年12月，报经国务院同意，会同教育部、国家发展改革委、财政部印发《“十四五”职业技能培训规划》（人社部发〔2021〕102号），进一步健全完善劳动者终身职业技能培训制度，加大职业技能培训力度，提高培训供给能力，提升培训质量，促进技能劳动者结构优化和就业创业能力提升。四是2022年9月，报请中共中央办公厅、国务院办公厅印发《关于加强新时代高技能人才队伍建设的意见》，进一步健全技能人才培养、使用、评价、激励制度，构建党委领导、政府主导、政策支持、企业主体、社会参与的高技能人才工作体系。

下一步，我部将会同相关部门进一步健全完善劳动者终身职业技能培训制度，大力推进“十四五”职业技能培训规划各项目标任务落实落地，依照有关法律规定指导各地结合实际，探索调整完善适应社会发展需求和劳动者实际需要的参加职业技能培训年龄。

第二十三条　商业秘密与竞业限制

用人单位与劳动者可以在劳动合同中约定保守用人单位的商业秘密和与知识产权相关的保密事项。

对负有保密义务的劳动者，用人单位可以在劳动合同或者保密协议中与劳动者约定竞业限制条款，并约定在解除或者终止劳动合同后，在竞业限制期限内按月给予劳动者经济补偿。劳动者违反竞业限制约定的，应当按照约定向用人单位支付违约金。

法　律

1. 《劳动法》（2018年12月29日）

第22条　劳动合同当事人可以在劳动合同中约定保守用人

单位商业秘密的有关事项。

第 102 条　劳动者违反本法规定的条件解除劳动合同或者违反劳动合同中约定的保密事项，对用人单位造成经济损失的，应当依法承担赔偿责任。

2.《反不正当竞争法》（2025 年 6 月 27 日）

第 22 条　经营者违反本法规定，给他人造成损害的，应当依法承担民事责任。

经营者的合法权益受到不正当竞争行为损害的，可以向人民法院提起诉讼。

因不正当竞争行为受到损害的经营者的赔偿数额，按照其因被侵权所受到的实际损失或者侵权人因侵权所获得的利益确定。经营者故意实施侵犯商业秘密行为，情节严重的，可以在按照上述方法确定数额的一倍以上五倍以下确定赔偿数额。赔偿数额还应当包括经营者为制止侵权行为所支付的合理开支。

经营者违反本法第七条、第十条规定，权利人因被侵权所受到的实际损失、侵权人因侵权所获得的利益难以确定的，由人民法院根据侵权行为的情节判决给予权利人五百万元以下的赔偿。

● 部门规章及文件

3.《劳动部关于企业职工流动若干问题的通知》（1996 年 10 月 31 日　劳部发〔1996〕355 号）

二、用人单位与掌握商业秘密的职工在劳动合同中约定保守商业秘密有关事项时，可以约定在劳动合同终止前或该职工提出解除劳动合同后的一定时间内（不超过六个月），调整其工作岗位，变更劳动合同中相关内容；用人单位也可规定掌握商业秘密的职工在终止或解除劳动合同后的一定期限内（不超过三年），不得到生产同类产品或经营同类业务且有竞争关系的其他用人单位任职，也不得自己生产与原单位有竞争关系的同类产品或经营同类业务，但用人单位应当给予该职工一定数额的经济补偿。

4.**《人才市场管理规定》**（2019 年 12 月 31 日　人力资源和社会保障部令第 43 号）

第 30 条　应聘人才在应聘时和离开原单位后，不得带走原单位的技术资料和设备器材等，不得侵犯原单位的知识产权、商业秘密及其他合法权益。

第 37 条　个人违反本规定给原单位造成损失的，应当承担赔偿责任。

● 司法解释及文件

5.**《最高人民法院关于审理劳动争议案件适用法律问题的解释（一）》**（2020 年 12 月 29 日　法释〔2020〕26 号）

第 36 条　当事人在劳动合同或者保密协议中约定了竞业限制，但未约定解除或者终止劳动合同后给予劳动者经济补偿，劳动者履行了竞业限制义务，要求用人单位按照劳动者在劳动合同解除或者终止前十二个月平均工资的 30% 按月支付经济补偿的，人民法院应予支持。

前款规定的月平均工资的 30% 低于劳动合同履行地最低工资标准的，按照劳动合同履行地最低工资标准支付。

第 37 条　当事人在劳动合同或者保密协议中约定了竞业限制和经济补偿，当事人解除劳动合同时，除另有约定外，用人单位要求劳动者履行竞业限制义务，或者劳动者履行了竞业限制义务后要求用人单位支付经济补偿的，人民法院应予支持。

第 38 条　当事人在劳动合同或者保密协议中约定了竞业限制和经济补偿，劳动合同解除或者终止后，因用人单位的原因导致三个月未支付经济补偿，劳动者请求解除竞业限制约定的，人民法院应予支持。

第 39 条　在竞业限制期限内，用人单位请求解除竞业限制协议的，人民法院应予支持。

在解除竞业限制协议时，劳动者请求用人单位额外支付劳动者三个月的竞业限制经济补偿的，人民法院应予支持。

第40条　劳动者违反竞业限制约定，向用人单位支付违约金后，用人单位要求劳动者按照约定继续履行竞业限制义务的，人民法院应予支持。

● 答记者问

6.《最高法相关部门负责人就劳动争议司法解释（二）答记者问》①（2025年8月1日）

问：《解释二》② 如何平衡好劳动者择业自由和保护企业竞争优势之间的关系？

答：知识产权（包含商业秘密）具有重大的经济价值。在社会主义市场经济条件下，市场主体的生存发展与劳动人才的竞争密切相关。设立竞业限制制度的目的是避免恶性竞争，这项制度是衡平保护用人单位经营权与劳动者择业权的具体体现。最高人民法院高度重视竞业限制纠纷化解工作，在《解释二》制定过程中，坚持既保护用人单位竞争优势，又畅通人才自由流动的理念。在职工作期间，用人单位通过支付劳动报酬保障劳动者的就业和生存权，竞业限制人员基于对用人单位的忠实义务应承担在职竞业限制义务。因此，《解释二》在明确“竞业限制”不应被滥用鲜明导向的同时，也规定，用人单位依法与竞业限制人员约定的在职竞业限制条款合法有效，用人单位无需为此支付经济补偿。因劳动者违反竞业限制约定会给用人单位带来风险和损失，为保护用人单位的竞争优势，《解释二》规定劳动者违反竞业限

---

① 参见中华人民共和国最高人民法院网站，https：//www.court.gov.cn/zixun/xiangqing/472671.html，最后访问时间：2025年8月2日。

② 指《最高人民法院关于审理劳动争议案件适用法律问题的解释（二）》。

制约定时，应依法承担违约责任。

案例指引

1. 张某诉北京某体育文化发展有限公司劳动争议案（人民法院案例库：2024-07-1-490-006）

案例要旨：法院生效裁判认为，张某任教学研发中心总经理，负责管理工作，对某体育公司的经营管理有决策权，应按照竞业限制协议等约定履行竞业限制义务。张某之妻作为投资人的天津某冠公司，在经营业务上与某体育公司存在竞争关系，属于竞业限制单位。考虑到张某与配偶之间具有紧密的人身和财产关系，经济利益上具有一致性，且其配偶的投资行为发生在张某从某体育公司离职后，故认定张某违反了竞业限制约定。

2. 某光电有限公司诉张某竞业限制纠纷案（浙江省高级人民法院、浙江省人力资源和社会保障厅、浙江省总工会联合发布劳动人事争议典型案例）

案例要旨：在新用人单位有关联公司且关联公司与原用人单位存在竞争关系的的情况下，劳动者是否违反竞业限制义务，应当结合关联公司与新用人单位之间的关联和协作程度、劳动者具体履职情况等因素综合判断。法院审理认为，A、B、C 三家公司实控人为同一人，且存在明显的关联协作，属于产业上下游关系，A 公司在 B、C 公司租赁房屋设有办公地点，有员工参与 B、C 公司的项目，A 公司并非纯粹的技术咨询公司。而且从经营范围、主营业务、主要产品看，B、C 公司与某光电有限公司存在明显的竞争关系。负有竞业限制义务的劳动者虽然和与原用人单位经营范围不一致的 A 公司签订劳动合同，但某光电有限公司已经提供证据证明其在入职 A 公司后多次出入 B 公司、C 公司的办公场所，且 A 公司、与 B 公司、C 公司的关联十分密切。综合各方面因素，仍可认定劳动者违反了竞业限制义务。法院判决确认张某违反了与某光电有限公司约定的竞业限制义务，张某返还竞业限制补偿金、支付违反竞业限制违约金。一审判决后，张某不服提起上诉，二审法院判决驳回上诉、维持原判。

第二十四条　竞业限制适用范围和期限

竞业限制的人员限于用人单位的高级管理人员、高级技术人员和其他负有保密义务的人员。竞业限制的范围、地域、期限由用人单位与劳动者约定，竞业限制的约定不得违反法律、法规的规定。

在解除或者终止劳动合同后，前款规定的人员到与本单位生产或者经营同类产品、从事同类业务的有竞争关系的其他用人单位，或者自己开业生产或者经营同类产品、从事同类业务的竞业限制期限，不得超过二年。

● 法　律

1. **《公司法》**（2023 年 12 月 29 日）

第 265 条　本法下列用语的含义：

（一）高级管理人员，是指公司的经理、副经理、财务负责人，上市公司董事会秘书和公司章程规定的其他人员。

……

● 部门规章及文件

2. **《劳动部关于企业职工流动若干问题的通知》**（1996 年 10 月 31 日　劳部发〔1996〕355 号）

二、用人单位与掌握商业秘密的职工在劳动合同中约定保守商业秘密有关事项时，可以约定在劳动合同终止前或该职工提出解除劳动合同后的一定时间内（不超过六个月），调整其工作岗位，变更劳动合同中相关内容；用人单位也可规定掌握商业秘密的职工在终止或解除劳动合同后的一定期限内（不超过三年），不得到生产同类产品或经营同类业务且有竞争关系的其他用人单位任职，也不得自己生产与原单位有竞争关系的同类产品或经营同类业务，但用人单位应当给予该职工一定数额的经济补偿。

● 司法解释及文件

3.《最高人民法院关于审理劳动争议案件适用法律问题的解释（二）》（2025年7月31日　法释〔2025〕12号）

第13条　劳动者未知悉、接触用人单位的商业秘密和与知识产权相关的保密事项，劳动者请求确认竞业限制条款不生效的，人民法院依法予以支持。

竞业限制条款约定的竞业限制范围、地域、期限等内容与劳动者知悉、接触的商业秘密和与知识产权相关的保密事项不相适应，劳动者请求确认竞业限制条款超过合理比例部分无效的，人民法院依法予以支持。

第14条　用人单位与高级管理人员、高级技术人员和其他负有保密义务的人员约定在职期间竞业限制条款，劳动者以不得约定在职期间竞业限制、未支付经济补偿为由请求确认竞业限制条款无效的，人民法院不予支持。

第15条　劳动者违反有效的竞业限制约定，用人单位请求劳动者按照约定返还已经支付的经济补偿并支付违约金的，人民法院依法予以支持。

● 案例指引

1. 劳动者负有的竞业限制义务应与其知悉的商业秘密和与知识产权相关的保密事项范围相适应（最高法发布劳动争议典型案例）

案例要旨：审理法院认为，首先，根据立法目的，劳动者的竞业限制范围应限于竞业限制制度保护事项的必要范围之内，应与劳动者知悉的关联方的商业秘密和与知识产权相关的保密事项范围相适应。某甲医药公司与郑某约定的不竞争的主体包括关联公司某乙医药公司。郑某仅接触过某乙医药公司两款药物的保密信息，其负有的不竞争义务应当限于上述两款药物。其次，竞业限制纠纷案件中，有竞争关系的其他用人单位应指能够提供具有较为紧密替代关系的产品或者服务的其他用人单位。就生物医药公司的竞争关系而言，应根据经营的药品适应症、作用机理、临床用药方案等，在判断药品之间可替代性的基础上进行认定。对比郑某入职的某生物公司的产品与某甲医药公司的产品、某乙医药公司的上述两款药物，虽然均包括癌症治疗产品，但从适应症和用药方案上看，不具有可替代性。审理法院据此认定，郑某入职的公司不属于与某甲医药公司或者其关联方经营同类产品、从事同类业务的有竞争关系的其他用人单位，判决驳回某甲医药公司的全部诉讼请求。

2. **劳动者违反在职竞业限制义务约定，应依法承担违约责任**（最高法发布劳动争议典型案例）

案例要旨：审理法院认为，黄某与某纺织公司订立《保守商业秘密及竞业限制协议》，约定合同期内不得自营或者为他人经营与某纺织公司有竞争关系的业务，否则应承担相应的违约责任。黄某作为销售经理，掌握客户信息，其与某纺织公司所订协议系双方当事人真实意思表示，内容不违反法律、行政法规的强制性规定，双方均应依约履行。黄某在订立协议后多次自行联系其他供货商向某纺织公司的客户出售布匹，所得货款归己所有，此属于自营与某纺织公司有竞争关系业务的行为，违反了协议约定。审理法院判决黄某依法向某纺织公司承担违约责任。

3. **江苏某生物科技有限公司诉李某劳动合同纠纷案**（人民法院案例库：2024-07-1-186-001）

案例要旨：竞业限制协议不能限制非负有保密义务劳动者的自主择业权。用人单位不区分劳动者是否属于掌握本单位商业秘密、与知识产权相关保密事项的人员，无差别地与劳动者签订竞业限制协议，并约定高额违约金，侵害了劳动者的合法权益。不负有保密义务的劳动者离职后进入有竞争关系的新用人单位，原用人单位要求劳动者承担高额违约金，依法不予支持。

第二章

4. 王某诉某甲信息技术公司竞业限制纠纷案（最高人民法院指导案例190号）

案例要旨：某甲公司目前的经营模式主要是提供金融信息服务，其主要的受众为相关的金融机构或者金融学术研究机构。而反观某乙公司，众所周知其主营业务是文化社区和视频平台，即提供网络空间供用户上传视频、进行交流。其受众更广，尤其年轻人对其青睐有加。两者对比，不论是经营模式、对应市场还是受众，都存在显著差别。即使普通百姓，也能轻易判断两者之差异。虽然某乙公司还涉猎游戏、音乐、影视等领域，但尚无证据显示其与某甲公司经营的金融信息服务存在重合之处。在此前提下，某甲公司仅以双方所登记的经营范围存在重合即主张两家企业形成竞争关系，尚未完成其举证义务。且某甲公司在竞业限制协议中所附录的重点限制企业均为金融信息行业，足以表明某甲公司自己也认为其主要的竞争对手应为金融信息服务企业。故一审法院仅以某甲公司与某乙公司的经营范围存在重合，即认定王某入职某乙公司违反了竞业限制协议的约定，继而判决王山返还竞业限制补偿金并支付违反竞业限制违约金，有欠妥当。

5. 某公司与李某竞业限制纠纷案（最高人民法院发布劳动争议典型案例）

案例要旨：李某系某公司的推拿师及培训师，不属于公司的高级管理人员及高级技术人员。李某掌握的客户资料是提供服务过程中必然接触到的基本信息，例如客户名称、联系方式等；李某接触到的产品报价方案对服务的客户公开，潜在的客户经过咨询即可获得；某公司提供的培训课程虽然为自己制作的课件，但课件内的知识多为行业内中医小儿推拿的常识性内容。此外，李某在公司工作期间通过培训获取的按摩推拿知识及技能也是该行业通用的专业知识及技能。某公司提供的证据仅能证明李某在日常工作中接触到该公司的一般经营信息，而非核心经营信息。在正常履职期间仅接触用人单位一般经营信息的劳动者不属于劳动合同法第二十四条第一款规定的其他负有保密义务的人员。某公司主张李某属于负有保密义务的竞业限制人员，证据不足。审理法院判令驳回某公司要求李某支付竞业限制违约金的诉讼请求。

第二十五条 违约金

除本法第二十二条和第二十三条规定的情形外，用人单位不得与劳动者约定由劳动者承担违约金。

● 部门规章及文件

《劳动部关于企业职工流动若干问题的通知》（1996年10月31日劳部发〔1996〕355号）

三、用人单位与职工可以在劳动合同中约定违约金。解除劳动合同，应当按照《劳动法》的有关规定执行。未经当事人双方协商一致或劳动合同中约定的作任务尚未完成，任何一方解除劳动合同给对方造成损失的，应按照《违反〈劳动法〉有关劳动合同规定的赔偿办法》承担赔偿责任。

● 案例指引

1. **上海某实业股份有限公司诉韩某劳动合同纠纷案**（人民法院案例库：2023-07-2-186-012）

案例要旨：韩某主张，约定的违约金过高。法院结合其原职务、收入情况及过错程度、未履约期限不长、某乙公司成立时间较短对实业公司造成损失不大、实业公司支付韩某的补偿金标准仅为最低工资，且实业公司并未就违约金约定数额合理性及特定商业秘密的经济价值进行充分举证等情况，酌情调整竞业限制义务违约金为120,000元。

2. **用人单位与劳动者订立保密协议，能否约定违约金**（云南省高级人民法院联合省人力资源和社会保障厅发布12个劳动人事争议典型案例）

案例要旨：《中华人民共和国劳动合同法》第二十五条规定，除本法第二十二条（劳动者违反专项培训服务期约定）和第二十三条（劳动者违反竞业限制）规定的情形外，用人单位不得与劳动者约定由劳动者承担违约金。本案中，某投资管理公司与余某虽然订立了《保密协议》，但该协议条款既不属于竞业限制约定，也不属于劳动者专项培训服务期约定，违反了《中华人民共和国劳动合同法》第二十五条关于违约金的强制性规定，属于无效条款。故仲裁委员会对某投资管理公司要求余某支付违反保密协议的违约金 100000 元的仲裁请求不予支持。

第二十六条　劳动合同无效

下列劳动合同无效或者部分无效：

（一）以欺诈、胁迫的手段或者乘人之危，使对方在违背真实意思的情况下订立或者变更劳动合同的；

（二）用人单位免除自己的法定责任、排除劳动者权利的；

（三）违反法律、行政法规强制性规定的。

对劳动合同的无效或者部分无效有争议的，由劳动争议仲裁机构或者人民法院确认。

法　律

1.《劳动法》（2018 年 12 月 29 日）

第 18 条　下列劳动合同无效：

（一）违反法律、行政法规的劳动合同；

（二）采取欺诈、威胁等手段订立的劳动合同。

无效的劳动合同，从订立的时候起，就没有法律约束力。确认劳动合同部分无效的，如果不影响其余部分的效力，其余部分仍然有效。

劳动合同的无效，由劳动争议仲裁委员会或者人民法院确认。

● 部门规章及文件

2.《关于〈劳动法〉若干条文的说明》（1994年9月5日　劳办发〔1994〕289号）

第18条

……

本条第一款第（一）项中“法律、行政法规”与本法第十七条解释相同。第（二）项中，“欺诈”是指：一方当事人故意告知对方当事人虚假的情况，或者故意隐瞒真实的情况，诱使对方当事人作出错误意思表示的行为；“威胁”是指以给公民及其亲友的生命健康、荣誉、名誉、财产等造成损害为要挟，迫使对方作出违背真实的意思表示的行为。（欺诈、威胁的解释依据《最高人民法院关于贯彻执行〈中华人民共和国民法通则〉若干问题的意见（试行）》）。

劳动合同的无效，经仲裁未引起诉讼的，由劳动争议仲裁委员会认定；经仲裁引起诉讼的，由人民法院认定。

3.《关于贯彻执行〈中华人民共和国劳动法〉若干问题的意见》（1995年8月4日　劳部发〔1995〕309号）

27. 无效劳动合同是指所订立的劳动合同不符合法定条件，不能发生当事人预期的法律后果的劳动合同。劳动合同的无效由人民法院或劳动争议仲裁委员会确认，不能由合同双方当事人决定。

4.《事业单位试行人员聘用制度有关问题的解释》（2003年12月10日　国人部发〔2003〕61号）

23. 下列聘用合同为无效合同：

（1）违反国家法律、法规的聘用合同；

（2）采取欺诈、威胁等不正当手段订立的聘用合同；

（3）权利义务显失公正，严重损害一方当事人合法权益的聘用合同；

（4）未经本人书面委托，由他人代签的聘用合同，本人提出异议的。

无效合同由有管辖权的人事争议仲裁委员会确认。

第二章

● 案例指引

1. 闫某诉某有限公司平等就业权纠纷案（最高人民法院指导案例185号）

案例要旨：用人单位在招用人员时，基于地域、性别等与“工作内在要求”无必然联系的因素，对劳动者进行无正当理由的差别对待的，构成就业歧视，劳动者以平等就业权受到侵害，请求用人单位承担相应法律责任的，人民法院应予支持。

2. 马某某诉某信息技术有限公司竞业限制纠纷案（最高人民法院指导案例184号）

案例要旨：用人单位与劳动者在竞业限制条款中约定，因履行竞业限制条款发生争议申请仲裁和提起诉讼的期间不计入竞业限制期限的，属于劳动合同法第二十六条第一款第二项规定的“用人单位免除自己的法定责任、排除劳动者权利”的情形，应当认定为无效。

3. 劳动者与用人单位订立放弃加班费协议，能否主张加班费（人力资源社会保障部、最高人民法院联合发布第二批劳动人事争议典型案例）

案例要旨：崇尚奋斗无可厚非，但不能成为用人单位规避法定责任的挡箭牌。谋求企业发展、塑造企业文化都必须守住不违反法律规定、不侵害劳动者合法权益的底线，应在坚持按劳分配原则的基础上，通过科学合理的措施激发劳动者的主观能动性和创造性，统筹促进企业发展与维护劳动者权益。

第二十七条　劳动合同部分无效

劳动合同部分无效，不影响其他部分效力的，其他部分仍然有效。

● 法　律

1.《劳动法》（2018 年 12 月 29 日）

第 18 条第 2 款　无效的劳动合同，从订立的时候起，就没有法律约束力。确认劳动合同部分无效的，如果不影响其余部分的效力，其余部分仍然有效。

2.《民法典》（2020 年 5 月 28 日）

第 156 条　民事法律行为部分无效，不影响其他部分效力的，其他部分仍然有效。

第二十八条　劳动合同无效后报酬支付

劳动合同被确认无效，劳动者已付出劳动的，用人单位应当向劳动者支付劳动报酬。劳动报酬的数额，参照本单位相同或者相近岗位劳动者的劳动报酬确定。

● 司法解释及文件

《最高人民法院关于审理劳动争议案件适用法律问题的解释（一）》（2020 年 12 月 29 日　法释〔2020〕26 号）

第 41 条　劳动合同被确认为无效，劳动者已付出劳动的，用人单位应当按照劳动合同法第二十八条、第四十六条、第四十七条的规定向劳动者支付劳动报酬和经济补偿。

由于用人单位原因订立无效劳动合同，给劳动者造成损害的，用人单位应当赔偿劳动者因合同无效所造成的经济损失。

第三章　劳动合同的履行和变更

第二十九条　全面履行义务

用人单位与劳动者应当按照劳动合同的约定，全面履行各自的义务。

法　律

《民法典》（2020 年 5 月 28 日）

第 509 条　当事人应当按照约定全面履行自己的义务。

当事人应当遵循诚信原则，根据合同的性质、目的和交易习惯履行通知、协助、保密等义务。

当事人在履行合同过程中，应当避免浪费资源、污染环境和破坏生态。

案例指引

1. **孙某诉某装饰公司劳动争议纠纷案**（人民法院案例库：2023-07-2-490-004）

案例要旨：对于工资标准，某装饰公司作为用人单位未能提供其应掌握管理的员工工资清单和考勤记录，对每月支付孙某款项的具体组成无法作出解释，应承担举证不能的不利后果。结合工资支付转账记录及孙某相关陈述，认定双方约定月工资为 6000 元，按照经公司考勤核对 2022 年 3 月出勤天数 17.5 天，计算某装饰公司应支付孙某该月工资 4828 元。

2. **杨某诉某科技公司劳动争议纠纷案**（人民法院案例库：2023-16-2-490-008）

案例要旨：依照社会保险法第二十三条第一款等规定，用人单位和劳动者必须依法参加医疗保险，缴纳医疗保险费，否则用人单位应向劳动者赔偿未为其办理社会保险手续，且社会保险经办机构不能补办导致其无法享受社会保险待遇而遭受的损失。杨某主张的本可在东莞市职工基本医疗保险与其已享受的新型农村合作医疗保险之间的报销差额，属于因某科技公司未为其办理社会保险手续所遭受的损失，再审予以支持。再审经向广东省某市社会保险基金管理中心调查并经该中心核算，改判某科技公司向杨某补足两种类型医疗保险报销差额损失 9954.77 元。用人单位未为劳动者参加城镇职工基本医疗保险，劳动者自行参加新型农村合作医疗保险并主张用人单位补足医疗费报销差额的，人民法院应予支持。

3. **湖南某教育公司逃避支付劳动报酬行政非诉执行检察监督案**（最高人民检察院、中华全国总工会联合发布充分发挥行政检察监督职能助力根治欠薪典型案例①）

案例要旨：为进一步治理欠薪问题，区检察院联合区政法工作部、区人社部门、区法院和区公安机关共同制定了《关于建立根治欠薪协作机制的工作意见》，针对行政机关之间信息沟通不畅的问题，搭建信息共享平台、建立联席会议制度，形成农民工欠薪问题治理合力，建立了长效常治机制。

第三十条　劳动报酬与支付令

用人单位应当按照劳动合同约定和国家规定，向劳动者及时足额支付劳动报酬。

用人单位拖欠或者未足额支付劳动报酬的，劳动者可以依法向当地人民法院申请支付令，人民法院应当依法发出支付令。

核心要点

1. 工资支付：《劳动法》46~51；《最低工资规定》。

---

① 参见中华人民共和国最高人民检察院网站，https://www.spp.gov.cn/xwfbh/wsfbt/202405/t20240507_653482.shtml#2，最后访问时间：2025 年 8 月 2 日。

2. 农民工工资支付保障：《关于切实解决企业拖欠农民工工资问题的紧急通知》。

3. 劳动报酬的先予执行：《民事诉讼法》109~111。

4. 追索劳动报酬的法律援助：《法律援助法》31、42；《法律援助条例》10。

法　律

1.《企业破产法》（2006年8月27日）

第113条　破产财产在优先清偿破产费用和共益债务后，依照下列顺序清偿：

（一）破产人所欠职工的工资和医疗、伤残补助、抚恤费用，所欠的应当划入职工个人账户的基本养老保险、基本医疗保险费用，以及法律、行政法规规定应当支付给职工的补偿金；

（二）破产人欠缴的除前项规定以外的社会保险费用和破产人所欠税款；

（三）普通破产债权。

破产财产不足以清偿同一顺序的清偿要求的，按照比例分配。

破产企业的董事、监事和高级管理人员的工资按照该企业职工的平均工资计算。

第132条　本法施行后，破产人在本法公布之日前所欠职工的工资和医疗、伤残补助、抚恤费用，所欠的应当划入职工个人账户的基本养老保险、基本医疗保险费用，以及法律、行政法规规定应当支付给职工的补偿金，依照本法第一百一十三条的规定清偿后不足以清偿的部分，以本法第一百零九条规定的特定财产优先于对该特定财产享有担保权的权利人受偿。

2.《劳动法》（2018年12月29日）

第46条　工资分配应当遵循按劳分配原则，实行同工同酬。

工资水平在经济发展的基础上逐步提高。国家对工资总量实行宏观调控。

第 47 条　用人单位根据本单位的生产经营特点和经济效益，依法自主确定本单位的工资分配方式和工资水平。

第 48 条　国家实行最低工资保障制度。最低工资的具体标准由省、自治区、直辖市人民政府规定，报国务院备案。

用人单位支付劳动者的工资不得低于当地最低工资标准。

第 49 条　确定和调整最低工资标准应当综合参考下列因素：

（一）劳动者本人及平均赡养人口的最低生活费用；

（二）社会平均工资水平；

（三）劳动生产率；

（四）就业状况；

（五）地区之间经济发展水平的差异。

第 50 条　工资应当以货币形式按月支付给劳动者本人。不得克扣或者无故拖欠劳动者的工资。

第 51 条　劳动者在法定休假日和婚丧假期间以及依法参加社会活动期间，用人单位应当依法支付工资。

3.《民事诉讼法》（2023 年 9 月 1 日）

第 109 条　人民法院对下列案件，根据当事人的申请，可以裁定先予执行：

（一）追索赡养费、扶养费、抚养费、抚恤金、医疗费用的；

（二）追索劳动报酬的；

（三）因情况紧急需要先予执行的。

第 110 条　人民法院裁定先予执行的，应当符合下列条件：

（一）当事人之间权利义务关系明确，不先予执行将严重影响申请人的生活或者生产经营的；

（二）被申请人有履行能力。

人民法院可以责令申请人提供担保，申请人不提供担保的，驳回申请。申请人败诉的，应当赔偿被申请人因先予执行遭受的财产损失。

第 111 条 当事人对保全或者先予执行的裁定不服的，可以申请复议一次。复议期间不停止裁定的执行。

第 225 条 债权人请求债务人给付金钱、有价证券，符合下列条件的，可以向有管辖权的基层人民法院申请支付令：

（一）债权人与债务人没有其他债务纠纷的；

（二）支付令能够送达债务人的。

申请书应当写明请求给付金钱或者有价证券的数量和所根据的事实、证据。

第 226 条 债权人提出申请后，人民法院应当在五日内通知债权人是否受理。

第 227 条 人民法院受理申请后，经审查债权人提供的事实、证据，对债权债务关系明确、合法的，应当在受理之日起十五日内向债务人发出支付令；申请不成立的，裁定予以驳回。

债务人应当自收到支付令之日起十五日内清偿债务，或者向人民法院提出书面异议。

债务人在前款规定的期间不提出异议又不履行支付令的，债权人可以向人民法院申请执行。

第 228 条 人民法院收到债务人提出的书面异议后，经审查，异议成立的，应当裁定终结督促程序，支付令自行失效。

支付令失效的，转入诉讼程序，但申请支付令的一方当事人不同意提起诉讼的除外。

4.**《法律援助法》**（2021 年 8 月 20 日）

第 31 条 下列事项的当事人，因经济困难没有委托代理人的，可以向法律援助机构申请法律援助：

（一）依法请求国家赔偿；

（二）请求给予社会保险待遇或者社会救助；

（三）请求发给抚恤金；

（四）请求给付赡养费、抚养费、扶养费；

（五）请求确认劳动关系或者支付劳动报酬；

（六）请求认定公民无民事行为能力或者限制民事行为能力；

（七）请求工伤事故、交通事故、食品药品安全事故、医疗事故人身损害赔偿；

（八）请求环境污染、生态破坏损害赔偿；

（九）法律、法规、规章规定的其他情形。

第 42 条 法律援助申请人有材料证明属于下列人员之一的，免予核查经济困难状况：

（一）无固定生活来源的未成年人、老年人、残疾人等特定群体；

（二）社会救助、司法救助或者优抚对象；

（三）申请支付劳动报酬或者请求工伤事故人身损害赔偿的进城务工人员；

（四）法律、法规、规章规定的其他人员。

● 行政法规及文件

5.《**法律援助条例**》（2003 年 7 月 21 日　国务院令第 385 号）

第 10 条 公民对下列需要代理的事项，因经济困难没有委托代理人的，可以向法律援助机构申请法律援助：

（一）依法请求国家赔偿的；

（二）请求给予社会保险待遇或者最低生活保障待遇的；

（三）请求发给抚恤金、救济金的；

（四）请求给付赡养费、抚养费、扶养费的；

（五）请求支付劳动报酬的；

（六）主张因见义勇为行为产生的民事权益的。

省、自治区、直辖市人民政府可以对前款规定以外的法律援助事项作出补充规定。

公民可以就本条第一款、第二款规定的事项向法律援助机构申请法律咨询。

6.《国有企业管理人员处分条例》（2024 年 5 月 28 日　国务院令第 781 号）

第 25 条　国有企业管理人员有下列行为之一，造成不良后果或者影响的，依据公职人员政务处分法第三十九条的规定，予以警告、记过或者记大过；情节较重的，予以降级或者撤职；情节严重的，予以开除：

（一）泄露企业内幕信息或者商业秘密；

（二）伪造、变造、转让、出租、出借行政许可证件、资质证明文件，或者出租、出借国有企业名称或者企业名称中的字号；

（三）违反规定，举借或者变相举借地方政府债务；

（四）在中华人民共和国境外违反规定造成重大工程质量问题、引起重大劳务纠纷或者其他严重后果；

（五）不履行或者不依法履行安全生产管理职责，导致发生生产安全事故；

（六）在工作中有敷衍应付、推诿扯皮，或者片面理解、机械执行党和国家路线方针政策、重大决策部署等形式主义、官僚主义行为；

（七）拒绝、阻挠、拖延依法开展的出资人监督、审计监督、财会监督工作，或者对出资人监督、审计监督、财会监督发现的问题拒不整改、推诿敷衍、虚假整改；

（八）不依法提供有关信息、报送有关报告或者履行信息披露义务，或者配合其他主体从事违法违规行为；

（九）不履行法定职责或者违法行使职权，侵犯劳动者合法权益；

（十）违反规定，拒绝或者延迟支付中小企业款项、农民工工资等；

（十一）授意、指使、强令、纵容、包庇下属人员违反法律法规规定。

7.《国务院办公厅关于全面治理拖欠农民工工资问题的意见》（2016年1月17日　国办发〔2016〕1号）

二、全面规范企业工资支付行为

（三）明确工资支付各方主体责任。全面落实企业对招用农民工的工资支付责任，督促各类企业严格依法将工资按月足额支付给农民工本人，严禁将工资发放给不具备用工主体资格的组织和个人。在工程建设领域，施工总承包企业（包括直接承包建设单位发包工程的专业承包企业，下同）对所承包工程项目的农民工工资支付负总责，分包企业（包括承包施工总承包企业发包工程的专业企业，下同）对所招用农民工的工资支付负直接责任，不得以工程款未到位等为由克扣或拖欠农民工工资，不得将合同应收工程款等经营风险转嫁给农民工。

（四）严格规范劳动用工管理。督促各类企业依法与招用的农民工签订劳动合同并严格履行，建立职工名册并办理劳动用工备案。在工程建设领域，坚持施工企业与农民工先签订劳动合同后进场施工，全面实行农民工实名制管理制度，建立劳动计酬手册，记录施工现场作业农民工的身份信息、劳动考勤、工资结算等信息，逐步实现信息化实名制管理。施工总承包企业要加强对分包企业劳动用工和工资发放的监督管理，在工程项目部配备劳资专管员，建立施工人员进出场登记制度和考勤计量、工资支付等管理台账，实时掌握施工现场用工及其工资支付情况，不得以包代管。施工总承包企业和分包企业应将经农民工本人签字确认的工资支付书面记录保存两年以上备查。

（五）推行银行代发工资制度。推动各类企业委托银行代发农民工工资。在工程建设领域，鼓励实行分包企业农民工工资委托施工总承包企业直接代发的办法。分包企业负责为招用的农民工申办银行个人工资账户并办理实名制工资支付银行卡，按月考核农民工工作量并编制工资支付表，经农民工本人签字确认后，交施工总承包企业委托银行通过其设立的农民工工资（劳务费）专用账户直接将工资划入农民工个人工资账户。

……

五、依法处置拖欠工资案件

（十二）严厉查处拖欠工资行为。加强工资支付监察执法，扩大日常巡视检查和书面材料审查覆盖范围，推进劳动保障监察举报投诉案件省级联动处理机制建设，加大拖欠农民工工资举报投诉受理和案件查处力度。完善多部门联合治理机制，深入开展农民工工资支付情况专项检查。健全地区执法协作制度，加强跨区域案件执法协作。完善劳动保障监察行政执法与刑事司法衔接机制，健全劳动保障监察机构、公安机关、检察机关、审判机关间信息共享、案情通报、案件移送等制度，推动完善人民检察院立案监督和人民法院及时财产保全等制度。对恶意欠薪涉嫌犯罪的，依法移送司法机关追究刑事责任，切实发挥刑法对打击拒不支付劳动报酬犯罪行为的威慑作用。

（十三）及时处理欠薪争议案件。充分发挥基层劳动争议调解等组织的作用，引导农民工就地就近解决工资争议。劳动人事争议仲裁机构对农民工因拖欠工资申请仲裁的争议案件优先受理、优先开庭、及时裁决、快速结案。对集体欠薪争议或涉及金额较大的欠薪争议案件要挂牌督办。加强裁审衔接与工作协调，提高欠薪争议案件裁决效率。畅通申请渠道，依法及时为农民工讨薪提供法律服务和法律援助。

（十四）完善欠薪突发事件应急处置机制。健全应急预案，及时妥善处置因拖欠农民工工资引发的突发性、群体性事件。完善欠薪应急周转金制度，探索建立欠薪保障金制度，对企业一时难以解决拖欠工资或企业主欠薪逃匿的，及时动用应急周转金、欠薪保障金或通过其他渠道筹措资金，先行垫付部分工资或基本生活费，帮助解决被拖欠工资农民工的临时生活困难。对采取非法手段讨薪或以拖欠工资为名讨要工程款，构成违反治安管理行为的，要依法予以治安处罚；涉嫌犯罪的，依法移送司法机关追究刑事责任。

8.《国务院办公厅关于切实解决企业拖欠农民工工资问题的紧急通知》（2010年2月5日　国办明电〔2010〕4号）

一、各地区、各有关部门要进一步统一思想认识，从维护社会稳定大局的高度，把解决企业拖欠农民工工资问题作为当前一项重要而紧迫的任务抓紧抓细，确保各项措施落到实处。按照属地管理、分级负责、谁主管谁负责的原则，进一步明确地方各级人民政府和有关部门的责任，省级人民政府负总责。人力资源社会保障部门要加强对解决企业拖欠农民工工资问题的组织协调和督促检查，加大劳动保障监察执法和劳动争议调处力度。住房城乡建设、发展改革、监察、财政等部门和工会要按照职责分工，积极做好解决建设领域拖欠工程款及企业拖欠农民工工资相关工作。

二、深入开展农民工工资支付情况专项检查，切实维护农民工的合法权益。地方各级人民政府要在普遍检查的基础上，集中力量重点解决建设领域企业拖欠农民工工资问题。要抓紧组织对本行政区域内所有在建工程项目支付农民工工资情况逐一排查，发现拖欠工资问题或欠薪苗头及时督促企业妥善解决；对反映投诉的建设领域工资历史拖欠问题，也要认真加以解决。要加强行政司法联动，加大对欠薪逃匿行为的防范、打击力度。对因拖欠工资问题引发的劳动争议，要开辟争议处理“绿色通道”，对符合立案条件的当即立案，快速调处，力争在春节前办结；对符合裁决先予执行的拖欠工资案件，可以根据劳动者的申请裁决先予执行。

三、督促企业落实清偿被拖欠农民工工资的主体责任。各类企业都应依法按时足额支付农民工工资，不得拖欠或克扣。建设工程承包企业追回的拖欠工程款应当优先用于支付被拖欠的农民工工资。因建设单位或工程总承包企业未按合同约定与建设工程承包企业结清工程款，致使建设工程承包企业拖欠农民工工资的，由建设单位或工程总承包企业先行垫付被拖欠的农民工工资。因工程总承包企业违反规定发包、分包给不具备用工主体资格的组织或个人，由工程总承包企业承担清偿被拖欠的农民工工资责任。

四、加大力度解决建设领域拖欠工程款问题。对于政府投资的工程项目已拖欠的工程款，要由本级政府限期予以清偿；涉及拖欠农民工工资的，先行垫付被拖欠的工资。对于房地产开发等项目已拖欠的工程款，要督促建设单位限期还款；涉及拖欠农民工工资的，先行垫付被拖欠的工资；对不具备还款能力的项目，可采取资产变现等措施筹措还款资金。政府有关部门要及时准确地向人民法院提供建设单位拖欠工程款的信息，帮助建筑业企业通过法律途径解决拖欠工程款问题。对已通过诉讼程序进入执行阶段的拖欠工程款，要配合支持人民法院加大执行力度。对因建设单位破产等特殊原因，致使拖欠工程款成为“死账”的，由有关部门和当地人民政府妥善解决。

五、加快完善预防和解决拖欠农民工工资工作的长效机制。地方各级人民政府及有关部门要抓紧完善企业工资支付的法规和政策，建立健全企业劳动保障守法诚信制度、工资支付监控制度，完善工资保证金制度，强化劳动保障监察执法，切实保障农民工工资按月足额支付。要进一步规范建设工程分包行为，加强建设项目资金管理，从源头上防止发生拖欠工程款导致拖欠农民工工资问题。地方政府未能解决政府投资工程项目拖欠工程款问题的，除极特殊的项目外，一律不再批准其新建政府投资工程项目。对有拖欠工程款问题的房地产开发企业，一律不得批准其新开发建设项目和为其办理用地手续。对存在拖欠农民工工资问题的建筑业企业，要依法对其市场准入、招投标资格和新开工项目施工许可等进行限制，并予以相应处罚。

六、地方各级人民政府要进一步健全应急工作机制，完善应急预案，及时妥善处置因拖欠农民工工资问题引发的群体性事件，坚决防止事态蔓延扩大。对于拖欠时间长、涉及数额大、一时无法解决的拖欠工资，要通过动用应急周转金等资金渠道先行垫付部分工资，或给予被拖欠工资的农民工必要的生活救助，帮助其解决生活困难。同时，要加强舆论引导，做好疏导工作，引导农民工用理性合法的手段维护自身权益

● 部门规章及文件

9. **《关于〈劳动法〉若干条文的说明》**（1994 年 9 月 5 日　劳办发〔1994〕289 号）

第 3 条第 3 款　本条中的“劳动报酬”是指劳动者从用人单位得到的全部工资收入。

第 48 条第 3 款　本条中的“最低工资”是指劳动者在法定工作时间内履行了正常劳动义务的前提下，由其所在单位支付的最低劳动报酬。最低工资包括基本工资和奖金、津贴、补贴，但不包括加班加点工资、特殊劳动条件下的津贴，国家规定的社会保险各福利待遇排除在外。最低工资的具体规定见《企业最低工资规定》（劳部发〔1993〕333 号）。

第 49 条第 2 款　本条中的“最低生活费用”应为劳动者本人及其赡养人口为维持最低生活需要而必须支付的费用，包括吃、穿、住、行等方面。一般可采取参照国家统计部门统计调查中对调查户数的 10%最低收入户的人均生活费用支出额乘以赡养人口系数来计算最低工资额，再根据其他因素作适当调整并确定。具体计算办法可参考《企业最低工资规定》附件。

第50条第2款 本条中的“货币形式”排除发放实物、发放有价证券等形式。“按月支付”应理解为每月至少发放一次工资，实行月薪制的单位，工资必须每月发放，超过企业与职工约定或劳动合同规定的每月支付工资的时间发放工资即为不按月支付。实行小时工资制、日工资制、周工资制的单位工资也可以按日或按周发放，并且要足额发放。“克扣”是指用人单位对履行了劳动合同规定的义务和责任，保质保量完成生产工作任务的劳动者，不支付或未足额支付其工资。“无故拖欠”应理解为，用人单位无正当理由在规定时间内故意不支付劳动者工资。

第51条第2款 法定休假日，是指法律、法规规定的劳动者休假的时间，包括法定节日（即元旦、春节、国际劳动节、国庆节及其他节假日）以及法定带薪年休假。

第3款 婚丧假，是指劳动者本人结婚以及其直系亲属死亡时依法享受的假期。

第4款 依法参加社会活动是指：行使选举权；当选代表，出席政府、党派、工会、青年团、妇女联合会等组织召开的会议；担任人民法庭的人民陪审员、证明人、辩护人；出席劳动模范、先进工作者大会；《工会法》规定的不脱产工会基层委员会委员因工会活动占用的生产时间等。

10.《劳动和社会保障部关于非全日制用工若干问题的意见》（2003年5月30日 劳社部发〔2003〕12号）

二、关于非全日制用工的工资支付

7. 用人单位应当按时足额支付非全日制劳动者的工资。用人单位支付非全日制劳动者的小时工资不得低于当地政府颁布的小时最低工资标准。

8. 非全日制用工的小时最低工资标准由省、自治区、直辖市规定，并报劳动保障部备案。确定和调整小时最低工资标准应当综合参考以下因素：当地政府颁布的月最低工资标准；单位应缴纳的基本养老保险费和基本医疗保险费（当地政府颁布的月最低工资标准未包含个人缴纳社会保险费因素的，还应考虑个人应缴纳的社会保险费）；非全日制劳动者在工作稳定性、劳动条件和劳动强度、福利等方面与全日制就业人员之间的差异。小时最低工资标准的测算方法为：小时最低工资标准=〔（月最低工资标准÷20.92÷8）×（1+单位应当缴纳的基本养老保险费和基本医疗保险费比例之和）〕×（1+浮动系数）

9. 非全日制用工的工资支付可以按小时、日、周或月为单位结算。

11.《最低工资规定》（2004年1月20日 劳动和社会保障部令第21号）

第2条 本规定适用于在中华人民共和国境内的企业、民办非企业单位、有雇工的个体工商户（以下统称用人单位）和与之形成劳动关系的劳动者。

国家机关、事业单位、社会团体和与之建立劳动合同关系的劳动者，依照本规定执行。

第3条 本规定所称最低工资标准，是指劳动者在法定工作时间或依法签订的劳动合同约定的工作时间内提供了正常劳动的前提下，用人单位依法应支付的最低劳动报酬。

本规定所称正常劳动，是指劳动者按依法签订的劳动合同约定，在法定工作时间或劳动合同约定的工作时间内从事的劳动。劳动者依法享受带薪年休假、探亲假、婚丧假、生育（产）假、节育手术假等国家规定的假期间，以及法定工作时间内依法参加社会活动期间，视为提供了正常劳动。

第4条 县级以上地方人民政府劳动保障行政部门负责对本行政区域内用人单位执行本规定情况进行监督检查。

各级工会组织依法对本规定执行情况进行监督，发现用人单位支付劳动者工资违反本规定的，有权要求当地劳动保障行政部门处理。

第5条　最低工资标准一般采取月最低工资标准和小时最低工资标准的形式。月最低工资标准适用于全日制就业劳动者，小时最低工资标准适用于非全日制就业劳动者。

第6条　确定和调整月最低工资标准，应参考当地就业者及其赡养人口的最低生活费用、城镇居民消费价格指数、职工个人缴纳的社会保险费和住房公积金、职工平均工资、经济发展水平、就业状况等因素。

确定和调整小时最低工资标准，应在颁布的月最低工资标准的基础上，考虑单位应缴纳的基本养老保险费和基本医疗保险费因素，同时还应适当考虑非全日制劳动者在工作稳定性、劳动条件和劳动强度、福利等方面与全日制就业人员之间的差异。

月最低工资标准和小时最低工资标准具体测算方法见附件。

第7条　省、自治区、直辖市范围内的不同行政区域可以有不同的最低工资标准。

第8条　最低工资标准的确定和调整方案，由省、自治区、直辖市人民政府劳动保障行政部门会同同级工会、企业联合会/企业家协会研究拟订，并将拟订的方案报送劳动保障部。方案内容包括最低工资确定和调整的依据、适用范围、拟订标准和说明。劳动保障部在收到拟订方案后，应征求全国总工会、中国企业联合会/企业家协会的意见。

劳动保障部对方案可以提出修订意见，若在方案收到后14日内未提出修订意见的，视为同意。

第9条　省、自治区、直辖市劳动保障行政部门应将本地区最低工资标准方案报省、自治区、直辖市人民政府批准，并在批准后7日内在当地政府公报上和至少一种全地区性报纸上发布。省、自治区、直辖市劳动保障行政部门应在发布后10日内将最低工资标准报劳动保障部。

第 10 条 最低工资标准发布实施后，如本规定第六条所规定的相关因素发生变化，应当适时调整。最低工资标准每两年至少调整一次。

第 11 条 用人单位应在最低工资标准发布后 10 日内将该标准向本单位全体劳动者公示。

12. 《人力资源社会保障部关于职工全年月平均工作时间和工资折算问题的通知》（2025 年 1 月 1 日 人社部发〔2025〕2 号）

一、制度工作时间的计算

年工作日：365 天−104 天（休息日）−13 天（法定节假日）= 248 天

季工作日：248 天÷4 季＝62 天/季

月工作日：248 天÷12 月＝20.67 天/月

工作小时数的计算：以月、季、年的工作日乘以每日的 8 小时。

二、日工资、小时工资的折算

按照劳动法第五十一条的规定，法定节假日用人单位应当依法支付工资，即折算日工资、小时工资时不剔除国家规定的 13 天法定节假日。据此，日工资、小时工资的折算为：

日工资：月工资收入÷月计薪天数

小时工资：月工资收入÷（月计薪天数×8 小时）

月计薪天数：（365 天−104 天）÷12 月＝21.75 天

● 司法解释及文件

13. 《最高人民法院关于审理劳动争议案件适用法律问题的解释（一）》（2020 年 12 月 29 日 法释〔2020〕26 号）

第 13 条 劳动者依据劳动合同法第三十条第二款和调解仲裁法第十六条规定向人民法院申请支付令，符合民事诉讼法第十七章督促程序规定的，人民法院应予受理。

依据劳动合同法第三十条第二款规定申请支付令被人民法院裁定终结督促程序后，劳动者就劳动争议事项直接提起诉讼的，人民法院应当告知其先向劳动争议仲裁机构申请仲裁。

依据调解仲裁法第十六条规定申请支付令被人民法院裁定终结督促程序后，劳动者依据调解协议直接提起诉讼的，人民法院应予受理。

第15条 劳动者以用人单位的工资欠条为证据直接提起诉讼，诉讼请求不涉及劳动关系其他争议的，视为拖欠劳动报酬争议，人民法院按照普通民事纠纷受理。

14. **《最高人民法院关于进一步加强拖欠农民工工资纠纷案件审判工作的紧急通知》**（2010年2月8日 法〔2010〕43号）

二、全面落实有关法律、行政法规和司法解释的相关规定，充分及时保护农民工的合法权益

2. 对案件事实清楚、法律关系明确的拖欠农民工工资或者劳务报酬纠纷，以及有财产给付内容的涉及农民工的劳动争议纠纷，要着力提高司法保护的效率，在确保公正的前提下，务必做到快立、快审、快结。符合先予执行法定条件的，应当及时裁定先予执行。

3. 对农民工请求法院调查取证的申请，符合法定条件的，依法积极进行调查。同时根据双方当事人举证能力的强弱和距离证据的远近，根据诚实信用、公平原则合理分配举证责任，使农民工特别是弱势群体的合法权益得到应有的保护。

4. 强化措施，集中开展拖欠工程款和农民工工资案件执行活动。对已经进入执行程序的案件，人民法院应当优先安排人力、物力，加大执行力度，强化执行措施，依法尽快执行。认真研究工作策略，积极探索灵活多样的方式、方法，提高执行效率，增强执行效果，坚决防止因工作失误、方法不当而引发矛盾激化、群体上访等问题。严格落实执行款、物管理的有关规定，对于执行到位的款项和物品，应当及时交付申请执行人，不得截留或挪

作他用。

三、继续加大司法救助力度和提高司法效率，切实方便农民工当事人诉讼

5. 认真贯彻《诉讼费用交纳办法》，对追索工资的农民工当事人所提出的申请，符合法定条件的，要积极为其办理诉讼费和执行费用的减、免、缓手续，确保其能够有机会获得司法救济，行使诉讼权利。充分发挥民事简易程序及时、简便、快捷解决纠纷的功能，依法扩大简易程序的适用范围，实现案件的繁简分流，加快研究和探索速裁程序制度，尝试小额诉讼案件的快速处理机制，降低诉讼成本、提高诉讼效率，及时保护农民工合法权益。

四、认真贯彻调解优先、调判结合的原则

6. 牢固树立调解也是执法的观念，对矛盾激化可能性大的案件，尤其是群体性、敏感性案件，要着眼化解社会矛盾和维护社会稳定，尽可能多地适用调解、和解等方式，努力实现案结事了的目标。对不宜调解、调解不成的案件，要注意发挥调判结合优势，及时作出裁判，避免因案件久拖不决影响农民工当事人的基本生计。

五、加强组织领导，确保拖欠工程款和农民工工资案件执行工作取得实效

7. 要切实加强组织领导和对下检查督促，充分发挥职能作用，搞好案件的调度和指导工作，确保把当事人的合法权益落到实处，维护安定团结的社会局面。

8. 对于各地在执行拖欠工程款和农民工工资工作中的典型做法或案例，要及时予以总结，巩固和扩大工作成效，要加强正面引导和宣传，扩大声势，营造良好的舆论环境。对发现的有关问题，要认真总结分析，需要有关部门予以解决的，要通过司法建议等方式，及时向有关部门提出。进一步完善信访处理工作制

度，确保在发生集体上访或者突发事件时，提前化解、及时处理、及时解决。

六、紧紧依靠党委领导，加强与政府及相关部门的沟通联系

9. 支持政府在化解重大风险方面的主导地位，建立多层次、全方位的协同联动化解机制，形成合力，避免风险扩散和失控。建立畅通的预警机制，及时发现重大涉诉信息；完善指导机制，强化对重大案件的审判指导；健全应急预案，妥善化解敏感性和群体性纠纷。

案例指引

1. 孙某宽等 78 人与某农业公司追索劳动报酬纠纷支持起诉案（最高人民检察院检例第 124 号）

案例要旨： 1. 因案制宜，妥善解决欠薪问题。进城务工人员享有按时足额获得劳动报酬的权利。人力资源社会保障部门负有组织实施劳动保障监察、协调劳动者维权工作，依法查处涉劳动保障重大案件的职责。检察机关履职中发现拖欠劳动报酬线索的，应当甄别是否属于恶意欠薪。对于恶意欠薪，可能涉嫌拒不支付劳动报酬罪的，应当将犯罪线索移送公安机关立案审查。对于欠薪行为未构成犯罪的，可以协调人力资源社会保障部门履职尽责。对人力资源社会保障等职能部门履职后仍未能获得劳动报酬的，检察机关应当在尊重进城务工人员意愿的前提下，依法支持其起诉维权。2. 依法履职，切实保护劳动者的合法权益。劳动报酬是进城务工人员维持生计的基本保障。根治进城务工人员欠薪问题，关乎进城务工人员切身利益，关乎社会和谐稳定。进城务工人员多在建筑、餐饮、快递等行业就业，因相关市场不规范、未签订劳动合同、法律知识欠缺等原因，部分进城务工人员起诉讨薪往往会遇到诸如确定用工主体难、明确诉讼请求难等问题。对经政府主管部门协调后仍未能获得劳动报酬的进城务工人员，检察机关应当及时通过提供法律咨询、协助收集证据等方式支持进城务工人员追索劳动报酬，维护其合法

权益，促进社会和谐稳定。3. 加强配合，保障进城务工人员获得劳动报酬的同时，服务保障企业发展。对于企业因经营管理、政策调整、市场变化等因素暂时无力支付进城务工人员工资的情形，可以运用多元化解纠纷机制，做好矛盾化解工作，引导进城务工人员与企业共渡难关。同时，加强与人力资源社会保障、财政、街道等单位协作配合，在为进城务工人员提供基本生活保障的前提下，为企业恢复正常经营提供缓冲期，服务保障企业发展。

2. “支付令+调解”构建劳动者维权“快车道”（最高法 人社部 全总发布涉欠薪纠纷典型案例①）

案例要旨：尹某等10人为退休返聘的老年人，退休后在某单位工作。某单位未足额给付尹某等10人劳务报酬，欠薪金额从数千元至数万元不等，总欠薪金额达36万余元。尹某等10人起诉请求某单位支付欠付的劳务报酬。审理法院认为，某单位未按时给付劳务报酬已构成违约，应当向尹某等10人支付拖欠的劳务报酬。为促进矛盾纠纷就地实质化解，减少当事人诉累，该系列案件以审理法院向某单位发布支付令、“诉前调解+司法确认”、诉讼调解等方式，确认某单位给付劳务报酬数额。

第三十一条 加班

用人单位应当严格执行劳动定额标准，不得强迫或者变相强迫劳动者加班。用人单位安排加班的，应当按照国家有关规定向劳动者支付加班费。

● 核心要点

1. 最高工时标准与工时形式：《劳动法》第四章；《关于贯彻执行〈中华人民共和国劳动法〉若干问题的意见》四。

---

① 参见中华人民共和国最高人民法院网站，https://www.court.gov.cn/zixun/xiangqing/423922.html，最后访问时间：2025年8月2日。

2. 超过工时标准的工资支付标准：《劳动法》44；《工资支付暂行规定》13。

● 法　律

1. 《劳动法》（2018 年 12 月 29 日）

第 36 条　国家实行劳动者每日工作时间不超过八小时、平均每周工作时间不超过四十四小时的工时制度。

第 37 条　对实行计件工作的劳动者，用人单位应当根据本法第三十六条规定的工时制度合理确定其劳动定额和计件报酬标准。

第 38 条　用人单位应当保证劳动者每周至少休息一日。

第 39 条　企业因生产特点不能实行本法第三十六条、第三十八条规定的，经劳动行政部门批准，可以实行其他工作和休息办法。

第 40 条　用人单位在下列节日期间应当依法安排劳动者休假：

（一）元旦；

（二）春节；

（三）国际劳动节；

（四）国庆节；

（五）法律、法规规定的其他休假节日。

第 41 条　用人单位由于生产经营需要，经与工会和劳动者协商后可以延长工作时间，一般每日不得超过一小时；因特殊原因需要延长工作时间的，在保障劳动者身体健康的条件下延长工作时间每日不得超过三小时，但是每月不得超过三十六小时。

第 42 条　有下列情形之一的，延长工作时间不受本法第四十一条规定的限制：

（一）发生自然灾害、事故或者因其他原因，威胁劳动者生命健康和财产安全，需要紧急处理的；

（二）生产设备、交通运输线路、公共设施发生故障，影响生产和公众利益，必须及时抢修的；

（三）法律、行政法规规定的其他情形。

第 43 条　用人单位不得违反本法规定延长劳动者的工作时间。

第 44 条　有下列情形之一的，用人单位应当按照下列标准支付高于劳动者正常工作时间工资的工资报酬：

（一）安排劳动者延长工作时间的，支付不低于工资的百分之一百五十的工资报酬；

（二）休息日安排劳动者工作又不能安排补休的，支付不低于工资的百分之二百的工资报酬；

（三）法定休假日安排劳动者工作的，支付不低于工资的百分之三百的工资报酬。

● 行政法规及文件

2.《劳动保障监察条例》（2004 年 11 月 1 日　国务院令第 423 号）

第 25 条　用人单位违反劳动保障法律、法规或者规章延长劳动者工作时间的，由劳动保障行政部门给予警告，责令限期改正，并可以按照受侵害的劳动者每人 100 元以上 500 元以下的标准计算，处以罚款。

3.《全国年节及纪念日放假办法》（2024 年 11 月 10 日　国务院令第 795 号）

第 2 条　全体公民放假的节日：

（一）元旦，放假 1 天（1 月 1 日）；

（二）春节，放假 4 天（农历除夕、正月初一至初三）；

（三）清明节，放假 1 天（农历清明当日）；

（四）劳动节，放假 2 天（5 月 1 日、2 日）；

（五）端午节，放假 1 天（农历端午当日）；

（六）中秋节，放假1天（农历中秋当日）；

（七）国庆节，放假3天（10月1日至3日）。

第3条　部分公民放假的节日及纪念日：

（一）妇女节（3月8日），妇女放假半天；

（二）青年节（5月4日），14周岁以上的青年放假半天；

（三）儿童节（6月1日），不满14周岁的少年儿童放假1天；

（四）中国人民解放军建军纪念日（8月1日），现役军人放假半天。

第4条　少数民族习惯的节日，由各少数民族聚居地区的地方人民政府，按照各该民族习惯，规定放假日期。

第5条　二七纪念日、五卅纪念日、七七抗战纪念日、九三抗战胜利纪念日、九一八纪念日、教师节、护士节、记者节、植树节等其他节日、纪念日，均不放假。

第6条　全体公民放假的假日，如果适逢周六、周日，应当在工作日补假。部分公民放假的假日，如果适逢周六、周日，则不补假。

第7条　全体公民放假的假日，可合理安排统一放假调休，结合落实带薪年休假等制度，实际形成较长假期。除个别特殊情形外，法定节假日假期前后连续工作一般不超过6天。

● 部门规章及文件

4.《关于〈劳动法〉若干条文的说明》（1994年9月5日　劳办发〔1994〕289号）

第37条　本条应理解为：（一）对于实行计件工资的用人单位，在实行新的工时制度下，应既能保证劳动者享受缩短工时的待遇，又尽量保证劳动者的计件工资收入不减少。

（二）如果适当调整劳动定额，在保证劳动者计件工资收入不降低的前提下，计件单位可以不作调整；如果调整劳动定额有困难，就应该考虑适当调整劳动者计件单价，以保证收入不减少。

第38条　本条应理解为：用人单位必须保证劳动者每周至少有一次24小时不间断的休息。《〈国务院关于职工工作时间的规定〉的实施办法》第九条企业根据所在地的供电、供水和交通等实际情况，经与工会和职工协商后，可以灵活安排周休息日。

第39条　劳动部、人事部颁发的《国务院关于职工工作时间的规定的实施办法》中规定："由于工作性质和职责的限制，不宜实行定时工作制的职工，由国务院行业系统主管部门提出意见，报国务院劳动、人事行政主管部门批准，可以实行不定时工作制。"如：出租车驾驶员、森林巡视员等。

第40条　根据1949年政务院发布的《全国年节及纪念日放假办法》① 之规定，元旦，放假一天，一月一日；春节，放假三天，农历正月初一日、初二日、初三日；国际劳动节，放假一天，五月一日；国庆节，放假二天，十月一日、十月二日。

本条第（五）项具体指：妇女节，放假半日；少数民族习惯的假日，由少数民族聚居地区的地区人民政府，规定放假日期。其他纪念日，不放假，属于全国人民的假日，如适逢星期日，应在次日补假；凡属于部分人民的假日，如适逢星期日不补假。休假节日不包括职工的带薪年休假。

第41条　本条中的"延长工作时间"是指在企业执行的工作时间制度的基础上的加班加点。本条中的"生产经营需要"是指来料加工、商业企业在旺季完成收购、运输、加工农副产品紧急任务等情况。

第42条　本条第（三）项中的"法律、行政法规"，既包括现行的，也包括以后颁布实行的。当前主要指国务院《关于职工

---

①　具体放假办法有所变化，请参见2024年11月10日修订的《全国年节及纪念日放假办法》。

工作时间的规定的实施办法》规定的四种其他情形：

（一）在法定节日和公休假日内工作不能间断，必须连续生产、运输或者营业的；

（二）必须利用法定节日或公休假日的停产期间进行设备检修、保养的；

（三）为完成国防紧急任务的；

（四）为完成国家下达的其他紧急生产任务的。

第44条 本条的“工资”，实行计时工资的用人单位，指的是用人单位规定的其本人的基本工资，其计算方法是：用月基本工资除以月法定工作天数（23.5天）即得日工资，用日工资除以日工作时间即得小时工资；实行计件工资的用人单位，指的是劳动者在加班加点的工作时间内应得的计件工资。

5.**《工资支付暂行规定》**（1994年12月6日 劳部发〔1994〕489号）

第13条 用人单位在劳动者完成劳动定额或规定的工作任务后，根据实际需要安排劳动者在法定标准工作时间以外工作的，应按以下标准支付工资：

（一）用人单位依法安排劳动者在日法定标准工作时间以外延长工作时间的，按照不低于劳动合同规定的劳动者本人小时工资标准的150%支付劳动者工资；

（二）用人单位依法安排劳动者在休息日工作，而又不能安排补休的，按照不低于劳动合同规定的劳动者本人日或小时工资标准的200%支付劳动者工资；

（三）用人单位依法安排劳动者在法定休假节日工作的，按照不低于劳动合同规定的劳动者本人日或小时工资标准的300%支付劳动者工资。

实行计件工资的劳动者，在完成计件定额任务后，由用人单位安排延长工作时间的，应根据上述规定的原则，分别按照不低于其本人法定工作时间计件单价的150%、200%、300%支付其工资。

经劳动行政部门批准实行综合计算工时工作制的，其综合计算工作时间超过法定标准工作时间的部分，应视为延长工作时间，并应按本规定支付劳动者延长工作时间的工资。

实行不定时工时制度的劳动者，不执行上述规定。

6.《关于贯彻执行〈中华人民共和国劳动法〉若干问题的意见》（1995年8月4日　劳部发〔1995〕309号）

四、工作时间和休假

（二）延长工作时间

70. 休息日安排劳动者工作的，应先按同等时间安排其补休，不能安排补休的应按劳动法第四十四条第（二）项的规定支付劳动者延长工作时间的工资报酬。法定节假日（元旦、春节、劳动节、国庆节）安排劳动者工作的，应按劳动法第四十四条第（三）项支付劳动者延长工作时间的工资报酬。

71. 协商是企业决定延长工作时间的程序（劳动法第四十二条和《劳动部贯彻〈国务院关于职工工作时间的规定〉的实施办法》第七条规定除外），企业确因生产经营需要，必须延长工作时间时，应与工会和劳动者协商。协商后，企业可以在劳动法限定的延长工作时数内决定延长工作时间，对企业违反法律、法规强迫劳动者延长工作时间的，劳动者有权拒绝。若由此发生劳动争议，可以提请劳动争议处理机构予以处理。

● 案例指引

1. 用人单位未与劳动者协商一致增加工作任务，劳动者是否有权拒绝（人力资源社会保障部、最高人民法院联合发布第二批劳动人事争议典型案例）

案例要旨：允许用人单位与劳动者协商一致变更劳动合同，有利于保障用人单位根据生产经营需要合理调整用工安排的权利。但要注意的是，变更劳动合同要遵循合法、公平、平等自愿、协商一致、诚实信用的原则。工作量、工作时间的变更直接影响劳动者休息权的实现，用人单位对此进行大幅调整，应与劳动者充分协商，而不应采取强迫或者变相强迫的方式，更不得违反相关法律规定。

2. 劳动者利用社交媒体“隐形加班”的认定（人民法院案例库：2024-18-2-490-002）

案例要旨：随着经济发展及互联网技术的进步，劳动者工作模式越来越灵活，可以通过电脑、手机随时随地提供劳动，不再拘束于用人单位提供的工作地点、办公工位，特别是劳动者在非工作时间、工作场所以外利用微信等社交媒体开展工作等情况并不少见，对于此类劳动者“隐形加班”问题，不能仅因劳动者未在用人单位工作场所进行工作来否定加班，而应虚化工作场所概念，综合考虑劳动者是否提供了实质工作内容认定加班情况。对于利用微信等社交媒体开展工作的情形，如果劳动者在非工作时间使用社交媒体开展工作已经超出一般简单沟通的范畴，劳动者付出了实质性劳动内容或者使用社交媒体工作具有周期性和固定性特点，明显占用了劳动者休息时间的，应当认定为加班。本案中，虽然北京某科技公司称值班内容就是负责休息日客户群中客户偶尔提出问题的回复，并非加班，但根据聊天记录内容及李某艳的工作职责可知，李某艳在部分工作日下班时间、休息日等利用社交媒体工作已经超出了简单沟通的范畴，且《假期社群官方账号值班表》能够证明北京某科技公司在休息日安排李某艳利用社交媒体工作的事实。该工作内容具有周期性和固定性的特点，有别于临时性、偶发性的一般沟通，体现了用人单位管理用工的特点，应当认定为加班，北京某科技公司应支付加班费。

3. **长期超时加班情况下，劳动者自主合理安排休息不应认定为旷工**（浙江省高级人民法院、浙江省人力资源和社会保障厅、浙江省总工会联合发布劳动人事争议典型案例）

案例要旨：法院审理认为，劳动法意义上的旷工，应理解为劳动者在法定工作时间内或者用人单位安排的合理劳动时间内无正当理由缺勤、不提供劳动。本案中，公司出具的解除劳动合同通知虽载明了具体旷工日期，但其中数日冯某某、常某某是因职业禁忌症进行听力检查，不能认为是无正当理由未出勤、不提供劳动。此外，考勤表表明公司安排的工作时间已大幅超过法定工作时长以及合理的加班限度，必然严重影响劳动者的身体健康及休息休假权利。在此情况下，冯某某、常某某关于其自行安排休息的主张具有一定的合理性。因此，公司以冯某某、常某某旷工为由解除劳动合同依据不足，系违法解除劳动合同，应向冯某某、常某某支付违法解除劳动合同赔偿金。一审判决后，宁波某环保建材公司提起上诉，二审法院判决驳回上诉、维持原判。

第三十二条 拒绝违章劳动

劳动者拒绝用人单位管理人员违章指挥、强令冒险作业的，不视为违反劳动合同。

劳动者对危害生命安全和身体健康的劳动条件，有权对用人单位提出批评、检举和控告。

法 律

1. **《劳动法》**（2018 年 12 月 29 日）

第 52 条 用人单位必须建立、健全劳动安全卫生制度，严格执行国家劳动安全卫生规程和标准，对劳动者进行劳动安全卫生教育，防止劳动过程中的事故，减少职业危害。

第 56 条第 2 款 劳动者对用人单位管理人员违章指挥、强令冒险作业，有权拒绝执行；对危害生命安全和身体健康的行为，有权提出批评、检举和控告。

2.《矿山安全法》（2009 年 8 月 27 日）

第 22 条　矿山企业职工必须遵守有关矿山安全的法律、法规和企业规章制度。

矿山企业职工有权对危害安全的行为，提出批评、检举和控告。

3.《职业病防治法》（2018 年 12 月 29 日）

第 39 条　劳动者享有下列职业卫生保护权利：

（一）获得职业卫生教育、培训；

（二）获得职业健康检查、职业病诊疗、康复等职业病防治服务；

（三）了解工作场所产生或者可能产生的职业病危害因素、危害后果和应当采取的职业病防护措施；

（四）要求用人单位提供符合防治职业病要求的职业病防护设施和个人使用的职业病防护用品，改善工作条件；

（五）对违反职业病防治法律、法规以及危及生命健康的行为提出批评、检举和控告；

（六）拒绝违章指挥和强令进行没有职业病防护措施的作业；

（七）参与用人单位职业卫生工作的民主管理，对职业病防治工作提出意见和建议。

用人单位应当保障劳动者行使前款所列权利。因劳动者依法行使正当权利而降低其工资、福利等待遇或者解除、终止与其订立的劳动合同的，其行为无效。

第 75 条　违反本法规定，有下列情形之一的，由卫生行政部门责令限期治理，并处五万元以上三十万元以下的罚款；情节严重的，责令停止产生职业病危害的作业，或者提请有关人民政府按照国务院规定的权限责令关闭：

（一）隐瞒技术、工艺、设备、材料所产生的职业病危害而采用的；

（二）隐瞒本单位职业卫生真实情况的；

（三）可能发生急性职业损伤的有毒、有害工作场所、放射工作场所或者放射性同位素的运输、贮存不符合本法第二十五条规定的；

（四）使用国家明令禁止使用的可能产生职业病危害的设备或者材料的；

（五）将产生职业病危害的作业转移给没有职业病防护条件的单位和个人，或者没有职业病防护条件的单位和个人接受产生职业病危害的作业的；

（六）擅自拆除、停止使用职业病防护设备或者应急救援设施的；

（七）安排未经职业健康检查的劳动者、有职业禁忌的劳动者、未成年工或者孕期、哺乳期女职工从事接触职业病危害的作业或者禁忌作业的；

（八）违章指挥和强令劳动者进行没有职业病防护措施的作业的。

第76条 生产、经营或者进口国家明令禁止使用的可能产生职业病危害的设备或者材料的，依照有关法律、行政法规的规定给予处罚。

第77条 用人单位违反本法规定，已经对劳动者生命健康造成严重损害的，由卫生行政部门责令停止产生职业病危害的作业，或者提请有关人民政府按照国务院规定的权限责令关闭，并处十万元以上五十万元以下的罚款。

第78条 用人单位违反本法规定，造成重大职业病危害事故或者其他严重后果，构成犯罪的，对直接负责的主管人员和其他直接责任人员，依法追究刑事责任。

● 行政法规及文件

4.《尘肺病防治条例》（1987 年 12 月 3 日　国发〔1987〕105 号）

第 14 条　作业场所的粉尘浓度超过国家卫生标准，又未积极治理，严重影响职工安全健康时，职工有权拒绝操作。

5.《使用有毒物品作业场所劳动保护条例》（2024 年 12 月 6 日　国务院令第 797 号）

第 37 条　从事使用有毒物品作业的劳动者在存在威胁生命安全或者身体健康危险的情况下，有权通知用人单位并从使用有毒物品造成的危险现场撤离。

用人单位不得因劳动者依据前款规定行使权利，而取消或者减少劳动者在正常工作时享有的工资、福利待遇。

第 38 条　劳动者享有下列职业卫生保护权利：

（一）获得职业卫生教育、培训；

（二）获得职业健康检查、职业病诊疗、康复等职业病防治服务；

（三）了解工作场所产生或者可能产生的职业中毒危害因素、危害后果和应当采取的职业中毒危害防护措施；

（四）要求用人单位提供符合防治职业病要求的职业中毒危害防护设施和个人使用的职业中毒危害防护用品，改善工作条件；

（五）对违反职业病防治法律、法规，危及生命、健康的行为提出批评、检举和控告；

（六）拒绝违章指挥和强令进行没有职业中毒危害防护措施的作业；

（七）参与用人单位职业卫生工作的民主管理，对职业病防治工作提出意见和建议。用人单位应当保障劳动者行使前款所列权利。禁止因劳动者依法行使正当权利而降低其工资、福利等待遇或者解除、终止与其订立的劳动合同。

6.《生产安全事故应急预案管理办法》（2019年7月11日 应急管理部令第2号）

第12条 生产经营单位应当根据有关法律、法规、规章和相关标准，结合本单位组织管理体系、生产规模和可能发生的事故特点，与相关预案保持衔接，确立本单位的应急预案体系，编制相应的应急预案，并体现自救互救和先期处置等特点。

第13条 生产经营单位风险种类多、可能发生多种类型事故的，应当组织编制综合应急预案。

综合应急预案应当规定应急组织机构及其职责、应急预案体系、事故风险描述、预警及信息报告、应急响应、保障措施、应急预案管理等内容。

第14条 对于某一种或者多种类型的事故风险，生产经营单位可以编制相应的专项应急预案，或将专项应急预案并入综合应急预案。

专项应急预案应当规定应急指挥机构与职责、处置程序和措施等内容。

第15条 对于危险性较大的场所、装置或者设施，生产经营单位应当编制现场处置方案。

现场处置方案应当规定应急工作职责、应急处置措施和注意事项等内容。

事故风险单一、危险性小的生产经营单位，可以只编制现场处置方案。

第16条 生产经营单位应急预案应当包括向上级应急管理机构报告的内容、应急组织机构和人员的联系方式、应急物资储备清单等附件信息。附件信息发生变化时，应当及时更新，确保准确有效。

第17条 生产经营单位组织应急预案编制过程中，应当根据法律、法规、规章的规定或者实际需要，征求相关应急救援队伍、公民、法人或者其他组织的意见。

第 18 条　生产经营单位编制的各类应急预案之间应当相互衔接，并与相关人民政府及其部门、应急救援队伍和涉及的其他单位的应急预案相衔接。

第 19 条　生产经营单位应当在编制应急预案的基础上，针对工作场所、岗位的特点，编制简明、实用、有效的应急处置卡。

应急处置卡应当规定重点岗位、人员的应急处置程序和措施，以及相关联络人员和联系方式，便于从业人员携带。

第三章

第三十三条　劳动合同主体变更

用人单位变更名称、法定代表人、主要负责人或者投资人等事项，不影响劳动合同的履行。

● 法　律

1. **《民法典》**（2020 年 5 月 28 日）

第 532 条　合同生效后，当事人不得因姓名、名称的变更或者法定代表人、负责人、承办人的变动而不履行合同义务。

● 部门规章及文件

2. **《劳动部关于实行劳动合同制度若干问题的通知》**（1996 年 10 月 31 日　劳部发〔1996〕354 号）

9. 企业法定代表人的变更，不影响劳动合同的履行，用人单位和劳动者不需因此重新签订劳动合同。

第三十四条　劳动合同主体合并和分立

用人单位发生合并或者分立等情况，原劳动合同继续有效，劳动合同由承继其权利和义务的用人单位继续履行。

● 法　律

1.《民法典》(2020 年 5 月 28 日)

第 67 条　法人合并的，其权利和义务由合并后的法人享有和承担。

法人分立的，其权利和义务由分立后的法人享有连带债权，承担连带债务，但是债权人和债务人另有约定的除外。

● 部门规章及文件

2.《关于贯彻执行〈中华人民共和国劳动法〉若干问题的意见》(1995 年 8 月 4 日　劳部发〔1995〕309 号)

13. 用人单位发生分立或合并后，分立或合并后的用人单位可依据其实际情况与原用人单位的劳动者遵循平等自愿、协商一致的原则变更原劳动合同。

● 司法解释及文件

3.《最高人民法院关于审理劳动争议案件适用法律问题的解释(一)》(2020 年 12 月 29 日　法释〔2020〕26 号)

第 26 条　用人单位与其他单位合并的，合并前发生的劳动争议，由合并后的单位为当事人；用人单位分立为若干单位的，其分立前发生的劳动争议，由分立后的实际用人单位为当事人。

用人单位分立为若干单位后，具体承受劳动权利义务的单位不明确的，分立后的单位均为当事人。

第三十五条　协商变更劳动合同

用人单位与劳动者协商一致，可以变更劳动合同约定的内容。变更劳动合同，应当采用书面形式。

变更后的劳动合同文本由用人单位和劳动者各执一份。

法 律

1.《民法典》（2020 年 5 月 28 日）

第 543 条　当事人协商一致，可以变更合同。

第 544 条　当事人对合同变更的内容约定不明确的，推定为未变更。

2.《劳动法》（2018 年 12 月 29 日）

第 17 条　订立和变更劳动合同，应当遵循平等自愿、协商一致的原则，不得违反法律、行政法规的规定。

劳动合同依法订立即具有法律约束力，当事人必须履行劳动合同规定的义务。

部门规章及文件

3.《劳动部关于实行劳动合同制度若干问题的通知》（1996 年 10 月 31 日　劳部发〔1996〕354 号）

7. “停薪留职”的职工愿意回原单位工作的，用人单位应当与其签订劳动合同，明确权利义务关系。如果用人单位不能安排工作岗位，而职工又愿意到其他单位工作并继续与原单位保留劳动关系的，应当按照劳动部《关于贯彻实施〈中华人民共和国劳动法〉若干问题的意见》第 7 条规定办理，即职工与原单位保持劳动关系但不在岗的，可以变更劳动合同相关内容。

司法解释及文件

4.《最高人民法院关于审理劳动争议案件适用法律问题的解释（一）》（2020 年 12 月 29 日　法释〔2020〕26 号）

第 43 条　用人单位与劳动者协商一致变更劳动合同，虽未采用书面形式，但已经实际履行了口头变更的劳动合同超过一个月，变更后的劳动合同内容不违反法律、行政法规且不违背公序良俗，当事人以未采用书面形式为由主张劳动合同变更无效的，人民法院不予支持。

● **案例指引**

用人单位不得在女职工怀孕、哺乳期间未经协商单方调整工作岗位、降低其工资标准（浙江省高级人民法院、浙江省人力资源和社会保障厅、浙江省总工会联合发布劳动人事争议典型案例）

案例要旨：妇女权益保障事关家庭和谐、社会稳定，是“家事”更是“国事”。我国法律对女职工特别是孕期、产期、哺乳期内女职工的正当权益予以了特殊保护。本案依法认定用人单位的单方调岗、降薪行为违法，并判令其向劳动者支付经济补偿金及工资差额，有效维护了女职工的合法权益，警示、引导用人单位合法合规用工，切实保障女职工合法权益。法院审理认为，王某某与某公司签订的劳动合同书、劳动合同续订书系双方真实意思表示，合法有效，双方均应按约履行各自的权利义务。根据《中华人民共和国劳动合同法》第三十五条规定，用人单位与劳动者协商一致，可以变更劳动合同约定的内容。变更劳动合同，应当采用书面形式。《女职工劳动保护特别规定》第五条规定，用人单位不得因女职工怀孕、生育、哺乳降低其工资、予以辞退、与其解除劳动或者聘用合同。本案中，王某某在分娩前一个多月因怀孕保胎、分娩等原因向公司请假，并无不妥。在此期间，公司未经协商单方调整王某某工作岗位，并降低工资标准，缺乏必要性与合理性，显然违反上述法律规定，损害了王某某的合法权益，王某某有权主张经济补偿金，并要求补足因此减少的薪资。

第四章　劳动合同的解除和终止

第三十六条　协商解除劳动合同

用人单位与劳动者协商一致，可以解除劳动合同。

● 法　律

1.《民法典》（2020 年 5 月 28 日）

第 562 条　当事人协商一致，可以解除合同。

当事人可以约定一方解除合同的事由。解除合同的事由发生时，解除权人可以解除合同。

2.《劳动法》（2018 年 12 月 29 日）

第 24 条　经劳动合同当事人协商一致，劳动合同可以解除。

● 行政法规及文件

3.《劳动合同法实施条例》（2008 年 9 月 18 日　国务院令第 535 号）

第 18 条　有下列情形之一的，依照劳动合同法规定的条件、程序，劳动者可以与用人单位解除固定期限劳动合同、无固定期限劳动合同或者以完成一定工作任务为期限的劳动合同：

（一）劳动者与用人单位协商一致的；

（二）劳动者提前 30 日以书面形式通知用人单位的；

（三）劳动者在试用期内提前 3 日通知用人单位的；

（四）用人单位未按照劳动合同约定提供劳动保护或者劳动条件的；

（五）用人单位未及时足额支付劳动报酬的；

（六）用人单位未依法为劳动者缴纳社会保险费的；

（七）用人单位的规章制度违反法律、法规的规定，损害劳动者权益的；

（八）用人单位以欺诈、胁迫的手段或者乘人之危，使劳动者在违背真实意思的情况下订立或者变更劳动合同的；

（九）用人单位在劳动合同中免除自己的法定责任、排除劳动者权利的；

（十）用人单位违反法律、行政法规强制性规定的；

（十一）用人单位以暴力、威胁或者非法限制人身自由的手段强迫劳动者劳动的；

（十二）用人单位违章指挥、强令冒险作业危及劳动者人身安全的；

（十三）法律、行政法规规定劳动者可以解除劳动合同的其他情形。

第19条　有下列情形之一的，依照劳动合同法规定的条件、程序，用人单位可以与劳动者解除固定期限劳动合同、无固定期限劳动合同或者以完成一定工作任务为期限的劳动合同：

（一）用人单位与劳动者协商一致的；

（二）劳动者在试用期间被证明不符合录用条件的；

（三）劳动者严重违反用人单位的规章制度的；

（四）劳动者严重失职，营私舞弊，给用人单位造成重大损害的；

（五）劳动者同时与其他用人单位建立劳动关系，对完成本单位的工作任务造成严重影响，或者经用人单位提出，拒不改正的；

（六）劳动者以欺诈、胁迫的手段或者乘人之危，使用人单位在违背真实意思的情况下订立或者变更劳动合同的；

（七）劳动者被依法追究刑事责任的；

（八）劳动者患病或者非因工负伤，在规定的医疗期满后不能从事原工作，也不能从事由用人单位另行安排的工作的；

（九）劳动者不能胜任工作，经过培训或者调整工作岗位，仍不能胜任工作的；

（十）劳动合同订立时所依据的客观情况发生重大变化，致使劳动合同无法履行，经用人单位与劳动者协商，未能就变更劳动合同内容达成协议的；

（十一）用人单位依照企业破产法规定进行重整的；

（十二）用人单位生产经营发生严重困难的；

（十三）企业转产、重大技术革新或者经营方式调整，经变更劳动合同后，仍需裁减人员的；

（十四）其他因劳动合同订立时所依据的客观经济情况发生重大变化，致使劳动合同无法履行的。

● 部门规章及文件

4.《关于贯彻执行〈中华人民共和国劳动法〉若干问题的意见》（1995年8月4日 劳部发〔1995〕309号）

26. 劳动合同的解除是指劳动合同订立后，尚未全部履行以前，由于某种原因导致劳动合同一方或双方当事人提前消灭劳动关系的法律行为。劳动合同的解除分为法定解除和约定解除两种。根据劳动法的规定，劳动合同既可以由单方依法解除，也可以双方协商解除。劳动合同的解除，只对未履行的部分发生效力，不涉及已履行的部分。

● 司法解释及文件

5.《最高人民法院关于审理劳动争议案件适用法律问题的解释（一）》（2020年12月29日 法释〔2020〕26号）

第35条 劳动者与用人单位就解除或者终止劳动合同办理相关手续、支付工资报酬、加班费、经济补偿或者赔偿金等达成的协议，不违反法律、行政法规的强制性规定，且不存在欺诈、胁迫或者乘人之危情形的，应当认定有效。

前款协议存在重大误解或者显失公平情形，当事人请求撤销的，人民法院应予支持。

● 案例指引

劳动者在离职文件上签字确认加班费已结清，是否有权请求支付欠付的加班费（人力资源社会保障部、最高人民法院联合发布第二批劳动人事争议典型案例）

案例要旨：实践中，有的用人单位在终止或解除劳动合同时，

第四章

会与劳动者就加班费、经济补偿或赔偿金等达成协议。部分用人单位利用其在后续工资发放、离职证明开具、档案和社会保险关系转移等方面的优势地位，借机变相迫使劳动者在用人单位提供的格式文本上签字，放弃包括加班费在内的权利，或者在未足额支付加班费的情况下让劳动者签字确认加班费已经付清的事实。劳动者往往事后反悔，提起劳动争议仲裁与诉讼。本案中，人民法院最终依法支持劳动者关于加班费的诉讼请求，既维护了劳动者合法权益，对用人单位日后诚信协商、依法保护劳动者劳动报酬权亦有良好引导作用，有助于构建和谐稳定的劳动关系。劳动者在签署相关协议时，亦应熟悉相关条款含义，审慎签订协议，通过合法途径维护自身权益。

第三十七条　劳动者单方提前通知解除劳动合同

劳动者提前三十日以书面形式通知用人单位，可以解除劳动合同。劳动者在试用期内提前三日通知用人单位，可以解除劳动合同。

● 法　律

1.《劳动法》（2018 年 12 月 29 日）

第 31 条　劳动者解除劳动合同，应当提前三十日以书面形式通知用人单位。

第 32 条　有下列情形之一的，劳动者可以随时通知用人单位解除劳动合同：

（一）在试用期内的；

（二）用人单位以暴力、威胁或者非法限制人身自由的手段强迫劳动的；

（三）用人单位未按照劳动合同约定支付劳动报酬或者提供劳动条件的。

● 部门规章及文件

2. **《关于〈劳动法〉若干条文的说明》**（1994 年 9 月 5 日　劳办发〔1994〕289 号）

第 31 条　劳动者解除劳动合同，应当提前三十日以书面形式通知用人单位。

本条规定了劳动者的辞职权，除此条规定的程序外，对劳动者行使辞职权不附加任何条件。但违反劳动合同约定者要依法承担责任。

3. **《关于贯彻执行〈中华人民共和国劳动法〉若干问题的意见》**（1995 年 8 月 4 日　劳部发〔1995〕309 号）

32. 按照劳动法第三十一条的规定，劳动者解除劳动合同，应当提前三十日以书面形式通知用人单位。超过三十日，劳动者可以向用人单位提出办理解除劳动合同手续，用人单位予以办理。如果劳动者违法解除劳动合同给原用人单位造成经济损失，应当承担赔偿责任。

第三十八条　劳动者单方随时解除劳动合同

用人单位有下列情形之一的，劳动者可以解除劳动合同：

（一）未按照劳动合同约定提供劳动保护或者劳动条件的；

（二）未及时足额支付劳动报酬的；

（三）未依法为劳动者缴纳社会保险费的；

（四）用人单位的规章制度违反法律、法规的规定，损害劳动者权益的；

（五）因本法第二十六条第一款规定的情形致使劳动合同无效的；

（六）法律、行政法规规定劳动者可以解除劳动合同的其他情形。

用人单位以暴力、威胁或者非法限制人身自由的手段强迫劳动者劳动的，或者用人单位违章指挥、强令冒险作业危及劳动者人身安全的，劳动者可以立即解除劳动合同，不需事先告知用人单位。

● 法　律

1.《劳动法》（2018 年 12 月 29 日）

第 32 条　有下列情形之一的，劳动者可以随时通知用人单位解除劳动合同：

（一）在试用期内的；

（二）用人单位以暴力、威胁或者非法限制人身自由的手段强迫劳动的；

（三）用人单位未按照劳动合同约定支付劳动报酬或者提供劳动条件的。

● 部门规章及文件

2.《关于〈劳动法〉若干条文的说明》（1994 年 9 月 5 日　劳办发〔1994〕289 号）

第 32 条第 2 款　本条中的"非法限制人身自由"是指采用拘留、禁闭或其他强制方法非法剥夺或限制他人按照自己的意志支配自己的身体活动的自由的行为。

● 司法解释及文件

3.《最高人民法院关于审理劳动争议案件适用法律问题的解释（二）》（2025 年 7 月 31 日　法释〔2025〕12 号）

第 19 条　用人单位与劳动者约定或者劳动者向用人单位承诺无需缴纳社会保险费的，人民法院应当认定该约定或者承诺无效。用人单位未依法缴纳社会保险费，劳动者根据劳动合同法第三十八条第一款第三项规定请求解除劳动合同、由用人单位支付经济补偿的，人民法院依法予以支持。

有前款规定情形，用人单位依法补缴社会保险费后，请求劳动者返还已支付的社会保险费补偿的，人民法院依法予以支持。

4.《最高人民法院关于审理劳动争议案件适用法律问题的解释（一）》（2020年12月29日 法释〔2020〕26号）

第46条 劳动者非因本人原因从原用人单位被安排到新用人单位工作，原用人单位未支付经济补偿，劳动者依据劳动合同法第三十八条规定与新用人单位解除劳动合同，或者新用人单位向劳动者提出解除、终止劳动合同，在计算支付经济补偿或赔偿金的工作年限时，劳动者请求把在原用人单位的工作年限合并计算为新用人单位工作年限的，人民法院应予支持。

用人单位符合下列情形之一的，应当认定属于“劳动者非因本人原因从原用人单位被安排到新用人单位工作”：

（一）劳动者仍在原工作场所、工作岗位工作，劳动合同主体由原用人单位变更为新用人单位；

（二）用人单位以组织委派或任命形式对劳动者进行工作调动；

（三）因用人单位合并、分立等原因导致劳动者工作调动；

（四）用人单位及其关联企业与劳动者轮流订立劳动合同；

（五）其他合理情形。

● 答记者问

5.《最高法相关部门负责人就劳动争议司法解释（二）答记者问》[①]（2025年8月1日）

问：请问实践中用人单位、劳动者不缴纳社会保险费的原因有哪些？《解释二》规定，约定不缴纳社会保险费无效，劳动者

① 参见中华人民共和国最高人民法院网站，https：//www. court. gov. cn/zixun/xiangqing/472671. html，最后访问时间：2025年8月2日。

第四章

据此解除劳动合同，用人单位需要支付解除劳动合同经济补偿是出于什么考虑？

答：实践中，用人单位不缴纳社会保险费的原因多样，有的出于降低用工成本的目的，不为劳动者办理社会保险手续、缴纳社会保险费用；有的以“社保补贴”的方式将现金发放给劳动者，由劳动者自行购买城乡居民养老保险等。也有部分劳动者，尤其是年轻的劳动者群体参保意愿不强，为在工作期间获得更多的现金性收益，主动不参加社会保险。对于双方因缴纳社会保险费产生的纠纷，《解释二》规定了劳动者以用人单位未依法缴纳社会保险费为由解除劳动合同，由用人单位支付解除劳动合同经济补偿的裁判规则。确立此规则是出于以下考虑：一是依法享受社会保险待遇是劳动者的基本权益，有利于社会稳定。从长远看，依法缴纳社会保险费可以帮助劳动者在遭遇年老、疾病、工伤、生育、失业等风险时，防止收入的中断和丧失，保障其基本生活需求。二是依法缴纳社会保险费是用人单位的法定义务。用人单位在劳动者参加社会保险、缴纳社会保险费的过程中发挥着更为主动和关键的作用，劳动者不缴纳社会保险费的行为离不开用人单位的配合。实践中更多的情况是用人单位基于成本控制等考虑与劳动者约定、或者让劳动者单方承诺不缴纳社会保险费，处于弱势地位的劳动者没有选择权。三是明确用人单位承担支付经济补偿责任可以倒逼用人单位为劳动者依法缴纳社会保险费，有效预防纠纷，促推社会治理。社会保险法第六十三条第一款规定：“用人单位未按时足额缴纳社会保险费的，由社会保险费征收机构责令其限期缴纳或者补足。”劳动者发现用人单位存在不缴纳社会保险费的违法行为，可以依法请求行政机关责令用人单位限期缴纳或者补足，及时维护自身合法权益。

案例指引

1. 有关不缴纳社会保险费的约定无效，劳动者以此为由解除劳动合同时有权请求用人单位支付经济补偿（最高法发布劳动争议典型案例）

案例要旨：某保安公司未依法为朱某缴纳社会保险费，朱某以此为由解除劳动合同，符合用人单位应当支付经济补偿的法定情形。审理法院判决某保安公司支付朱某解除劳动合同的经济补偿。依法参加社会保险是用人单位和劳动者的法定义务。人民法院在本案中明确了用人单位与劳动者有关不缴纳社会保险费的约定因违法而无效的规则。若用人单位与劳动者订立此类协议、以补助等形式发放社会保险费，劳动者可以用人单位未依法缴纳社会保险费为由提出解除劳动合同，用人单位要承担支付经济补偿的责任。此规则有助于督促用人单位通过依法缴纳社会保险费的方式分散用工风险，引导劳动者关注长远利益，充分发挥社会保险制度保障和改善民生的作用。

2. 曾某诉某网络科技公司劳动争议案（人民法院案例库：2023-07-2-490-003）

案例要旨：法院生效裁判认为，曾某上诉主张双方之间的劳动合同系由某网络科技公司提出，双方协商一致解除，但曾某提供的证据仅能证明双方曾就劳动合同的解除进行协商，不能证明在其申请仲裁前双方已就劳动合同解除的时间等具体内容达成一致。在某网络科技公司并未向曾某送达解除劳动合同通知书的情况下，曾某提出解除劳动合同的仲裁请求并向某网络科技公司发送离职声明，应认定双方之间的劳动合同最终由曾某提出解除。因曾某解除劳动合同的理由不符合《中华人民共和国劳动合同法》第三十八条规定的法定情形，对曾某要求某网络科技公司支付解除劳动合同经济补偿金的上诉请求不予支持。

第三十九条　用人单位单方随时解除劳动合同

劳动者有下列情形之一的，用人单位可以解除劳动合同：

（一）在试用期间被证明不符合录用条件的；

（二）严重违反用人单位的规章制度的；

（三）严重失职，营私舞弊，给用人单位造成重大损害的；

（四）劳动者同时与其他用人单位建立劳动关系，对完成本单位的工作任务造成严重影响，或者经用人单位提出，拒不改正的；

（五）因本法第二十六条第一款第一项规定的情形致使劳动合同无效的；

（六）被依法追究刑事责任的。

核心要点

1. 用人单位因劳动者过失而解除合同：《劳动法》25；《关于贯彻执行〈中华人民共和国劳动法〉若干问题的意见》29～31、87；《事业单位试行人员聘用制度有关问题的解释》14；《事业单位公开招聘人员暂行规定》31。

2. 用人单位因劳动者兼职而解除劳动合同：《事业单位岗位设置管理试行办法》32。

3. 劳动合同暂停履行：《关于贯彻执行〈中华人民共和国劳动法〉若干问题的意见》28。

法　律

1. 《劳动法》（2018 年 12 月 29 日）

第 25 条　劳动者有下列情形之一的，用人单位可以解除劳动合同：

（一）在试用期间被证明不符合录用条件的；

（二）严重违反劳动纪律或者用人单位规章制度的；

（三）严重失职，营私舞弊，对用人单位利益造成重大损害的；

（四）被依法追究刑事责任的。

● 行政法规及文件

2.《国务院办公厅转发人事部关于在事业单位试行人员聘用制度意见的通知》（2002年7月6日　国办发〔2002〕35号）

六、规范解聘辞聘制度

聘用单位、受聘人员双方经协商一致，可以解除聘用合同。

受聘人员有下列情形之一的，聘用单位可以随时单方面解除聘用合同：

（一）连续旷工超过10个工作日或者1年内累计旷工超过20个工作日的；

（二）未经聘用单位同意，擅自出国或者出国逾期不归的；

（三）违反工作规定或者操作规程，发生责任事故，或者失职、渎职，造成严重后果的；

（四）严重扰乱工作秩序，致使聘用单位、其他单位工作不能正常进行的；

（五）被判处有期徒刑以上刑罚收监执行的，或者被劳动教养①的。

对在试用期内被证明不符合本岗位要求又不同意单位调整其工作岗位的，聘用单位也可以随时单方面解除聘用合同。

……

① 根据2013年12月28日通过的《全国人民代表大会常务委员会关于废止有关劳动教养法律规定的决定》，我国劳动教养制度已废止。在劳动教养制度废止前，依法作出的劳动教养决定有效；劳动教养制度废止后，对正在被依法执行劳动教养的人员，解除劳动教养，剩余期限不再执行。

● **部门规章及文件**

3. **《关于〈劳动法〉若干条文的说明》**（1994 年 9 月 5 日　劳办发〔1994〕289 号）

第 25 条　本条中“严重违反劳动纪律”的行为，可根据《企业职工奖励条例》和《国营企业辞退违纪职工暂行规定》等有关法规认定。

本条中的“重大损害”由企业内部规章来规定。因为企业类型各有不同，对重大损害的界定也千差万别，故不便于对重大损害作统一解释。若由此发生劳动争议，可以通过劳动争议仲裁委员会对其规章规定的重大损害进行认定。

本条中“被依法追究刑事责任”，具体指：（1）被人民检察院免予起诉的；（2）被人民法院判处刑罚（刑罚包括：主刑：管制、拘役、有期徒刑、无期徒刑、死刑；附加刑：罚金、剥夺政治权利、没收财产）的；（3）被人民法院依据刑法第 32 条免予刑事处分的。

4. **《关于贯彻执行〈中华人民共和国劳动法〉若干问题的意见》**（1995 年 8 月 4 日　劳部发〔1995〕309 号）

28. 劳动者涉嫌违法犯罪被有关机关收容审查、拘留或逮捕的，用人单位在劳动者被限制人身自由期间，可与其暂时停止劳动合同的履行。

暂时停止履行劳动合同期间，用人单位不承担劳动合同规定的相应义务。劳动者经证明被错误限制人身自由的，暂时停止履行劳动合同期间劳动者的损失，可由其依据《国家赔偿法》要求有关部门赔偿。

29. 劳动者被依法追究刑事责任的，用人单位可依据劳动法第二十五条解除劳动合同。

“被依法追究刑事责任”是指：被人民检察院免予起诉的、被人民法院判处刑罚的、被人民法院依据刑法第三十二条免予刑事处分的。

劳动者被人民法院判处拘役、三年以下有期徒刑缓刑的，用人单位可以解除劳动合同。

30. 劳动法第二十五条为用人单位可以解除劳动合同的条款，即使存在第二十九条规定的情况，只要劳动者同时存在第二十五条规定的四种情形之一，用人单位也可以根据第二十五条的规定解除劳动合同。

31. 劳动者被劳动教养①的，用人单位可以依据被劳教的事实解除与该劳动者的劳动合同。

87. 劳动法第二十五条第（三）项中的“重大损害”，应由企业内部规章来规定，不便于在全国对其作统一解释。若用人单位以此为由解除劳动合同，与劳动者发生劳动争议，当事人向劳动争议仲裁委员会申请仲裁的，由劳动争议仲裁委员会根据企业类型、规模和损害程度等情况，对企业规章中规定的“重大损害”进行认定。

5.《劳动部关于实行劳动合同制度若干问题的通知》（1996 年 10 月 31 日　劳部发〔1996〕354 号）

11. 用人单位对新招用的职工，在试用期内发现并经有关机构确认患有精神病的，可以解除劳动合同。

6.《事业单位试行人员聘用制度有关问题的解释》（2003 年 12 月 10 日　国人部发〔2003〕61 号）

14. 被人民法院判处拘役、有期徒刑缓刑的，单位可以解除聘用合同。

---

① 根据 2013 年 12 月 28 日通过的《全国人民代表大会常务委员会关于废止有关劳动教养法律规定的决定》，我国劳动教养制度已废止。

7.《事业单位公开招聘人员暂行规定》（2005年11月16日 人事部令第6号）

第31条 对违反公开招聘纪律的应聘人员，视情节轻重取消考试或聘用资格；对违反本规定招聘的受聘人员，一经查实，应当解除聘用合同，予以清退。

第32条 对违反公开招聘纪律的工作人员，视情节轻重调离招聘工作岗位或给予处分；对违反公开招聘纪律的其他相关人员，按照有关规定追究责任。

8.《劳务派遣暂行规定》（2014年1月24日 人力资源和社会保障部令第22号）

第15条 被派遣劳动者因本规定第十二条规定被用工单位退回，劳务派遣单位重新派遣时维持或者提高劳动合同约定条件，被派遣劳动者不同意的，劳务派遣单位可以解除劳动合同。

被派遣劳动者因本规定第十二条规定被用工单位退回，劳务派遣单位重新派遣时降低劳动合同约定条件，被派遣劳动者不同意的，劳务派遣单位不得解除劳动合同。但被派遣劳动者提出解除劳动合同的除外。

● 案例指引

1. **孙某某诉某区人力资源开发有限公司劳动合同纠纷案**（最高人民法院指导案例180号）

案例要旨：法院在判断用人单位单方解除劳动合同行为的合法性时，应当以用人单位向劳动者发出的解除通知的内容为认定依据。在案件审理过程中，用人单位超出解除劳动合同通知中载明的依据及事由，另行提出劳动者在履行劳动合同期间存在其他严重违反用人单位规章制度的情形，并据此主张符合解除劳动合同条件的，人民法院不予支持。

2. **郑某诉某自动化控制有限公司劳动合同纠纷案**（最高人民法院指导案例 181 号）

案例要旨：用人单位的管理人员对被性骚扰员工的投诉，应采取合理措施进行处置。管理人员未采取合理措施或者存在纵容性骚扰行为、干扰对性骚扰行为调查等情形，用人单位以管理人员未尽岗位职责，严重违反规章制度为由解除劳动合同，管理人员主张解除劳动合同违法的，人民法院不予支持。

3. **上海某物业公司诉王某劳动合同纠纷案**（《最高人民法院公报》2023 年第 4 期）

案例要旨：用人单位行使管理权亦当合理且善意。劳动者因直系亲属病危提交请假手续，在用人单位审批期间，该直系亲属病故，劳动者径行返家处理后事，用人单位因此以旷工为由主张解除劳动合同的，属于违法解除劳动合同，亦不符合社会伦理。劳动者因用人单位违法解除劳动合同要求赔偿的，人民法院应予支持。

第四章

第四十条 用人单位单方提前通知解除劳动合同

有下列情形之一的，用人单位提前三十日以书面形式通知劳动者本人或者额外支付劳动者一个月工资后，可以解除劳动合同：

（一）劳动者患病或者非因工负伤，在规定的医疗期满后不能从事原工作，也不能从事由用人单位另行安排的工作的；

（二）劳动者不能胜任工作，经过培训或者调整工作岗位，仍不能胜任工作的；

（三）劳动合同订立时所依据的客观情况发生重大变化，致使劳动合同无法履行，经用人单位与劳动者协商，未能就变更劳动合同内容达成协议的。

● 法 律

1.《劳动法》(2018 年 12 月 29 日)

第 26 条 有下列情形之一的，用人单位可以解除劳动合同，但是应当提前三十日以书面形式通知劳动者本人：

（一）劳动者患病或者非因工负伤，医疗期满后，不能从事原工作也不能从事由用人单位另行安排的工作的；

（二）劳动者不能胜任工作，经过培训或者调整工作岗位，仍不能胜任工作的；

（三）劳动合同订立时所依据的客观情况发生重大变化，致使原劳动合同无法履行，经当事人协商不能就变更劳动合同达成协议的。

● 行政法规及文件

2.《国有企业管理人员处分条例》(2024 年 5 月 28 日 国务院令第 781 号)

第 14 条 国有企业管理人员在处分期内，不得晋升职务、岗位等级和职称；其中，被记过、记大过、降级、撤职的，不得晋升薪酬待遇等级。被撤职的，降低职务或者岗位等级，同时降低薪酬待遇。被开除的，用人单位依法解除劳动合同。

第 36 条 国有企业管理人员受到降级、撤职、开除处分的，应当在处分决定作出后 1 个月内，由相应人事部门等按照管理权限办理岗位、职务、工资和其他有关待遇等变更手续，并依法变更或者解除劳动合同；特殊情况下，经任免机关、单位主要负责人批准可以适当延长办理期限，但是最长不得超过 6 个月。

3.《劳动合同法实施条例》(2008 年 9 月 18 日 国务院令第 535 号)

第 20 条 用人单位依照劳动合同法第四十条的规定，选择额外支付劳动者一个月工资解除劳动合同的，其额外支付的工资应当按照该劳动者上一个月的工资标准确定。

● 部门规章及文件

4.《关于〈劳动法〉若干条文的说明》（1994年9月5日　劳办发〔1994〕289号）

第26条第2款　本条第（一）项指劳动者医疗期满后，不能从事原工作的，由原用人单位另行安排适当工作之后，仍不能从事另行安排的工作的，可以解除劳动合同。

本条第（二）项中的“不能胜任工作”，是指不能按要求完成劳动合同中约定的任务或者同工种，同岗位人员的工作量。用人单位不得故意提高定额标准，使劳动者无法完成。

本条中的“客观情况”指：发生不可抗力或出现致使劳动合同全部或部分条款无法履行的其他情况，如企业迁移、被兼并、企业资产转移等，并且排除本法第二十七条所列的客观情况。

5.《劳动部关于发布〈企业职工患病或非因工负伤医疗期规定〉的通知》（1994年12月1日　劳部发〔1994〕479号）

第2条　医疗期是指企业职工因患病或非因工负伤停止工作治疗休息不得解除劳动合同的时限。

第6条　企业职工非因工致残和经医生或医疗机构认定患有难以治疗的疾病，在医疗期内终结，不能从事原工作，也不能从事用人单位另行安排的工作的，应当由劳动鉴定委员会参照工伤与职业病致残程度鉴定标准进行劳动能力的鉴定。被鉴定为一至四级的，应当退出劳动岗位，终止劳动关系，办理退休、退职手续，享受退休、退职待遇；被鉴定为五至十级的，医疗期内不得解除劳动合同。

第7条　企业职工非因工致残和经医生或医疗机构认定患有难以治疗的疾病，医疗期满，应当由劳动鉴定委员会参照工伤与职业病致残程度鉴定标准进行劳动能力的鉴定。被鉴定为一至四级的，应当退出劳动岗位，解除劳动关系，并办理退休、退职手续，享受退休、退职待遇。

第 8 条 医疗期满尚未痊愈者，被解除劳动合同的经济补偿问题按照有关规定执行。

● **案例指引**

1. **房某诉某人寿保险有限公司劳动合同纠纷案**（最高人民法院指导案例 183 号）

案例要旨：年终奖发放前离职的劳动者主张用人单位支付年终奖的，人民法院应当结合劳动者的离职原因、离职时间、工作表现以及对单位的贡献程度等因素进行综合考量。用人单位的规章制度规定年终奖发放前离职的劳动者不能享有年终奖，但劳动合同的解除非因劳动者单方过失或主动辞职所导致，且劳动者已经完成年度工作任务，用人单位不能证明劳动者的工作业绩及表现不符合年终奖发放标准，年终奖发放前离职的劳动者主张用人单位支付年终奖的，人民法院应予支持。

2. **某有限责任公司与王某劳动合同纠纷案**（最高人民法院指导案例 18 号）

案例要旨：劳动者在用人单位等级考核中居于末位等次不等同于"不能胜任工作"不符合单方解除劳动合同的法定条件，用人单位不能据此单方解除劳动合同。

第四十一条 经济性裁员

有下列情形之一，需要裁减人员二十人以上或者裁减不足二十人但占企业职工总数百分之十以上的，用人单位提前三十日向工会或者全体职工说明情况，听取工会或者职工的意见后，裁减人员方案经向劳动行政部门报告，可以裁减人员：

（一）依照企业破产法规定进行重整的；

（二）生产经营发生严重困难的；

（三）企业转产、重大技术革新或者经营方式调整，经变更劳动合同后，仍需裁减人员的；

（四）其他因劳动合同订立时所依据的客观经济情况发生重大变化，致使劳动合同无法履行的。

裁减人员时，应当优先留用下列人员：

（一）与本单位订立较长期限的固定期限劳动合同的；

（二）与本单位订立无固定期限劳动合同的；

（三）家庭无其他就业人员，有需要扶养的老人或者未成年人的。

用人单位依照本条第一款规定裁减人员，在六个月内重新招用人员的，应当通知被裁减的人员，并在同等条件下优先招用被裁减的人员。

第四章

● 法　律

1. **《企业破产法》**（2006 年 8 月 27 日）

第 2 条　企业法人不能清偿到期债务，并且资产不足以清偿全部债务或者明显缺乏清偿能力的，依照本法规定清理债务。

企业法人有前款规定情形，或者有明显丧失清偿能力可能的，可以依照本法规定进行重整。

第 70 条　债务人或者债权人可以依照本法规定，直接向人民法院申请对债务人进行重整。

债权人申请对债务人进行破产清算的，在人民法院受理破产申请后、宣告债务人破产前，债务人或者出资额占债务人注册资本十分之一以上的出资人，可以向人民法院申请重整。

2. **《劳动法》**（2018 年 12 月 29 日）

第 27 条　用人单位濒临破产进行法定整顿期间或者生产经营状况发生严重困难，确需裁减人员的，应当提前三十日向工会或者全体职工说明情况，听取工会或者职工的意见，经向劳动行政部门报告后，可以裁减人员。

用人单位依据本条规定裁减人员，在六个月内录用人员的，应当优先录用被裁减的人员。

● 部门规章及文件

3.《关于〈劳动法〉若干条文的说明》（1994年9月5日　劳办发〔1994〕289号）

第27条第3款　本条中的“法定整顿期间”指依据《中华人民共和国企业破产法（试行）》和《中华人民共和国民事诉讼法》的破产程序进入的整顿期间。“生产经营状况发生严重困难”可以根据地方政府规定的困难企业标准来界定。“报告”仅指说明情况，无批准的含义。“优先录用”指同等条件下优先录用。

4.《企业经济性裁减人员规定》（1994年11月14日　劳部发〔1994〕447号）

第2条　用人单位濒临破产，被人民法院宣告进入法定整顿期间或生产经营发生严重困难，达到当地政府规定的严重困难企业标准，确需裁减人员的，可以裁员。

第3条　用人单位有条件的，应为被裁减的人员提供培训或就业帮助。

第4条　用人单位确需裁减人员，应按下列程序进行：

（一）提前三十日向工会或者全体职工说明情况，并提供有关生产经营状况的资料；

（二）提出裁减人员方案，内容包括：被裁减人员名单，裁减时间及实施步骤，符合法律、法规规定和集体合同约定的被裁减人员经济补偿办法；

（三）将裁减人员方案征求工会或者全体职工的意见，并对方案进行修改和完善；

（四）向当地劳动行政部门报告裁减人员方案以及工会或者

全体职工的意见，并听取劳动行政部门的意见；

（五）由用人单位正式公布裁减人员方案，与被裁减人员办理解除劳动合同手续，按照有关规定向被裁减人员本人支付经济补偿金，出具裁减人员证明书。

第5条 用人单位不得裁减下列人员：

（一）患职业病或者因工负伤并被确认丧失或者部分丧失劳动能力的；

（二）患病或者负伤，在规定的医疗期内的；

（三）女职工在孕期、产期、哺乳期内的；

（四）法律、行政法规规定的其他情形。

第6条 对于被裁减而失业的人员，参加失业保险的，可到当地劳动就业服务机构登记，申领失业救济金。

第7条 用人单位从裁减人员之日起，六个月内需要新招人员的，必须优先从本单位裁减的人员中录用，并向当地劳动行政部门报告录用人员的数量、时间、条件以及优先录用人员的情况。

第8条 劳动行政部门对用人单位违反法律、法规和有关规定裁减人员的，应依法制止和纠正。

第9条 工会或职工对裁员提出的合理意见，用人单位应认真听取。

用人单位违反法律、法规规定和集体合同约定裁减人员的，工会有权要求重新处理。

第10条 因裁减人员发生的劳动争议，当事人双方应按照劳动争议处理的有关规定执行。

5.《关于贯彻执行〈中华人民共和国劳动法〉若干问题的意见》（1995年8月4日　劳部发〔1995〕309号）

25. 依据劳动法第二十七条和劳动部《企业经济性裁减人员规定》（劳部发〔1994〕447号）第四条的规定，用人单位确需裁减人员，应按下列程序进行：

（1）提前三十日向工会或全体职工说明情况，并提供有关生产经营状况的资料；

（2）提出裁减人员方案，内容包括：被裁减人员名单、裁减时间及实施步骤，符合法律、法规规定和集体合同约定的被裁减人员的经济补偿办法；

（3）将裁减人员方案征求工会或者全体职工的意见，并对方案进行修改和完善；

（4）向当地劳动行政部门报告裁减人员方案以及工会或者全体职工的意见，并听取劳动行政部门的意见；

（5）由用人单位正式公布裁减人员方案，与被裁减人员办理解除劳动合同手续，按照有关规定向被裁减人员本人支付经济补偿金，并出具裁减人员证明书。

6. **《劳动部关于实行劳动合同制度若干问题的通知》**（1996 年 10 月 31 日　劳部发〔1996〕354 号）

19. 按照《劳动法》第二十七条的规定，进行经济性裁员的企业在六个月内录用人员的，应当优先从被裁减的人员中录用。因经济性裁员而被用人单位裁减的职工，在六个月内又被原单位重新录用的，对职工裁减前和重新录用的后工作年限应当连续计算为单位工作时间。

第四十二条　用人单位解除劳动合同限制

劳动者有下列情形之一的，用人单位不得依照本法第四十条、第四十一条的规定解除劳动合同：

（一）从事接触职业病危害作业的劳动者未进行离岗前职业健康检查，或者疑似职业病病人在诊断或者医学观察期间的；

（二）在本单位患职业病或者因工负伤并被确认丧失或者部分丧失劳动能力的；

（三）患病或者非因工负伤，在规定的医疗期内的；

（四）女职工在孕期、产期、哺乳期的；

（五）在本单位连续工作满十五年，且距法定退休年龄不足五年的；

（六）法律、行政法规规定的其他情形。

● 法　律

1.《妇女权益保障法》（2022 年 10 月 30 日）

第 47 条　用人单位应当根据妇女的特点，依法保护妇女在工作和劳动时的安全、健康以及休息的权利。

妇女在经期、孕期、产期、哺乳期受特殊保护。

2.《劳动法》（2018 年 12 月 29 日）

第 29 条　劳动者有下列情形之一的，用人单位不得依据本法第二十六条、第二十七条的规定解除劳动合同：

（一）患职业病或者因工负伤并被确认丧失或者部分丧失劳动能力的；

（二）患病或者负伤，在规定的医疗期内的；

（三）女职工在孕期、产期、哺乳期内的；

（四）法律、行政法规规定的其他情形。

3.《职业病防治法》（2018 年 12 月 29 日）

第 35 条　对从事接触职业病危害的作业的劳动者，用人单位应当按照国务院卫生行政部门的规定组织上岗前、在岗期间和离岗时的职业健康检查，并将检查结果书面告知劳动者。职业健康检查费用由用人单位承担。

用人单位不得安排未经上岗前职业健康检查的劳动者从事接

触职业病危害的作业；不得安排有职业禁忌的劳动者从事其所禁忌的作业；对在职业健康检查中发现有与所从事的职业相关的健康损害的劳动者，应当调离原工作岗位，并妥善安置；对未进行离岗前职业健康检查的劳动者不得解除或者终止与其订立的劳动合同。

职业健康检查应当由取得《医疗机构执业许可证》的医疗卫生机构承担。卫生行政部门应当加强对职业健康检查工作的规范管理，具体管理办法由国务院卫生行政部门制定。

第55条　医疗卫生机构发现疑似职业病病人时，应当告知劳动者本人并及时通知用人单位。

用人单位应当及时安排对疑似职业病病人进行诊断；在疑似职业病病人诊断或者医学观察期间，不得解除或者终止与其订立的劳动合同。

疑似职业病病人在诊断、医学观察期间的费用，由用人单位承担。

● 行政法规及文件

4.《工伤保险条例》（2010年12月20日　国务院令第586号）

第14条　职工有下列情形之一的，应当认定为工伤：

（一）在工作时间和工作场所内，因工作原因受到事故伤害的；

（二）工作时间前后在工作场所内，从事与工作有关的预备性或者收尾性工作受到事故伤害的；

（三）在工作时间和工作场所内，因履行工作职责受到暴力等意外伤害的；

（四）患职业病的；

（五）因工外出期间，由于工作原因受到伤害或者发生事故下落不明的；

（六）在上下班途中，受到非本人主要责任的交通事故或者城市轨道交通、客运轮渡、火车事故伤害的；

（七）法律、行政法规规定应当认定为工伤的其他情形。

第15条　职工有下列情形之一的，视同工伤：

（一）在工作时间和工作岗位，突发疾病死亡或者在48小时之内经抢救无效死亡的；

（二）在抢险救灾等维护国家利益、公共利益活动中受到伤害的；

（三）职工原在军队服役，因战、因公负伤致残，已取得革命伤残军人证，到用人单位后旧伤复发的。

职工有前款第（一）项、第（二）项情形的，按照本条例的有关规定享受工伤保险待遇；职工有前款第（三）项情形的，按照本条例的有关规定享受除一次性伤残补助金以外的工伤保险待遇。

第16条　职工符合本条例第十四条、第十五条的规定，但是有下列情形之一的，不得认定为工伤或者视同工伤：

（一）故意犯罪的；

（二）醉酒或者吸毒的；

（三）自残或者自杀的。

第19条　社会保险行政部门受理工伤认定申请后，根据审核需要可以对事故伤害进行调查核实，用人单位、职工、工会组织、医疗机构以及有关部门应当予以协助。职业病诊断和诊断争议的鉴定，依照职业病防治法的有关规定执行。对依法取得职业病诊断证明书或者职业病诊断鉴定书的，社会保险行政部门不再进行调查核实。

职工或者其近亲属认为是工伤，用人单位不认为是工伤的，由用人单位承担举证责任。

第20条　社会保险行政部门应当自受理工伤认定申请之日起60日内作出工伤认定的决定，并书面通知申请工伤认定的职工或者其近亲属和该职工所在单位。

社会保险行政部门对受理的事实清楚、权利义务明确的工伤认定申请，应当在15日内作出工伤认定的决定。

作出工伤认定决定需要以司法机关或者有关行政主管部门的结论为依据的，在司法机关或者有关行政主管部门尚未作出结论期间，作出工伤认定决定的时限中止。

社会保险行政部门工作人员与工伤认定申请人有利害关系的，应当回避。

● 部门规章及文件

5.《关于〈劳动法〉若干条文的说明》（1994年9月5日 劳办发〔1994〕289号）

第29条第2款 本条第（一）项、第（二）项、第（三）项之所以以法律的形式规定不得解除劳动合同，是为了保证劳动者在特殊情况下的权益不受侵害。在第（二）项、第（三）项规定的情形下劳动合同到期的，应延续劳动合同到医疗期满或女职工“三期”届满为止。

第3款 本条第（四）项中的“法律、法规规定的其他情形”，这类规定是立法时经常采用的技术性手段，其立法用意是：(1) 在该条款列举情况时，为避免遗漏现行法律、法规规定的其他情况，采用此种办法使该法与其他法相衔接。(2) 便于与以后颁布的法律相衔接，即与新法相衔接。本法第四十二条第（三）项的解释与此相同。

6.《关于贯彻执行〈中华人民共和国劳动法〉若干问题的意见》（1995年8月4日 劳部发〔1995〕309号）

34. 除劳动法第二十五条规定的情形外，劳动者在医疗期、孕期、产期和哺乳期内，劳动合同期限届满时，用人单位不得终止劳动合同。劳动合同的期限应自动延续至医疗期、孕期、产期和哺乳期期满为止。

7.《集体合同规定》（2004 年 1 月 20 日　劳动和社会保障部令第 22 号）

第 28 条　职工一方协商代表在其履行协商代表职责期间劳动合同期满的，劳动合同期限自动延长至完成履行协商代表职责之时，除出现下列情形之一的，用人单位不得与其解除劳动合同：

（一）严重违反劳动纪律或用人单位依法制定的规章制度的；

（二）严重失职、营私舞弊，对用人单位利益造成重大损害的；

（三）被依法追究刑事责任的。

职工一方协商代表履行协商代表职责期间，用人单位无正当理由不得调整其工作岗位。

第 29 条　职工一方协商代表就本规定第二十七条、第二十八条的规定与用人单位发生争议的，可以向当地劳动争议仲裁委员会申请仲裁。

8.《工伤认定办法》（2010 年 12 月 31 日　人力资源和社会保障部令第 8 号）

第 3 条　工伤认定应当客观公正、简捷方便，认定程序应当向社会公开。

第 4 条　职工发生事故伤害或者按照职业病防治法规定被诊断、鉴定为职业病，所在单位应当自事故伤害发生之日或者被诊断、鉴定为职业病之日起 30 日内，向统筹地区社会保险行政部门提出工伤认定申请。遇有特殊情况，经报社会保险行政部门同意，申请时限可以适当延长。

按照前款规定应当向省级社会保险行政部门提出工伤认定申请的，根据属地原则应当向用人单位所在地设区的市级社会保险行政部门提出。

第 5 条　用人单位未在规定的时限内提出工伤认定申请的，受伤害职工或者其近亲属、工会组织在事故伤害发生之日或者被诊断、鉴定为职业病之日起 1 年内，可以直接按照本办法第四条规定提出工伤认定申请。

第 11 条　社会保险行政部门工作人员在工伤认定中，可以进行以下调查核实工作：

（一）根据工作需要，进入有关单位和事故现场；

（二）依法查阅与工伤认定有关的资料，询问有关人员并作出调查笔录；

（三）记录、录音、录像和复制与工伤认定有关的资料。调查核实工作的证据收集参照行政诉讼证据收集的有关规定执行。

第 12 条　社会保险行政部门工作人员进行调查核实时，有关单位和个人应当予以协助。用人单位、工会组织、医疗机构以及有关部门应当负责安排相关人员配合工作，据实提供情况和证明材料。

第 17 条　职工或者其近亲属认为是工伤，用人单位不认为是工伤的，由该用人单位承担举证责任。用人单位拒不举证的，社会保险行政部门可以根据受伤害职工提供的证据或者调查取得的证据，依法作出工伤认定决定。

第 18 条　社会保险行政部门应当自受理工伤认定申请之日起 60 日内作出工伤认定决定，出具《认定工伤决定书》或者《不予认定工伤决定书》。

第 19 条　《认定工伤决定书》应当载明下列事项：

（一）用人单位全称；

（二）职工的姓名、性别、年龄、职业、身份证号码；

（三）受伤害部位、事故时间和诊断时间或职业病名称、受伤害经过和核实情况、医疗救治的基本情况和诊断结论；

（四）认定工伤或者视同工伤的依据；

（五）不服认定决定申请行政复议或者提起行政诉讼的部门和时限；

（六）作出认定工伤或者视同工伤决定的时间。

《不予认定工伤决定书》应当载明下列事项：

（一）用人单位全称；

（二）职工的姓名、性别、年龄、职业、身份证号码；

（三）不予认定工伤或者不视同工伤的依据；

（四）不服认定决定申请行政复议或者提起行政诉讼的部门和时限；

（五）作出不予认定工伤或者不视同工伤决定的时间。

《认定工伤决定书》和《不予认定工伤决定书》应当加盖社会保险行政部门工伤认定专用印章。

第25条 用人单位拒不协助社会保险行政部门对事故伤害进行调查核实的，由社会保险行政部门责令改正，处2000元以上2万元以下的罚款。

第四章

● 司法解释及文件

9.《最高人民法院关于审理劳动争议案件适用法律问题的解释（二）》（2025年7月31日　法释〔2025〕12号）

第8条 劳动合同期满，有下列情形之一的，人民法院认定劳动合同期限依法自动续延，不属于用人单位未订立书面劳动合同的情形：

（一）劳动合同法第四十二条规定的用人单位不得解除劳动合同的；

（二）劳动合同法实施条例第十七条规定的服务期尚未到期的；

（三）工会法第十九条规定的任期未届满的。

第17条 用人单位未按照国务院安全生产监督管理部门、卫生行政部门的规定组织从事接触职业病危害作业的劳动者进行离岗前的职业健康检查，劳动者在双方解除劳动合同后请求继续履行劳动合同的，人民法院依法予以支持，但有下列情形之一的除外：

（一）一审法庭辩论终结前，用人单位已经组织劳动者进行职业健康检查且经检查劳动者未患职业病的；

（二）一审法庭辩论终结前，用人单位组织劳动者进行职业健康检查，劳动者无正当理由拒绝检查的。

10.《最高人民法院关于审理工伤保险行政案件若干问题的规定》
（2014年6月18日　法释〔2014〕9号）

第3条　社会保险行政部门认定下列单位为承担工伤保险责任单位的，人民法院应予支持：

（一）职工与两个或两个以上单位建立劳动关系，工伤事故发生时，职工为之工作的单位为承担工伤保险责任的单位；

（二）劳务派遣单位派遣的职工在用工单位工作期间因工伤亡的，派遣单位为承担工伤保险责任的单位；

（三）单位指派到其他单位工作的职工因工伤亡的，指派单位为承担工伤保险责任的单位；

（四）用工单位违反法律、法规规定将承包业务转包给不具备用工主体资格的组织或者自然人，该组织或者自然人聘用的职工从事承包业务时因工伤亡的，用工单位为承担工伤保险责任的单位；

（五）个人挂靠其他单位对外经营，其聘用的人员因工伤亡的，被挂靠单位为承担工伤保险责任的单位。

前款第（四）、（五）项明确的承担工伤保险责任的单位承担赔偿责任或者社会保险经办机构从工伤保险基金支付工伤保险待遇后，有权向相关组织、单位和个人追偿。

第4条　社会保险行政部门认定下列情形为工伤的，人民法院应予支持：

（一）职工在工作时间和工作场所内受到伤害，用人单位或者社会保险行政部门没有证据证明是非工作原因导致的；

（二）职工参加用人单位组织或者受用人单位指派参加其他

单位组织的活动受到伤害的；

（三）在工作时间内，职工来往于多个与其工作职责相关的工作场所之间的合理区域因工受到伤害的；

（四）其他与履行工作职责相关，在工作时间及合理区域内受到伤害的。

第 5 条　社会保险行政部门认定下列情形为“因工外出期间”的，人民法院应予支持：

（一）职工受用人单位指派或者因工作需要在工作场所以外从事与工作职责有关的活动期间；

（二）职工受用人单位指派外出学习或者开会期间；

（三）职工因工作需要的其他外出活动期间。

职工因工外出期间从事与工作或者受用人单位指派外出学习、开会无关的个人活动受到伤害，社会保险行政部门不认定为工伤的，人民法院应予支持。

第 6 条　对社会保险行政部门认定下列情形为“上下班途中”的，人民法院应予支持：

（一）在合理时间内往返于工作地与住所地、经常居住地、单位宿舍的合理路线的上下班途中；

（二）在合理时间内往返于工作地与配偶、父母、子女居住地的合理路线的上下班途中；

（三）从事属于日常工作生活所需要的活动，且在合理时间和合理路线的上下班途中；

（四）在合理时间内其他合理路线的上下班途中。

第 7 条　由于不属于职工或者其近亲属自身原因超过工伤认定申请期限的，被耽误的时间不计算在工伤认定申请期限内。

有下列情形之一耽误申请时间的，应当认定为不属于职工或者其近亲属自身原因：

（一）不可抗力；

（二）人身自由受到限制；

（三）属于用人单位原因；

（四）社会保险行政部门登记制度不完善；

（五）当事人对是否存在劳动关系申请仲裁、提起民事诉讼。

第8条 职工因第三人的原因受到伤害，社会保险行政部门以职工或者其近亲属已经对第三人提起民事诉讼或者获得民事赔偿为由，作出不予受理工伤认定申请或者不予认定工伤决定的，人民法院不予支持。

职工因第三人的原因受到伤害，社会保险行政部门已经作出工伤认定，职工或者其近亲属未对第三人提起民事诉讼或者尚未获得民事赔偿，起诉要求社会保险经办机构支付工伤保险待遇的，人民法院应予支持。

职工因第三人的原因导致工伤，社会保险经办机构以职工或者其近亲属已经对第三人提起民事诉讼为由，拒绝支付工伤保险待遇的，人民法院不予支持，但第三人已经支付的医疗费用除外。

第9条 因工伤认定申请人或者用人单位隐瞒有关情况或者提供虚假材料，导致工伤认定错误的，社会保险行政部门可以在诉讼中依法予以更正。

工伤认定依法更正后，原告不申请撤诉，社会保险行政部门在作出原工伤认定时有过错的，人民法院应当判决确认违法；社会保险行政部门无过错的，人民法院可以驳回原告诉讼请求。

● 案例指引

张某诉某劳务服务有限公司、某工业有限公司劳动合同纠纷案
（人民法院案例库：2023-07-2-186-006）

案例要旨：用人单位安排从事接触职业病危害的作业的劳动者进行离岗职业健康检查是其法定义务，劳动者未明确已经知晓并放弃离岗前职业健康检查的权利的，该项义务并不因劳动者与用人单位协商一致解除劳动合同而免除。用人单位与劳动者协商一致解除劳动合同的，解除协议应认定无效。在劳动者职业病鉴定结论未作出之前，双方的劳动关系并不因协议解除或者劳动合同到期终止。在经过职业病认定及劳动能力鉴定后，如妨碍双方劳动合同解除或者终止的情形均已消失，而用人单位亦无继续履行或者续订的意思表示，在符合终止劳动合同条件的情况下，双方的劳动关系可于劳动者职业病致残程度鉴定结果出具之日依法终止。

第四十三条 用人单位单方解除劳动合同工会监督

用人单位单方解除劳动合同，应当事先将理由通知工会。用人单位违反法律、行政法规规定或者劳动合同约定的，工会有权要求用人单位纠正。用人单位应当研究工会的意见，并将处理结果书面通知工会。

● 法 律

1. **《劳动法》**（2018 年 12 月 29 日）

第 30 条 用人单位解除劳动合同，工会认为不适当的，有权提出意见。如果用人单位违反法律、法规或者劳动合同，工会有权要求重新处理；劳动者申请仲裁或者提起诉讼的，工会应当依法给予支持和帮助。

2. **《工会法》**（2021 年 12 月 24 日）

第 22 条 企业、事业单位、社会组织处分职工，工会认为不适当的，有权提出意见。

用人单位单方面解除职工劳动合同时，应当事先将理由通知工会，工会认为用人单位违反法律、法规和有关合同，要求重新研究处理时，用人单位应当研究工会的意见，并将处理结果书面通知工会。

职工认为用人单位侵犯其劳动权益而申请劳动争议仲裁或者向人民法院提起诉讼的，工会应当给予支持和帮助。

● 司法解释及文件

3.《最高人民法院关于审理劳动争议案件适用法律问题的解释（一）》（2020年12月29日 法释〔2020〕26号）

第12条 劳动争议仲裁机构逾期未作出受理决定或仲裁裁决，当事人直接提起诉讼的，人民法院应予受理，但申请仲裁的案件存在下列事由的除外：

（一）移送管辖的；

（二）正在送达或者送达延误的；

（三）等待另案诉讼结果、评残结论的；

（四）正在等待劳动争议仲裁机构开庭的；

（五）启动鉴定程序或者委托其他部门调查取证的；

（六）其他正当事由。

当事人以劳动争议仲裁机构逾期未作出仲裁裁决为由提起诉讼的，应当提交该仲裁机构出具的受理通知书或者其他已接受仲裁申请的凭证、证明。

● 团体规定

4.《企业工会工作条例》（2006年12月11日）

第30条第2款 工会对企业违反法律法规和有关合同规定解除职工劳动合同的，应提出意见并要求企业将处理结果书面通知工会。工会应对企业经济性裁员事先提出同意或否决的意见。

● 案例指引

某银行股份有限公司济南分行诉谢某辞退争议案①

案例要旨：《劳动合同法》第四十三条规定："用人单位单方解除劳动合同，应当事先将理由通知工会。用人单位违反法律、行政法规规定或者劳动合同约定的，工会有权要求用人单位纠正。用人

① 本案例选自中国裁判文书网，最后访问时间：2025年8月2日。

单位应当研究工会的意见，并将处理结果书面通知工会。”本案中，某银行济南分行处工会主席仅在该征求意见表中签名，但且未加盖某银行济南分行处工会公章、也未标明工会意见的做法明显违反上述法律规定，应属无效行为。故应认定某银行济南分行解除行为违法，应当支付谢某违法解除劳动合同赔偿金。

第四十四条　劳动合同终止

有下列情形之一的，劳动合同终止：

（一）劳动合同期满的；

（二）劳动者开始依法享受基本养老保险待遇的；

（三）劳动者死亡，或者被人民法院宣告死亡或者宣告失踪的；

（四）用人单位被依法宣告破产的；

（五）用人单位被吊销营业执照、责令关闭、撤销或者用人单位决定提前解散的；

（六）法律、行政法规规定的其他情形。

● 法　律

1.《劳动法》（2018 年 12 月 29 日）

第 23 条　劳动合同期满或者当事人约定的劳动合同终止条件出现，劳动合同即行终止。

● 行政法规及文件

2.《劳动合同法实施条例》（2008 年 9 月 18 日　国务院令第 535 号）

第 13 条　用人单位与劳动者不得在劳动合同法第四十四条规定的劳动合同终止情形之外约定其他的劳动合同终止条件。

第 21 条　劳动者达到法定退休年龄的，劳动合同终止。

第四章

● 部门规章及文件

3.《劳动部关于实行劳动合同制度若干问题的通知》（1996 年 10 月 31 日　劳部发〔1996〕354 号）

5. 第 2 款　劳动合同的终止时间，应当以劳动合同期限最后一日的二十四时为准。

16. 职工劳动合同期限届满，终止劳动合同后符合退休条件的，可以办理退休手续，领取养老保险金；不符合退休条件的，应当到就业服务机构进行失业登记，按规定领取失业救济金。

● 司法解释及文件

4.《最高人民法院关于审理劳动争议案件适用法律问题的解释（二）》（2025 年 7 月 31 日　法释〔2025〕12 号）

第 11 条　劳动合同期满后，劳动者仍在用人单位工作，用人单位未表示异议超过一个月，劳动者请求用人单位以原条件续订劳动合同的，人民法院依法予以支持。

符合订立无固定期限劳动合同情形，劳动者请求用人单位以原条件订立无固定期限劳动合同的，人民法院依法予以支持。

用人单位解除劳动合同，劳动者请求用人单位依法承担解除劳动合同法律后果的，人民法院依法予以支持。

5.《最高人民法院关于审理劳动争议案件适用法律问题的解释（一）》（2020 年 12 月 29 日　法释〔2020〕26 号）

第 34 条　劳动合同期满后，劳动者仍在原用人单位工作，原用人单位未表示异议的，视为双方同意以原条件继续履行劳动合同。一方提出终止劳动关系的，人民法院应予支持。

根据劳动合同法第十四条规定，用人单位应当与劳动者签订无固定期限劳动合同而未签订的，人民法院可以视为双方之间存在无固定期限劳动合同关系，并以原劳动合同确定双方的权利义务关系。

案例指引

1. **乌鲁木齐某物业服务有限公司诉马某劳动合同纠纷案**（人民法院案例库：2023-16-2-186-001）

案例要旨：对于已达到法定退休年龄但未享受养老保险待遇或领取退休金的人员与用人单位之间的法律关系，不应仅对劳动者年龄标准作形式审查，而应具体审查劳动者不能享受基本养老保险待遇的原因是否与用人单位有关，具体应区分两种情形：其一，如果劳动者非因用人单位原因不能享受基本养老保险待遇的，用人单位依据《中华人民共和国劳动合同法实施条例》第二十一条的规定享有劳动关系终止的权利，此时劳动者与用人单位形成的是劳务关系。其二，劳动者因用人单位原因不能享受基本养老保险待遇的，就不能适用《中华人民共和国劳动合同法实施条例》第二十一条的规定，以劳动者享受基本养老保险待遇时为劳动合同终止的条件，此时，劳动者与用人单位形成的劳动关系。

2. **用人单位规章制度不应剥夺退休人员合法权益**（江苏省高级人民法院发布2022年度劳动人事争议十大典型案例）

案例要旨：规章制度明确每年的10月1日至次年3月31日为夏季奖金的考核周期，而王某与某制造公司的劳动合同因其于2021年5月1日达到法定退休年龄而终止，劳动合同的终止并非因王某单方过失或主动辞职所致，且在夏季奖金对应的考核周期内王某完成了工作任务，某制造公司亦无证据证明王某的工作业绩及表现不符合夏季奖金发放标准，其主张相应奖励的权利不应被剥夺，故判决某制造公司支付王某夏季奖金。

第四十五条　劳动合同的续延

劳动合同期满，有本法第四十二条规定情形之一的，劳动合同应当续延至相应的情形消失时终止。但是，本法第四十二条第二项规定丧失或者部分丧失劳动能力劳动者的劳动合同的终止，按照国家有关工伤保险的规定执行。

● 行政法规及文件

1.《工伤保险条例》(2010 年 12 月 20 日 国务院令第 586 号)

第 35 条 职工因工致残被鉴定为一级至四级伤残的，保留劳动关系，退出工作岗位，享受以下待遇：

(一) 从工伤保险基金按伤残等级支付一次性伤残补助金，标准为：一级伤残为 27 个月的本人工资，二级伤残为 25 个月的本人工资，三级伤残为 23 个月的本人工资，四级伤残为 21 个月的本人工资；

(二) 从工伤保险基金按月支付伤残津贴，标准为：一级伤残为本人工资的 90%，二级伤残为本人工资的 85%，三级伤残为本人工资的 80%，四级伤残为本人工资的 75%。伤残津贴实际金额低于当地最低工资标准的，由工伤保险基金补足差额；

(三) 工伤职工达到退休年龄并办理退休手续后，停发伤残津贴，按照国家有关规定享受基本养老保险待遇。基本养老保险待遇低于伤残津贴的，由工伤保险基金补足差额。

职工因工致残被鉴定为一级至四级伤残的，由用人单位和职工个人以伤残津贴为基数，缴纳基本医疗保险费。

第 36 条 职工因工致残被鉴定为五级、六级伤残的，享受以下待遇：

(一) 从工伤保险基金按伤残等级支付一次性伤残补助金，标准为：五级伤残为 18 个月的本人工资，六级伤残为 16 个月的本人工资；

(二) 保留与用人单位的劳动关系，由用人单位安排适当工作。难以安排工作的，由用人单位按月发给伤残津贴，标准为：五级伤残为本人工资的 70%，六级伤残为本人工资的 60%，并由用人单位按照规定为其缴纳应缴纳的各项社会保险费。伤残津贴实际金额低于当地最低工资标准的，由用人单位补足差额。

经工伤职工本人提出，该职工可以与用人单位解除或者终止劳动关系，由工伤保险基金支付一次性工伤医疗补助金，由用人单位支付一次性伤残就业补助金。一次性工伤医疗补助金和一次性伤残就业补助金的具体标准由省、自治区、直辖市人民政府规定。

第 37 条　职工因工致残被鉴定为七级至十级伤残的，享受以下待遇：

（一）从工伤保险基金按伤残等级支付一次性伤残补助金，标准为：七级伤残为 13 个月的本人工资，八级伤残为 11 个月的本人工资，九级伤残为 9 个月的本人工资，十级伤残为 7 个月的本人工资；

（二）劳动、聘用合同期满终止，或者职工本人提出解除劳动、聘用合同的，由工伤保险基金支付一次性工伤医疗补助金，由用人单位支付一次性伤残就业补助金。一次性工伤医疗补助金和一次性伤残就业补助金的具体标准由省、自治区、直辖市人民政府规定。

● 部门规章及文件

2.《关于贯彻执行〈中华人民共和国劳动法〉若干问题的意见》
（1995 年 8 月 4 日　劳部发〔1995〕309 号）

35. 请长病假的职工在医疗期满后，能从事原工作的，可以继续履行劳动合同；医疗期满后仍不能从事原工作也不能从事由单位另行安排的工作的，由劳动鉴定委员会参照工伤与职业病致残程度鉴定标准进行劳动能力鉴定。被鉴定为一至四级的，应当退出劳动岗位，解除劳动关系，办理因病或非因工负伤退休退职手续，享受相应的退休退职待遇；被鉴定为五至十级的，用人单位可以解除劳动合同，并按规定支付经济补偿金和医疗补助费。

● 案例指引

1. **梁某与南京某餐饮管理有限公司劳动争议案**（《最高人民法院公报》2013 年第 6 期）

案例要旨： 患有癌症、精神病等难以治疗的特殊疾病的劳动者，应当享受 24 个月的医疗期。医疗期内劳动合同期满，劳动合同应当延续至医疗期满时终止。用人单位在医疗期内违法解除或者终止劳动合同，劳动者起诉要求继续履行劳动合同的，人民法院应当判决撤销用人单位的解除或者终止通知书。

2. **陆某诉某轧钢作业服务有限公司劳动合同纠纷案**（人民法院案例库：2023-07-2-186-007）

案例要旨：《中华人民共和国职业病防治法》明确，用人单位应当采取措施保障劳动者获得职业卫生保护，并对本单位产生的职业病危害承担责任。用人单位的保障义务包括对从事接触职业病危害作业的劳动者进行上岗前、在岗期间和离岗时的职业健康检查。对未进行离岗前职业健康检查的劳动者不得解除或者终止与其订立的劳动合同。对用人单位在劳动者离职前拖延履行相应的义务，在劳动者离职后被认定职业病时，又以双方劳动合同已经终止或者劳动者在外有过就业行为为由逃避履行《中华人民共和国职业病防治法》上相关义务的，应结合过错程度，分析职业病认定结论的时间先后、劳动合同终止的原因以及劳动者在外就业等因素进行综合判断。处理结果应既能保障职业病患者的生存和康复，又能起到惩戒用人单位违法行为、引导规范用工的作用。

第四十六条 支付经济补偿

有下列情形之一的，用人单位应当向劳动者支付经济补偿：

（一）劳动者依照本法第三十八条规定解除劳动合同的；

（二）用人单位依照本法第三十六条规定向劳动者提出解除劳动合同并与劳动者协商一致解除劳动合同的；

（三）用人单位依照本法第四十条规定解除劳动合同的；

（四）用人单位依照本法第四十一条第一款规定解除劳动合同的；

（五）除用人单位维持或者提高劳动合同约定条件续订劳动合同，劳动者不同意续订的情形外，依照本法第四十四条第一项规定终止固定期限劳动合同的；

（六）依照本法第四十四条第四项、第五项规定终止劳动合同的；

（七）法律、行政法规规定的其他情形。

第四章

核心要点

1. 用人单位支付经济补偿：《劳动法》28；《关于贯彻执行〈中华人民共和国劳动法〉若干问题的意见》36、43。

2. 用人单位不支付经济补偿：《关于贯彻执行〈中华人民共和国劳动法〉若干问题的意见》39、42。

3. 医疗补助费：《工伤保险条例》36。

法　律

1.《劳动法》（2018 年 12 月 29 日）

第 28 条　用人单位依据本法第二十四条、第二十六条、第二十七条的规定解除劳动合同的，应当依照国家有关规定给予经济补偿。

行政法规及文件

2.《劳动合同法实施条例》（2008 年 9 月 18 日　国务院令第 535 号）

第 31 条　劳务派遣单位或者被派遣劳动者依法解除、终止劳动合同的经济补偿，依照劳动合同法第四十六条、第四十七条的规定执行。

3.《工伤保险条例》（2010年12月20日　国务院令第586号）

第36条第2款　经工伤职工本人提出，该职工可以与用人单位解除或者终止劳动关系，由工伤保险基金支付一次性工伤医疗补助金，由用人单位支付一次性伤残就业补助金。一次性工伤医疗补助金和一次性伤残就业补助金的具体标准由省、自治区、直辖市人民政府规定。

● 部门规章及文件

4.《关于〈劳动法〉若干条文的说明》（1994年9月5日　劳办发〔1994〕289号）

第28条　用人单位依据本法第二十四条、第二十六条、第二十七条的规定解除劳动合同的，应当依照国家有关规定给予经济补偿。

本条中的“依据国家有关规定”是指国家法律、法规和劳动部制定的规章及其他规范性文件。

目前除《国营企业实行劳动合同制暂行规定》对新招工人解除劳动合同给予经济补偿，《中华人民共和国中外合资经营企业劳动管理规定》第四条规定，企业应对被解雇的职工予以经济补偿外，其他中华人民共和国劳动法律、法规、规章尚无此规定。需制定新的经济补偿办法。《履行和解除劳动合同的经济补偿办法》正在制定中，将于明年一月一日前颁布。

5.《关于贯彻执行〈中华人民共和国劳动法〉若干问题的意见》（1995年8月4日　劳部发〔1995〕309号）

36. 用人单位依据劳动法第二十四条、第二十六条、第二十七条的规定解除劳动合同，应当按照劳动法和劳动部《违反和解除劳动合同的经济补偿办法》（劳部发〔1994〕481号）支付劳动者经济补偿金。

39. 用人单位依据劳动法第二十五条解除劳动合同，可以不支付劳动者经济补偿金。

42. 职工在接近退休年龄（按有关规定一般为五年以内）时因劳动合同到期终止劳动合同的，如果符合退休、退职条件，可以办理退休、退职手续；不符合退休、退职条件的，在终止劳动合同后按规定领取失业救济金。享受失业救济金的期限届满后仍未就业，符合社会救济条件的，可以按规定领取社会救济金，达到退休年龄时办理退休手续，领取养老保险金。

43. 劳动合同解除后，用人单位对符合规定的劳动者应支付经济补偿金。不能因劳动者领取了失业救济金而拒付或克扣经济补偿金，失业保险机构也不得以劳动者领取了经济补偿金为由，停发或减发失业救济金。

6.《劳动部关于实行劳动合同制度若干问题的通知》（1996 年 10 月 31 日　劳部发〔1996〕354 号）

20. 劳动者按照《劳动法》第二十四条的规定，主动提出解除劳动合同的，用人单位可以不支付经济补偿金。

21. 劳动者在劳动合同期限内，由于主管部门调动或转移工作单位而被解除劳动合同，未造成失业的，用人单位可以不支付经济补偿金。

22. 劳动者患病或者非因工负伤，合同期满终止劳动合同的，用人单位应当支付不低于六个月工资的医疗补助费；对患重病或绝症的，还应适当增加医疗补助费。

● 司法解释及文件

7.《最高人民法院关于审理劳动争议案件适用法律问题的解释（一）》（2020 年 12 月 29 日　法释〔2020〕26 号）

第 45 条　用人单位有下列情形之一，迫使劳动者提出解除劳动合同的，用人单位应当支付劳动者的劳动报酬和经济补偿，并可支付赔偿金：

（一）以暴力、威胁或者非法限制人身自由的手段强迫劳动的；

（二）未按照劳动合同约定支付劳动报酬或者提供劳动条件的；

（三）克扣或者无故拖欠劳动者工资的；

（四）拒不支付劳动者延长工作时间工资报酬的；

（五）低于当地最低工资标准支付劳动者工资的。

● 案例指引

1. **张某诉上海某国际货物运输代理有限公司劳动合同纠纷案**（人民法院案例库：2023-07-2-186-005）

案例要旨：劳动合同到期终止后，用人单位主张无需支付经济补偿金的，应就其以维持或者提高劳动合同约定的条件续订劳动合同而劳动者不同意续订承担举证责任。续订条件是否相对维持或提高的识别应以原合同终止前所达成的约定条件为基准。劳动者因不满降薪决定而拒绝续订合同，用人单位需举证证明双方就此达成一致或者降薪具备合理性，否则用人单位以劳动者不同意续订为由主张无需支付经济补偿金的，人民法院不予支持。

2. **北京某贸易有限公司诉王某劳动合同纠纷案**（人民法院案例库：2023-07-2-186-004）

案例要旨：用人单位与劳动者可以在离职协议中约定经济补偿金的支付附条件，但该条件应以达成双方解除劳动关系为目的，限于对劳动者解除劳动合同之前已发生的工作或者行为成就与否的约定，同时不违反法律、行政法规的强制性规定，且不存在欺诈、胁迫或者乘人之危的情形。在用人单位与劳动者解除劳动合同后，竞业限制主要约束劳动者离职后的行为，在经济补偿金支付时间到来时劳动者能否履行竞业限制义务具有不确定性。劳动者竞业限制义务的承担通常由保密及竞业禁止协议规制，法律亦对劳动者违反竞业限制义务应承担的赔偿责任作出规定。用人单位主张以劳动者离职后履行保密、竞业限制等义务作为支付解除劳动合同经济补偿金条件的，人民法院不予支持。

第四十七条　经济补偿支付标准

经济补偿按劳动者在本单位工作的年限，每满一年支付一个月工资的标准向劳动者支付。六个月以上不满一年的，按一年计算；不满六个月的，向劳动者支付半个月工资的经济补偿。

劳动者月工资高于用人单位所在直辖市、设区的市级人民政府公布的本地区上年度职工月平均工资三倍的，向其支付经济补偿的标准按职工月平均工资三倍的数额支付，向其支付经济补偿的年限最高不超过十二年。

本条所称月工资是指劳动者在劳动合同解除或者终止前十二个月的平均工资。

● 行政法规及文件

1.《劳动合同法实施条例》（2008年9月18日　国务院令第535号）

第22条　以完成一定工作任务为期限的劳动合同因任务完成而终止的，用人单位应当依照劳动合同法第四十七条的规定向劳动者支付经济补偿。

第23条　用人单位依法终止工伤职工的劳动合同的，除依照劳动合同法第四十七条的规定支付经济补偿外，还应当依照国家有关工伤保险的规定支付一次性工伤医疗补助金和伤残就业补助金。

第27条　劳动合同法第四十七条规定的经济补偿的月工资按照劳动者应得工资计算，包括计时工资或者计件工资以及奖金、津贴和补贴等货币性收入。劳动者在劳动合同解除或者终止前12个月的平均工资低于当地最低工资标准的，按照当地最低工资标准计算。劳动者工作不满 12 个月的，按照实际工作的月数计算平均工资。

● 部门规章及文件

2.《关于贯彻执行〈中华人民共和国劳动法〉若干问题的意见》（1995 年 8 月 4 日　劳部发〔1995〕309 号）

40. 劳动者依据劳动法第三十二条第（一）项解除劳动合同，用人单位可以不支付经济补偿金，但应按照劳动者的实际工作天数支付工资。

3.《劳动和社会保障部、财政部、国务院国有资产监督管理委员会关于国有大中型企业主辅分离辅业改制分流安置富余人员的劳动关系处理办法》（2003 年 7 月 31 日　劳社部发〔2003〕21 号）

一、关于国有企业改制分流中劳动关系处理工作

（四）对分流到国有法人绝对控股改制企业的职工，改制企业解除劳动合同时，对符合支付经济补偿金条件的，计发经济补偿金的年限应当将职工在原主体企业的工作年限与到改制企业后的工作年限合并计算。劳动合同期满，终止劳动合同时，支付生活补助费的办法按照《劳动保障部办公厅关于〈国营企业实行劳动合同制暂行规定〉废止后有关终止劳动合同支付生活补助费问题的复函》（劳社厅函〔2001〕280 号）执行。

（五）企业解除劳动合同计发经济补偿金，按照《违反和解除劳动合同的经济补偿办法》（劳部发〔1994〕481 号）的规定，根据劳动者在本单位工作年限，每满一年发给相当于一个月工资的经济补偿金，工作时间不满一年的按一年的标准发给经济补偿金。对从其他国有单位（包括国家机关、事业单位和国有企业）调入本单位的职工，其在国有单位的工龄可计入本单位工作年限。

经济补偿金的工资计算标准是指企业正常生产情况下劳动者

解除劳动合同前12个月的月平均工资。其中，职工月平均工资低于企业月平均工资的，按企业月平均工资计发；职工月平均工资超过企业月平均工资3倍以上的，按不高于企业月平均工资的3倍标准计发。企业经营管理人员也应按照上述办法执行。

4.《事业单位试行人员聘用制度有关问题的解释》（2003年12月10日　国人部发〔2003〕61号）

20.《意见》中关于解除聘用合同的经济补偿是按职工在本单位工作的工龄核定补偿标准，不是对其在本单位工作的工龄补偿。

5.《人事部关于印发〈关于事业单位试行人员聘用制度有关工资待遇等问题的处理意见（试行）〉的通知》（2004年7月12日）

四、解除聘用合同人员的待遇

1. 聘用单位依据国办发〔2002〕35号文件的有关规定，向被解聘人员支付经济补偿时，以其上年实际领取的月平均工资计算。

被解聘人员上年实际领取的月平均工资低于本人同期国家规定工资构成中固定部分与国家规定的津贴补贴之和的，按被解聘人员同期国家规定工资构成中固定部分与国家规定的津贴补贴之和计算。

被解聘人员上年实际领取的月平均工资高于当地月平均工资3倍以上的，按当地月平均工资的3倍计算。当地月平均工资标准，按国家统计部门公布的聘用单位所在地同期职工平均工资确定。

第四十八条　继续履行劳动合同

用人单位违反本法规定解除或者终止劳动合同，劳动者要求继续履行劳动合同的，用人单位应当继续履行；劳动者不要求继续履行劳动合同或者劳动合同已经不能继续履行的，用人单位应当依照本法第八十七条规定支付赔偿金。

● 法　律

1.《工会法》（2021 年 12 月 24 日）

第 53 条　违反本法规定，有下列情形之一的，由劳动行政部门责令恢复其工作，并补发被解除劳动合同期间应得的报酬，或者责令给予本人年收入二倍的赔偿：

（一）职工因参加工会活动而被解除劳动合同的；

（二）工会工作人员因履行本法规定的职责而被解除劳动合同的。

2.《民法典》（2020 年 5 月 28 日）

第 179 条第 1 款　承担民事责任的方式主要有：

……

（七）继续履行；

……

● 行政法规及文件

3.《劳动合同法实施条例》（2008 年 9 月 18 日　国务院令第 535 号）

第 32 条　劳务派遣单位违法解除或者终止被派遣劳动者的劳动合同的，依照劳动合同法第四十八条的规定执行。

● 司法解释及文件

4.《最高人民法院关于审理劳动争议案件适用法律问题的解释（二）》（2025 年 7 月 31 日　法释〔2025〕12 号）

第 16 条　用人单位违法解除或者终止劳动合同后，有下列情形之一的，人民法院可以认定为劳动合同法第四十八条规定的“劳动合同已经不能继续履行”：

（一）劳动合同在仲裁或者诉讼过程中期满且不存在应当依法续订、续延劳动合同情形的；

（二）劳动者开始依法享受基本养老保险待遇的；

（三）用人单位被宣告破产的；

（四）用人单位解散的，但因合并或者分立需要解散的除外；

（五）劳动者已经与其他用人单位建立劳动关系，对完成用人单位的工作任务造成严重影响，或者经用人单位提出，不与其他用人单位解除劳动合同的；

（六）存在劳动合同客观不能履行的其他情形的。

第 18 条 用人单位违法解除、终止可以继续履行的劳动合同，劳动者请求用人单位支付违法解除、终止决定作出后至劳动合同继续履行前一日工资的，用人单位应当按照劳动者提供正常劳动时的工资标准向劳动者支付上述期间的工资。

用人单位、劳动者对于劳动合同解除、终止都有过错的，应当各自承担相应的责任。

● 案例指引

赵某诉大庆某公司劳动争议案（人民法院案例库：2024-16-2-490-001）

案例要旨：根据《中华人民共和国劳动合同法》第四十六条和第四十八条的规定，经济补偿金与赔偿金适用情形及目的原则均不同，前者系针对劳动者、用人单位依法解除或是终止劳动合同情形下，用人单位应给予劳动者的补偿金；后者则系针对用人单位违法解除或者终止劳动合同情形下，用人单位应给予劳动者的赔偿金。本案中，大庆某公司系违法解除与赵某的劳动合同，故在判令大庆某公司支付赔偿金同时，依照《中华人民共和国劳动合同法实施条例》第二十五条关于“用人单位违反劳动合同法的规定解除或者终止劳动合同，依照劳动合同法第八十七条规定支付了赔偿金的，不再支付经济补偿，赔偿金的计算年限自用工之日起计算”的规定，不应再判令大庆某公司支付经济补偿金。

第四十九条　社会保险跨地区转移

国家采取措施，建立健全劳动者社会保险关系跨地区转移接续制度。

● 法　律

1.《社会保险法》（2018 年 12 月 29 日）

第 19 条　个人跨统筹地区就业的，其基本养老保险关系随本人转移，缴费年限累计计算。个人达到法定退休年龄时，基本养老金分段计算、统一支付。具体办法由国务院规定。

第 32 条　个人跨统筹地区就业的，其基本医疗保险关系随本人转移，缴费年限累计计算。

第 52 条　职工跨统筹地区就业的，其失业保险关系随本人转移，缴费年限累计计算。

第 80 条　统筹地区人民政府成立由用人单位代表、参保人员代表，以及工会代表、专家等组成的社会保险监督委员会，掌握、分析社会保险基金的收支、管理和投资运营情况，对社会保险工作提出咨询意见和建议，实施社会监督。

社会保险经办机构应当定期向社会保险监督委员会汇报社会保险基金的收支、管理和投资运营情况。社会保险监督委员会可以聘请会计师事务所对社会保险基金的收支、管理和投资运营情况进行年度审计和专项审计。审计结果应当向社会公开。

社会保险监督委员会发现社会保险基金收支、管理和投资运营中存在问题的，有权提出改正建议；对社会保险经办机构及其工作人员的违法行为，有权向有关部门提出依法处理建议。

● 行政法规及文件

2.《失业保险条例》（1999 年 1 月 22 日　国务院令第 258 号）

第 22 条　城镇企业事业单位成建制跨统筹地区转移，失业人员跨统筹地区流动的，失业保险关系随之转迁。

3.《国务院关于建立统一的城乡居民基本养老保险制度的意见》（2014年2月21日　国发〔2014〕8号）

八、转移接续与制度衔接

参加城乡居民养老保险的人员，在缴费期间户籍迁移、需要跨地区转移城乡居民养老保险关系的，可在迁入地申请转移养老保险关系，一次性转移个人账户全部储存额，并按迁入地规定继续参保缴费，缴费年限累计计算；已经按规定领取城乡居民养老保险待遇的，无论户籍是否迁移，其养老保险关系不转移。

城乡居民养老保险制度与职工基本养老保险、优抚安置、城乡居民最低生活保障、农村五保供养等社会保障制度以及农村部分计划生育家庭奖励扶助制度的衔接，按有关规定执行。

4.《国务院关于整合城乡居民基本医疗保险制度的意见》（2016年1月3日　国发〔2016〕3号）

四、提升服务效能

（一）提高统筹层次。

城乡居民医保制度原则上实行市（地）级统筹，各地要围绕统一待遇政策、基金管理、信息系统和就医结算等重点，稳步推进市（地）级统筹。做好医保关系转移接续和异地就医结算服务。根据统筹地区内各县（市、区）的经济发展和医疗服务水平，加强基金的分级管理，充分调动县级政府、经办管理机构基金管理的积极性和主动性。鼓励有条件的地区实行省级统筹。

（二）完善信息系统。

整合现有信息系统，支撑城乡居民医保制度运行和功能拓展。推动城乡居民医保信息系统与定点机构信息系统、医疗救助信息系统的业务协同和信息共享，做好城乡居民医保信息系统与参与经办服务的商业保险机构信息系统必要的信息交换和数据共享。强化信息安全和患者信息隐私保护。

● 部门规章及文件

5.《人力资源社会保障部关于城镇企业职工基本养老保险关系转移接续若干问题的通知》（2016 年 11 月 28 日　人社部规〔2016〕5 号）

国务院办公厅转发的人力资源社会保障部、财政部《城镇企业职工基本养老保险关系转移接续暂行办法》（国办发〔2009〕66 号，以下简称《暂行办法》）实施以来，跨省流动就业人员的养老保险关系转移接续工作总体运行平稳，较好地保障了参保人员的养老保险权益。但在实施过程中，也出现了一些新情况和新问题，导致部分参保人员养老保险关系转移接续存在困难。为进一步做好城镇企业职工养老保险关系转移接续工作，现就有关问题通知如下：

一、关于视同缴费年限计算地问题。参保人员待遇领取地按照《暂行办法》第六条和第十二条执行，即，基本养老保险关系在户籍所在地的，由户籍所在地负责办理待遇领取手续；基本养老保险关系不在户籍所在地，而在其基本养老保险关系所在地累计缴费年限满 10 年的，在该地办理待遇领取手续；基本养老保险关系不在户籍所在地，且在其基本养老保险关系所在地累计缴费年限不满 10 年的，将其基本养老保险关系转回上一个缴费年限满 10 年的原参保地办理待遇领取手续；基本养老保险关系不在户籍所在地，且在每个参保地的累计缴费年限均不满 10 年的，将其基本养老保险关系及相应资金归集到户籍所在地，由户籍所在地按规定办理待遇领取手续。缴费年限，除另有特殊规定外，均包括视同缴费年限。

一地（以省、自治区、直辖市为单位）的累计缴费年限包括在本地的实际缴费年限和计算在本地的视同缴费年限。其中，曾经在机关事业单位和企业工作的视同缴费年限，计算为当时工作地的视同缴费年限；在多地有视同缴费年限的，分别计算为各地的视同缴费年限。

二、关于缴费信息历史遗留问题的处理。由于各地政策或建立个人账户时间不一致等客观原因，参保人员在跨省转移接续养老保险关系时，转出地无法按月提供 1998 年 1 月 1 日之前缴费信息或者提供的 1998 年 1 月 1 日之前缴费信息无法在转入地计发待遇的，转入地应根据转出地提供的缴费时间记录，结合档案记载将相应年度计为视同缴费年限。

三、关于临时基本养老保险缴费账户的管理。参保人员在建立临时基本养老保险缴费账户地按照社会保险法规定，缴纳建立临时基本养老保险缴费账户前应缴未缴的养老保险费的，其临时基本养老保险缴费账户性质不予改变，转移接续养老保险关系时按照临时基本养老保险缴费账户的规定全额转移。

参保人员在建立临时基本养老保险缴费账户期间再次跨省流动就业的，封存原临时基本养老保险缴费账户，待达到待遇领取条件时，由待遇领取地社会保险经办机构统一归集原临时养老保险关系。

四、关于一次性缴纳养老保险费的转移。跨省流动就业人员转移接续养老保险关系时，对于符合国家规定一次性缴纳养老保险费超过 3 年（含）的，转出地应向转入地提供人民法院、审计部门、实施劳动保障监察的行政部门或劳动争议仲裁委员会出具的具有法律效力证明一次性缴费期间存在劳动关系的相应文书。

五、关于重复领取基本养老金的处理。《暂行办法》实施之后重复领取基本养老金的参保人员，由本人与社会保险经办机构协商确定保留其中一个养老保险关系并继续领取待遇，其他的养老保险关系应予以清理，个人账户剩余部分一次性退还本人。

六、关于退役军人养老保险关系转移接续。军人退役基本养老保险关系转移至安置地后，安置地应为其办理登记手续并接续养老保险关系，退役养老保险补助年限计算为安置地的实际参保缴费年限。

退役军人跨省流动就业的，其在 1998 年 1 月 1 日至 2005 年

12 月 31 日间的退役养老保险补助，转出地应按 11% 计算转移资金，并相应调整个人账户记录，所需资金从统筹基金中列支。

七、关于城镇企业成建制跨省转移养老保险关系的处理。城镇企业成建制跨省转移，按照《暂行办法》的规定转移接续养老保险关系。在省级政府主导下的规模以上企业成建制转移，可根据两省协商，妥善转移接续养老保险关系。

八、关于户籍所在地社会保险经办机构归集责任。跨省流动就业人员未在户籍地参保，但按国家规定达到待遇领取条件时待遇领取地为户籍地的，户籍地社会保险经办机构应为参保人员办理登记手续并办理养老保险关系转移接续手续，将各地的养老保险关系归集至户籍地，并核发相应的养老保险待遇。

九、本通知从印发之日起执行。人力资源社会保障部《关于贯彻落实国务院办公厅转发城镇企业职工基本养老保险关系转移接续暂行办法的通知》（人社部发〔2009〕187 号）、《关于印发城镇企业职工基本养老保险关系转移接续若干具体问题意见的通知》（人社部发〔2010〕70 号）、《人力资源社会保障部办公厅关于职工基本养老保险关系转移接续有关问题的函》（人社厅函〔2013〕250 号）与本通知不一致的，以本通知为准。参保人员已经按照原有规定办理退休手续的，不再予以调整。

6.《人力资源社会保障部 财政部 国家卫生健康委关于全面开展工伤保险跨省异地就医直接结算工作的通知》（2025 年 4 月 10 日 人社部发〔2025〕17 号）

三、人员范围和结算范围

（一）人员范围。参加工伤保险并已完成工伤认定、工伤复发确认、工伤康复确认或辅助器具配置确认的以下人员，可以申请办理跨省异地就医费用直接结算：

1. 在参保省外居住（工作）半年（含）及以上，并符合参保地异地就医、康复、辅助器具配置要求的工伤职工。

2. 因参保地医疗和康复、辅助器具配置协议机构的医疗技术和设备不能诊治或配置，符合参保地转诊转院要求，需要转诊转院到参保省外就医的工伤职工。

（二）结算范围。跨省异地就医直接结算范围包括在就医地发生的无第三方责任的住院工伤医疗费、住院工伤康复费和辅助器具配置费。其中，住院工伤医疗费、住院工伤康复费，执行就医地工伤保险诊疗项目目录、工伤保险药品目录、工伤保险住院服务标准、工伤康复服务项目等有关规定；辅助器具配置执行参保地辅助器具配置目录有关规定。

住院伙食补助费和因异地转诊转院发生的到统筹区外就医所需的交通食宿费，由参保地经办机构按照参保地政策审核报销，不纳入跨省异地就医直接结算范围。

第五十条 关系转移和工作交接

用人单位应当在解除或者终止劳动合同时出具解除或者终止劳动合同的证明，并在十五日内为劳动者办理档案和社会保险关系转移手续。

劳动者应当按照双方约定，办理工作交接。用人单位依照本法有关规定应当向劳动者支付经济补偿的，在办结工作交接时支付。

用人单位对已经解除或者终止的劳动合同的文本，至少保存二年备查。

● 行政法规及文件

1. 《失业保险条例》（1999 年 1 月 22 日　国务院令第 258 号）

第 16 条第 1 款和第 2 款　城镇企业事业单位应当及时为失业人员出具终止或者解除劳动关系的证明，告知其按照规定享受失业保险待遇的权利，并将失业人员的名单自终止或者解除劳动关系之日起7日内报社会保险经办机构备案。

城镇企业事业单位职工失业后，应当持本单位为其出具的终止或者解除劳动关系的证明，及时到指定的社会保险经办机构办理失业登记。失业保险金自办理失业登记之日起计算。

2. **《国务院办公厅转发人事部关于在事业单位试行人员聘用制度意见的通知》**（2002年7月6日　国办发〔2002〕35号）

六、受聘人员与所在聘用单位的聘用关系解除后，聘用单位要按照国家有关规定及时为职工办理社会保险关系调转手续，做好各项社会保险的衔接工作。

3. **《劳动合同法实施条例》**（2008年9月18日　国务院令第535号）

第24条　用人单位出具的解除、终止劳动合同的证明，应当写明劳动合同期限、解除或者终止劳动合同的日期、工作岗位、在本单位的工作年限。

部门规章及文件

4. **《劳动部关于实行劳动合同制度若干问题的通知》**（1996年10月31日　劳部发〔1996〕354号）

15. 在劳动者履行了有关义务终止、解除劳动合同时，用人单位应当出具终止、解除劳动合同证明书，作为该劳动者按规定享受失业保险待遇和失业登记 、求职登记的凭证。

证明书应写明劳动合同期限、终止或解除的日期、所担任的工作。如果劳动者要求，用人单位可在证明中客观地说明解除劳动合同的原因。

5. **《劳动部关于企业职工流动若干问题的通知》**（1996年10月31日　劳部发〔1996〕355号）

四、用人单位与职工解除劳动关系后，应当及时向职工提供相应的证明材料。在招用职工时应查验其终止、解除劳动合同的证明，以及其他能证明该职工任何用人单位不存在劳动关系的凭证，方可与其签订劳动合同。用人单位违反法律、法规和有关规定从其他单位在职职工中招录人员，给原用人单位造成损失的，用人单位应当承担连带赔偿责任。

6. **《失业保险金申领发放办法》**（2024 年 6 月 14 日　人力资源和社会保障部令第 53 号）

第 7 条　失业人员申领失业保险金应填写《失业保险金申领表》，并出示下列证明材料：

……

（二）所在单位出具的终止或者解除劳动合同的证明；

……

7. **《事业单位试行人员聘用制度有关问题的解释》**（2003 年 12 月 10 日　国人部发〔2003〕61 号）

19. 聘用合同解除后，单位和个人应当在 3 个月内办理人事档案转移手续。单位不得以任何理由扣留无聘用关系职工的人事档案；个人不得无故不办理档案转移手续。

21. 在已经试行事业单位养老等社会保险的地区，受聘人员与所在单位的聘用关系解除后，聘用单位要按照国家有关规定及时为职工办理社会保险关系调转手续。

● 案例指引

重庆某科技有限公司诉李某劳动争议案（人民法院案例库：2024-07-1-490-005）

案例要旨：法院生效裁判认为，劳动合同解除或者终止后，劳动者应当按照双方约定，办理工作交接手续。劳动者未履行前述义务给用人单位造成损失的，应当承担赔偿责任。李某作为某科技公司的研发人员，未提前三十日通知某科技公司即自行离职，且拒绝办理交接手续，其行为违反了劳动合同法第三十七条“劳动者提前三十日以书面形式通知用人单位，可以解除劳动合同”的规定，应当按照第九十条有关劳动者赔偿责任的规定对某公司的损失承担赔偿责任。审理法院综合考量李某参与研发的时间、离职的时间、本人工资水平等因素，酌定李某赔偿某科技公司损失 50000 元。研发人员单方解除劳动合同时，应当遵循诚信原则，根据劳动合同法的规定提前通知用人单位，并办理交接手续，便于用人单位继续开展研发工作。研发人员拒不履行工作交接义务，给用人单位造成损失的，应当依法承担相应赔偿责任。

第五章 特别规定

第一节 集体合同

第五十一条 集体合同签订的程序

企业职工一方与用人单位通过平等协商，可以就劳动报酬、工作时间、休息休假、劳动安全卫生、保险福利等事项订立集体合同。集体合同草案应当提交职工代表大会或者全体职工讨论通过。

集体合同由工会代表企业职工一方与用人单位订立；尚未建立工会的用人单位，由上级工会指导劳动者推举的代表与用人单位订立。

法 律

1. 《劳动法》(2018 年 12 月 29 日)

第 33 条 企业职工一方与企业可以就劳动报酬、工作时间、休息休假、劳动安全卫生、保险福利等事项，签订集体合同。集体合同草案应当提交职工代表大会或者全体职工讨论通过。

集体合同由工会代表职工与企业签订；没有建立工会的企业，由职工推举的代表与企业签订。

2.《工会法》（2021年12月24日）

第20条 工会帮助、指导职工与企业、实行企业化管理的事业单位、社会组织签订劳动合同。

工会代表职工与企业、实行企业化管理的事业单位、社会组织进行平等协商，依法签订集体合同。集体合同草案应当提交职工代表大会或者全体职工讨论通过。

工会签订集体合同，上级工会应当给予支持和帮助。

企业、事业单位、社会组织违反集体合同，侵犯职工劳动权益的，工会可以依法要求企业、事业单位、社会组织予以改正并承担责任；因履行集体合同发生争议，经协商解决不成的，工会可以向劳动争议仲裁机构提请仲裁，仲裁机构不予受理或者对仲裁裁决不服的，可以向人民法院提起诉讼。

● 部门规章及文件

3.《关于〈劳动法〉若干条文的说明》（1994年9月5日 劳办发〔1994〕289号）

第33条第3款 本条中的“企业职工一方”是指企业工会或者职工推举的代表（没有建立工会的企业）。

第4款 本条中的“保险福利”主要是指国家基本社会保险之外的企业补充保险和职工福利。国家基本社会保险依照法律法规规定执行。

4.《关于贯彻执行〈中华人民共和国劳动法〉若干问题的意见》（1995年8月4日 劳部发〔1995〕309号）

51. 当前签订集体合同的重点应在非国有企业和现代企业制度试点的企业进行，积累经验，逐步扩大范围。

52. 关于国有企业在承包制条件下签订的“共保合同”，凡内容符合劳动法和有关法律、法规和规章关于集体合同规定的，应按照有关规定办理集体合同送审、备案手续；凡不符合劳动法和有关法律、法规和规章规定的，应积极创造条件逐步向规范的集体合同过渡。

5.《集体合同规定》（2004年1月20日　劳动和社会保障部令第22号）

第2条　中华人民共和国境内的企业和实行企业化管理的事业单位（以下统称用人单位）与本单位职工之间进行集体协商，签订集体合同，适用本规定。

第3条　本规定所称集体合同，是指用人单位与本单位职工根据法律、法规、规章的规定，就劳动报酬、工作时间、休息休假、劳动安全卫生、职业培训、保险福利等事项，通过集体协商签订的书面协议；所称专项集体合同，是指用人单位与本单位职工根据法律、法规、规章的规定，就集体协商的某项内容签订的专项书面协议。

第4条　用人单位与本单位职工签订集体合同或专项集体合同，以及确定相关事宜，应当采取集体协商的方式。集体协商主要采取协商会议的形式。

第6条　符合本规定的集体合同或专项集体合同，对用人单位和本单位的全体职工具有法律约束力。

用人单位与职工个人签订的劳动合同约定的劳动条件和劳动报酬等标准，不得低于集体合同或专项集体合同的规定。

第8条　集体协商双方可以就下列多项或某项内容进行集体协商，签订集体合同或专项集体合同：

（一）劳动报酬；

（二）工作时间；

（三）休息休假；

（四）劳动安全与卫生；

（五）补充保险和福利；

（六）女职工和未成年工特殊保护；

（七）职业技能培训；
（八）劳动合同管理；
（九）奖惩；
（十）裁员；
（十一）集体合同期限；
（十二）变更、解除集体合同的程序；
（十三）履行集体合同发生争议时的协商处理办法；
（十四）违反集体合同的责任；
（十五）双方认为应当协商的其他内容。

第9条　劳动报酬主要包括：
（一）用人单位工资水平、工资分配制度、工资标准和工资分配形式；
（二）工资支付办法；
（三）加班、加点工资及津贴、补贴标准和奖金分配办法；
（四）工资调整办法；
（五）试用期及病、事假等期间的工资待遇；
（六）特殊情况下职工工资（生活费）支付办法；
（七）其他劳动报酬分配办法。

第10条　工作时间主要包括：
（一）工时制度；
（二）加班加点办法；
（三）特殊工种的工作时间；
（四）劳动定额标准。

第11条　休息休假主要包括：
（一）日休息时间、周休息日安排、年休假办法；
（二）不能实行标准工时职工的休息休假；
（三）其他假期。

第12条　劳动安全卫生主要包括：

（一）劳动安全卫生责任制；

（二）劳动条件和安全技术措施；

（三）安全操作规程；

（四）劳保用品发放标准；

（五）定期健康检查和职业健康体检。

第 13 条　补充保险和福利主要包括：

（一）补充保险的种类、范围；

（二）基本福利制度和福利设施；

（三）医疗期延长及其待遇；

（四）职工亲属福利制度。

第 14 条　女职工和未成年工的特殊保护主要包括：

（一）女职工和未成年工禁忌从事的劳动；

（二）女职工的经期、孕期、产期和哺乳期的劳动保护；

（三）女职工、未成年工定期健康检查；

（四）未成年工的使用和登记制度。

第 15 条　职业技能培训主要包括：

（一）职业技能培训项目规划及年度计划；

（二）职业技能培训费用的提取和使用；

（三）保障和改善职业技能培训的措施。

第 16 条　劳动合同管理主要包括：

（一）劳动合同签订时间；

（二）确定劳动合同期限的条件；

（三）劳动合同变更、解除、续订的一般原则及无固定期限劳动合同的终止条件；

（四）试用期的条件和期限。

第 17 条　奖惩主要包括：

（一）劳动纪律；

（二）考核奖惩制度；

（三）奖惩程序。

第 18 条　裁员主要包括：

（一）裁员的方案；

（二）裁员的程序；

（三）裁员的实施办法和补偿标准。

第 19 条　本规定所称集体协商代表（以下统称协商代表），是指按照法定程序产生并有权代表本方利益进行集体协商的人员。

集体协商双方的代表人数应当对等，每方至少 3 人，并各确定 1 名首席代表。

第 20 条　职工一方的协商代表由本单位工会选派。未建立工会的，由本单位职工民主推荐，并经本单位半数以上职工同意。

职工一方的首席代表由本单位工会主席担任。工会主席可以书面委托其他协商代表代理首席代表。工会主席空缺的，首席代表由工会主要负责人担任。未建立工会的，职工一方的首席代表从协商代表中民主推举产生。

第 21 条　用人单位一方的协商代表，由用人单位法定代表人指派，首席代表由单位法定代表人担任或由其书面委托的其他管理人员担任。

第 22 条　协商代表履行职责的期限由被代表方确定。

第 23 条　集体协商双方首席代表可以书面委托本单位以外的专业人员作为本方协商代表。委托人数不得超过本方代表的三分之一。

首席代表不得由非本单位人员代理。

第 24 条　用人单位协商代表与职工协商代表不得相互兼任。

第 25 条　协商代表应履行下列职责：

（一）参加集体协商；

（二）接受本方人员质询，及时向本方人员公布协商情况并征求意见；

（三）提供与集体协商有关的情况和资料；

（四）代表本方参加集体协商争议的处理；

（五）监督集体合同或专项集体合同的履行；

（六）法律、法规和规章规定的其他职责。

第26条　协商代表应当维护本单位正常的生产、工作秩序，不得采取威胁、收买、欺骗等行为。

协商代表应当保守在集体协商过程中知悉的用人单位的商业秘密。

第27条　企业内部的协商代表参加集体协商视为提供了正常劳动。

第28条　职工一方协商代表在其履行协商代表职责期间劳动合同期满的，劳动合同期限自动延长至完成履行协商代表职责之时，除出现下列情形之一的，用人单位不得与其解除劳动合同：

（一）严重违反劳动纪律或用人单位依法制定的规章制度的；

（二）严重失职、营私舞弊，对用人单位利益造成重大损害的；

（三）被依法追究刑事责任的。

职工一方协商代表履行协商代表职责期间，用人单位无正当理由不得调整其工作岗位。

第29条　职工一方协商代表就本规定第二十七条、第二十八条的规定与用人单位发生争议的，可以向当地劳动争议仲裁委员会申请仲裁。

第30条　工会可以更换职工一方协商代表；未建立工会的，经本单位半数以上职工同意可以更换职工一方协商代表。

用人单位法定代表人可以更换用人单位一方协商代表。

第31条　协商代表因更换、辞任或遇有不可抗力等情形造成空缺的，应在空缺之日起15日内按照本规定产生新的代表。

第32条　集体协商任何一方均可就签订集体合同或专项集体合同以及相关事宜，以书面形式向对方提出进行集体协商的要求。

一方提出进行集体协商要求的，另一方应当在收到集体协商要求之日起20日内以书面形式给以回应，无正当理由不得拒绝进行集体协商。

第33条　协商代表在协商前应进行下列准备工作：

（一）熟悉与集体协商内容有关的法律、法规、规章和制度；

（二）了解与集体协商内容有关的情况和资料，收集用人单位和职工对协商意向所持的意见；

（三）拟定集体协商议题，集体协商议题可由提出协商一方起草，也可由双方指派代表共同起草；

（四）确定集体协商的时间、地点等事项；

（五）共同确定一名非协商代表担任集体协商记录员。记录员应保持中立、公正，并为集体协商双方保密。

第34条　集体协商会议由双方首席代表轮流主持，并按下列程序进行：

（一）宣布议程和会议纪律；

（二）一方首席代表提出协商的具体内容和要求，另一方首席代表就对方的要求作出回应；

（三）协商双方就商谈事项发表各自意见，开展充分讨论；

（四）双方首席代表归纳意见。达成一致的，应当形成集体合同草案或专项集体合同草案，由双方首席代表签字。

第35条　集体协商未达成一致意见或出现事先未预料的问题时，经双方协商，可以中止协商。中止期限及下次协商时间、地点、内容由双方商定。

● 案例指引

用人单位不能通过订立承包合同规避劳动关系（最高人民法院发布劳动争议典型案例）

案例要旨：随着市场经济的转型和发展，劳动密集型企业出于降低成本、提高效益等考虑，采取种类多样的经营模式。实践中存在部分企业滥用承包经营方式，通过与劳动者签订内部承包合同规避订立劳动合同的情形。用人单位以已经签订承包合同为由否认与劳动者之间的劳动关系，转嫁用工风险。人民法院在判断用人单位与劳动者之间是否存在劳动关系时，不仅要审查双方签订合同的名称，更要通过合同的内容和实际履行情况实质性审查双方之间的法律关系是否具备劳动关系的从属性特征，准确认定双方之间的法律关系，纠正通过签订承包合同等规避用人单位义务的违法用工行为，切实维护劳动者的合法权益。

第五十二条　专项集体合同

企业职工一方与用人单位可以订立劳动安全卫生、女职工权益保护、工资调整机制等专项集体合同。

● 行政法规及文件

1. **《女职工劳动保护特别规定》**（2012 年 4 月 28 日　国务院令第 619 号）

第 5 条　用人单位不得因女职工怀孕、生育、哺乳降低其工资、予以辞退、与其解除劳动或者聘用合同。

第 6 条　女职工在孕期不能适应原劳动的，用人单位应当根据医疗机构的证明，予以减轻劳动量或者安排其他能够适应的劳动。

对怀孕 7 个月以上的女职工，用人单位不得延长劳动时间或者安排夜班劳动，并应当在劳动时间内安排一定的休息时间。

怀孕女职工在劳动时间内进行产前检查，所需时间计入劳动时间。

第7条　女职工生育享受98天产假，其中产前可以休假15天；难产的，增加产假15天；生育多胞胎的，每多生育1个婴儿，增加产假15天。

女职工怀孕未满4个月流产的，享受15天产假；怀孕满4个月流产的，享受42天产假。

第8条　女职工产假期间的生育津贴，对已经参加生育保险的，按照用人单位上年度职工月平均工资的标准由生育保险基金支付；对未参加生育保险的，按照女职工产假前工资的标准由用人单位支付。

女职工生育或者流产的医疗费用，按照生育保险规定的项目和标准，对已经参加生育保险的，由生育保险基金支付；对未参加生育保险的，由用人单位支付。

第9条　对哺乳未满1周岁婴儿的女职工，用人单位不得延长劳动时间或者安排夜班劳动。

用人单位应当在每天的劳动时间内为哺乳期女职工安排1小时哺乳时间；女职工生育多胞胎的，每多哺乳1个婴儿每天增加1小时哺乳时间。

第10条　女职工比较多的用人单位应当根据女职工的需要，建立女职工卫生室、孕妇休息室、哺乳室等设施，妥善解决女职工在生理卫生、哺乳方面的困难。

第11条　在劳动场所，用人单位应当预防和制止对女职工的性骚扰。

● 部门规章及文件

2.《工资集体协商试行办法》（2000年11月8日　劳动和社会保障部第9号令）

第2条　中华人民共和国境内的企业依法开展工资集体协

商，签订工资协议，适用本办法。

第 3 条　本办法所称工资集体协商，是指职工代表与企业代表依法就企业内部工资分配制度、工资分配形式、工资收入水平等事项进行平等协商，在协商一致的基础上签订工资协议的行为。

本办法所称工资协议，是指专门就工资事项签订的专项集体合同。已订立集体合同的，工资协议作为集体合同的附件，并与集体合同具有同等效力。

第 4 条　依法订立的工资协议对企业和职工双方具有同等约束力。双方必须全面履行工资协议规定的义务，任何一方不得擅自变更或解除工资协议。

第 7 条　工资集体协商一般包括以下内容：

（一）工资协议的期限；

（二）工资分配制度、工资标准和工资分配形式；

（三）职工年度平均工资水平及其调整幅度；

（四）奖金、津贴、补贴等分配办法；

（五）工资支付办法；

（六）变更、解除工资协议的程序；

（七）工资协议的终止条件；

（八）工资协议的违约责任；

（九）双方认为应当协商约定的其他事项。

第 8 条　协商确定职工年度工资水平应符合国家有关工资分配的宏观调控政策，并综合参考下列因素：

（一）地区、行业、企业的人工成本水平；

（二）地区、行业的职工平均工资水平；

（三）当地政府发布的工资指导线、劳动力市场工资指导价位；

（四）本地区城镇居民消费价格指数；

（五）企业劳动生产率和经济效益；

（六）国有资产保值增值；

（七）上年度企业职工工资总额和职工平均工资水平；

（八）其他与工资集体协商有关的情况。

第9条 工资集体协商代表应依照法定程序产生。职工一方由工会代表。未建工会的企业由职工民主推举代表，并得到半数以上职工的同意。企业代表由法定代表人和法定代表人指定的其他人员担任。

第20条 工资集体协商双方达成一致意见后，由企业行政方制作工资协议文本。工资协议经双方首席代表签字盖章后成立。

第五十三条 行业性和区域性集体合同

在县级以下区域内，建筑业、采矿业、餐饮服务业等行业可以由工会与企业方面代表订立行业性集体合同，或者订立区域性集体合同。

● 部门规章及文件

《劳动和社会保障部、中华全国总工会、中国企业联合会/中国企业家协会关于开展区域性行业性集体协商工作的意见》（2006年8月17日 劳社部发〔2006〕32号）

二、区域性行业性集体协商的范围

区域性行业性集体协商是指区域内的工会组织或行业工会组织与企业代表或企业代表组织，就劳动报酬、工作时间、休息休假、劳动安全卫生、保险福利等事项，开展集体协商签订集体合同的行为。

区域性行业性集体协商一般在小型企业或同行业企业比较集中的乡镇、街道、社区和工业园区（经济技术开发区、高新技术产业园区）开展。在行业特点明显的区域要重点推行行业性集体协商和集体合同工作，具备条件的地区可以根据实际情况在县（区）一级开展行业性集体协商签订集体合同。

三、区域性行业性集体协商代表的产生方式

区域性行业性集体协商代表应按照规范程序产生。职工一方的协商代表由区域内的工会组织或行业工会组织选派，首席代表由工会主席担任。企业一方的协商代表由区域内的企业联合会/企业家协会或其他企业组织、行业协会选派，也可以由上级企业联合会/企业家协会组织区域内的企业主经民主推选或授权委托等方式产生，首席代表由企业方代表民主推选产生。

集体协商双方的代表人数应当对等，一般每方3-10人。双方首席代表可以书面委托专家、学者、律师等专业人员作为本方的协商代表，但委托人数不得超过本方代表的三分之一。

四、区域性行业性集体协商的内容

开展区域性行业性集体协商工作，要从本区域、本行业劳动关系的特点和企业实际出发，紧紧围绕劳动报酬、劳动定额、工作时间、休息休假、劳动安全卫生、保险福利、女职工和未成年工特殊劳动保护等问题进行。通过协商签订的区域性行业性集体合同可以是综合性的，也可以是专项的。在协商过程中要力求重点突出，议题集中，措施可行。签订集体合同的条款要具体，标准要量化，切实增强针对性和实效性。

当前，要将职工工资水平、工作时间以及与此直接相关的劳动定额、计件单价等劳动标准作为区域性行业性集体协商的重点，通过集体协商妥善处理各方的利益分配关系，推动企业建立正常的工资决定机制。

五、区域性行业性集体协商的程序

开展区域性行业性集体协商要严格履行程序，协商过程要充分表达职工群众和企业方的意愿和要求，协商内容要得到双方的一致认可。一般应按照以下程序进行：

（一）一方协商代表应以书面形式向另一方提出协商要求，另一方应以书面形式回应。

（二）双方协商代表在分别广泛征求职工和企业方的意见基础上，拟定集体协商议题。

（三）集体协商会议，在协商一致的基础上形成集体合同草案。

（四）集体合同草案要经区域职工代表大会或区域内企业的职工代表大会或职工大会审议通过，并经区域内企业主签字（或盖公章）确认后，由集体协商双方首席代表签字。

（五）企业方协商代表将集体合同报送当地劳动保障行政部门审核备案。

（六）劳动保障行政部门在收到文本之日起 15 日内未提出异议的，集体合同即行生效。

（七）区域性行业性集体合同生效后，由企业方代表采取适当方式及时向全体职工公布。

企业方代表向劳动保障行政部门报送集体合同时，除报送《劳动部关于加强集体合同审核管理工作的通知》（劳部发〔1996〕360 号）规定的材料外，还须报送企业主对集体合同的签字确认件以及职工代表大会或职工大会审议通过的文件。

六、区域性行业性集体合同的效力和争议处理

按照规定签订的区域性行业性集体合同，对辖区内签约的所有企业和职工具有约束力。企业签订的集体合同，其标准不得低于区域性行业性集体合同的规定。

对在区域性行业性集体协商过程中发生的争议，双方当事人不能协商解决的，当事人一方或双方可以书面向辖区内的劳动保障行政部门提出协调处理申请；未提出申请的，劳动保障行政部门认为必要时也可以进行协调处理。劳动保障行政部门应当组织同级工会和企业代表组织等三方面的人员，共同协调处理集体协商争议。

对在区域性行业性集体合同履行过程中发生的争议，按照《劳动法》和《集体合同规定》的有关规定协调和处理。

第五十四条　集体合同的报送和生效

集体合同订立后，应当报送劳动行政部门；劳动行政部门自收到集体合同文本之日起十五日内未提出异议的，集体合同即行生效。

依法订立的集体合同对用人单位和劳动者具有约束力。行业性、区域性集体合同对当地本行业、本区域的用人单位和劳动者具有约束力。

● 法　律

1. **《劳动法》**（2018 年 12 月 29 日）

第 34 条　集体合同签订后应当报送劳动行政部门；劳动行政部门自收到集体合同文本之日起十五日内未提出异议的，集体合同即行生效。

第 35 条　依法签订的集体合同对企业和企业全体职工具有约束力。职工个人与企业订立的劳动合同中劳动条件和劳动报酬等标准不得低于集体合同的规定。

● 部门规章及文件

2. **《工资集体协商试行办法》**（2000 年 11 月 8 日　劳动和社会保障部第 9 号令）

第 21 条　工资协议签订后，应于 7 日内由企业将工资协议一式三份及说明，报送劳动保障行政部门审查。

第 22 条　劳动保障行政部门应在收到工资协议 15 日内，对工资集体协商双方代表资格、工资协议的条款内容和签订程序等进行审查。

劳动保障行政部门经审查对工资协议无异议，应及时向协商双方送达《工资协议审查意见书》，工资协议即行生效。

劳动保障行政部门对工资协议有修改意见，应将修改意见在

《工资协议审查意见书》中通知协商双方。双方应就修改意见及时协商，修改工资协议，并重新报送劳动保障行政部门。

工资协议向劳动保障行政部门报送经过 15 日后，协议双方未收到劳动保障行政部门的《工资协议审查意见书》，视为已经劳动保障行政部门同意，该工资协议即行生效。

● 案例指引

依法认定集体合同效力，落实落细就业优先政策（江苏省高级人民法院发布 2023 年度劳动人事争议十大典型案例）

案例要旨：用人单位因经营亏损，经平等协商，依法与工会组织签订的集体合同约定调整薪酬，具有法律约束力，职工应当遵守。本案中，2023 年薪资调整方案经职工代表大会讨论，过半数通过。科技公司与工会订立关于 2023 年薪资调整的专项集体合同，报所在地劳动行政部门审查后已生效，科技公司和袁某均应按约履行。科技公司按照集体合同的约定支付袁某工资，不属于未足额支付劳动报酬。法院遂判决驳回袁某的诉讼请求。

第五章

第五十五条 集体合同的劳动标准

集体合同中劳动报酬和劳动条件等标准不得低于当地人民政府规定的最低标准；用人单位与劳动者订立的劳动合同中劳动报酬和劳动条件等标准不得低于集体合同规定的标准。

● 法 律

1. 《劳动法》（2018 年 12 月 29 日）

第 35 条 依法签订的集体合同对企业和企业全体职工具有约束力。职工个人与企业订立的劳动合同中劳动条件和劳动报酬等标准不得低于集体合同的规定。

部门规章及文件

2.《关于〈劳动法〉若干条文的说明》（1994年9月5日 劳办发〔1994〕289号）

第35条第2款 集体合同中劳动条件和劳动报酬的规定不得违背国家法律法规的规定；企业与职工签订的劳动合同在此方面不得低于集体合同的规定。即集体合同的法律效力高于劳动合同，中华人民共和国劳动法律、法规的法律效力高于集体合同。

3.《工资集体协商试行办法》（2000年11月8日 劳动和社会保障部第9号令）

第5条 职工个人与企业订立的劳动合同中关于工资报酬的标准，不得低于工资协议规定的最低标准。

4.《集体合同规定》（2004年1月20日 劳动和社会保障部令第22号）

第6条第2款 用人单位与职工个人签订的劳动合同约定的劳动条件和劳动报酬等标准，不得低于集体合同或专项集体合同的规定。

第五十六条 集体合同纠纷和法律救济

用人单位违反集体合同，侵犯职工劳动权益的，工会可以依法要求用人单位承担责任；因履行集体合同发生争议，经协商解决不成的，工会可以依法申请仲裁、提起诉讼。

法　律

1.《工会法》（2021年12月24日）

第21条第4款 企业、事业单位、社会组织违反集体合同，侵犯职工劳动权益的，工会可以依法要求企业、事业单位、社会组织予以改正并承担责任；因履行集体合同发生争议，经协商解决不成的，工会可以向劳动争议仲裁机构提请仲裁，仲裁机构不予受理或者对仲裁裁决不服的，可以向人民法院提起诉讼。

● 部门规章及文件

2. **《集体合同规定》**（2004 年 1 月 20 日　劳动和社会保障部令第 22 号）

第 55 条　因履行集体合同发生的争议，当事人协商解决不成的，可以依法向劳动争议仲裁委员会申请仲裁。

第二节　劳 务 派 遣

第五十七条　劳务派遣单位设立条件

经营劳务派遣业务应当具备下列条件：

（一）注册资本不得少于人民币二百万元；

（二）有与开展业务相适应的固定的经营场所和设施；

（三）有符合法律、行政法规规定的劳务派遣管理制度；

（四）法律、行政法规规定的其他条件。

经营劳务派遣业务，应当向劳动行政部门依法申请行政许可；经许可的，依法办理相应的公司登记。未经许可，任何单位和个人不得经营劳务派遣业务。

● 部门规章及文件

《劳务派遣行政许可实施办法》（2013 年 6 月 20 日　人力资源和社会保障部令第 19 号）

第 7 条　申请经营劳务派遣业务应当具备下列条件：

（一）注册资本不得少于人民币 200 万元；

（二）有与开展业务相适应的固定的经营场所和设施；

（三）有符合法律、行政法规规定的劳务派遣管理制度；

（四）法律、行政法规规定的其他条件。

第 8 条　申请经营劳务派遣业务的，申请人应当向许可机关提交下列材料：

（一）劳务派遣经营许可申请书；

（二）营业执照或者《企业名称预先核准通知书》；

（三）公司章程以及验资机构出具的验资报告或者财务审计报告；

（四）经营场所的使用证明以及与开展业务相适应的办公设施设备、信息管理系统等清单；

（五）法定代表人的身份证明；

（六）劳务派遣管理制度，包括劳动合同、劳动报酬、社会保险、工作时间、休息休假、劳动纪律等与劳动者切身利益相关的规章制度文本；拟与用工单位签订的劳务派遣协议样本。

第 16 条 劳务派遣单位名称、住所、法定代表人或者注册资本等改变的，应当向许可机关提出变更申请。符合法定条件的，许可机关应当自收到变更申请之日起 10 个工作日内依法办理变更手续，并换发新的《劳务派遣经营许可证》或者在原《劳务派遣经营许可证》上予以注明；不符合法定条件的，许可机关应当自收到变更申请之日起 10 个工作日内作出不予变更的书面决定，并说明理由。

第 17 条 劳务派遣单位分立、合并后继续存续，其名称、住所、法定代表人或者注册资本等改变的，应当按照本办法第十六条规定执行。

劳务派遣单位分立、合并后设立新公司的，应当按照本办法重新申请劳务派遣行政许可。

第 18 条 劳务派遣单位需要延续行政许可有效期的，应当在有效期届满 60 日前向许可机关提出延续行政许可的书面申请，并提交 3 年以来的基本经营情况；劳务派遣单位逾期提出延续行政许可的书面申请的，按照新申请经营劳务派遣行政许可办理。

第21条 劳务派遣单位设立子公司经营劳务派遣业务的，应当由子公司向所在地许可机关申请行政许可；劳务派遣单位设立分公司经营劳务派遣业务的，应当书面报告许可机关，并由分公司向所在地人力资源社会保障行政部门备案。

● 案例指引

用人单位不得以“转”外包形式规避用工责任（江苏省高级人民法院发布2022年度劳动人事争议十大典型案例）

案例要旨：双方对于自冯某入职后至2022年4月30日期间存在劳动关系并无争议，但在2022年4月30日之后，冯某仍在原工作岗位继续工作，双方并未办理任何劳动关系解除或终止手续。虽然某化工公司与某人力公司签订了劳务外包协议，但某人力公司为某化工公司员工夏某于2022年5月19日注册成立的自然人独资公司，该公司成立的主要目的是为了逃避给镀锌工序的工人缴纳社会保险，冯某实际仍然接受某化工公司的管理，与某化工公司其他员工一样享受食宿福利待遇，另有保底工资，某化工公司与某人力公司所谓的劳务外包只是将镀锌工序的用工风险转嫁给某人力公司。故判决确认冯某与某化工公司自2022年3月13日起存在劳动关系。

第五十八条 劳务派遣单位与劳动者的关系

劳务派遣单位是本法所称用人单位，应当履行用人单位对劳动者的义务。劳务派遣单位与被派遣劳动者订立的劳动合同，除应当载明本法第十七条规定的事项外，还应当载明被派遣劳动者的用工单位以及派遣期限、工作岗位等情况。

劳务派遣单位应当与被派遣劳动者订立二年以上的固定期限劳动合同，按月支付劳动报酬；被派遣劳动者在无工作期间，劳务派遣单位应当按照所在地人民政府规定的最低工资标准，向其按月支付报酬。

● 行政法规及文件

1.《劳动合同法实施条例》（2008年9月18日　国务院令第535号）

第30条　劳务派遣单位不得以非全日制用工形式招用被派遣劳动者。

● 部门规章及文件

2.《劳动和社会保障部关于非全日制用工若干问题的意见》（2003年5月30日　劳社部发〔2003〕12号）

2. 劳动者通过依法成立的劳务派遣组织为其他单位、家庭或个人提供非全日制劳动的，由劳务派遣组织与非全日制劳动者签订劳动合同。

● 案例指引

盘锦某劳务公司诉某建设公司劳务派遣合同纠纷案①

案例要旨：关于劳务公司已向刘某某支付的经济补偿31,725.89元，《中华人民共和国劳动合同法》第三十条第一款规定，“用人单位应当按照劳动合同约定和国家规定，向劳动者及时足额支付劳动报酬。”第五十八条第二款规定，“劳务派遣单位应当与被派遣劳动者订立二年以上的固定期限劳动合同，按月支付劳动报酬；被派遣劳动者在无工作期间，劳务派遣单位应当按照所在地人民政府规定的最低工资标准，向其按月支付报酬。”双方所签订的《劳务派遣协议书》第四条也明确约定，劳务公司依法为劳务工交纳社会保险费用，按时向劳务工发放劳动报酬。故劳务公司作为用人单位无论依据法律规定还是合同约定，均负有按时向刘某某支付劳动报酬的义务，现因其未及时向刘某某支付劳动报酬导致与刘某某解除劳动合同并支付经济补偿，系自身违约所致。虽建设公司存在迟延向劳务公司支付劳务费的违约行为，但该行为与劳务公司和刘某某解除劳动合

---

① 本案例选自中国裁判文书网，最后访问时间：2025年8月2日。

同并支付经济补偿之间不存在法律上的因果关系，也超出建设公司签订合同时的合理预见范围。因此，劳务公司要求建设公司赔偿其已付刘某某经济补偿 31,725.89 元，没有事实和法律依据，一审判决并无不当。劳务公司可依据双方签订的劳务派遣合同另行向劳务公司主张逾期支付劳务费的违约责任。关于劳务公司向人民法院交纳的执行申请费 458 元。此系劳务公司未按期履行生效仲裁裁决产生的费用，应由其自行承担。

第五十九条 劳务派遣协议

劳务派遣单位派遣劳动者应当与接受以劳务派遣形式用工的单位（以下称用工单位）订立劳务派遣协议。劳务派遣协议应当约定派遣岗位和人员数量、派遣期限、劳动报酬和社会保险费的数额与支付方式以及违反协议的责任。

用工单位应当根据工作岗位的实际需要与劳务派遣单位确定派遣期限，不得将连续用工期限分割订立数个短期劳务派遣协议。

部门规章及文件

1. **《劳务派遣暂行规定》**（2014 年 1 月 24 日　人力资源和社会保障部令第 22 号）

第 7 条　劳务派遣协议应当载明下列内容：

（一）派遣的工作岗位名称和岗位性质；

（二）工作地点；

（三）派遣人员数量和派遣期限；

（四）按照同工同酬原则确定的劳动报酬数额和支付方式；

（五）社会保险费的数额和支付方式；

（六）工作时间和休息休假事项；

（七）被派遣劳动者工伤、生育或者患病期间的相关待遇；

第五章

（八）劳动安全卫生以及培训事项；

（九）经济补偿等费用；

（十）劳务派遣协议期限；

（十一）劳务派遣服务费的支付方式和标准；

（十二）违反劳务派遣协议的责任；

（十三）法律、法规、规章规定应当纳入劳务派遣协议的其他事项。

第23条　劳务派遣单位违反本规定第六条规定的，按照劳动合同法第八十三条规定执行。

● 司法解释及文件

2.《最高人民法院关于适用〈中华人民共和国民事诉讼法〉的解释》（2022年4月1日　法释〔2022〕11号）

第58条　在劳务派遣期间，被派遣的工作人员因执行工作任务造成他人损害的，以接受劳务派遣的用工单位为当事人。当事人主张劳务派遣单位承担责任的，该劳务派遣单位为共同被告。

● 案例指引

1. 新疆某公司诉范某劳务派遣合同纠纷案①

案例要旨：《劳务派遣暂行规定》第十条规定，被派遣劳动者在用工单位因工作遭受事故伤害的，劳务派遣单位应当依法申请工伤认定，用工单位应当协助工伤认定的调查核实工作。劳务派遣单位承担工伤保险责任，但可以与用工单位约定补偿办法。由此可知，用工单位可以与劳务派遣单位就派遣员工的工伤保险责任问题约定补偿办法。某劳务公司与某回收站签订的《劳务派遣协议书》系双方真实意思的表示，该协议内容不违反法律、行政法规的强制性规定，当属有效合同，合同双方均应自觉遵守。某劳务公司作为乌某

---

① 本案例选自中国裁判文书网，最后访问时间：2025年8月2日。

某的用人单位，为劳动者缴纳社会保险为其法定义务，而某劳务公司违反法律强制性规定，未给乌某某缴纳社会保险，导致本应由社会保险基金赔付的部分费用转嫁与他人，范某的辩称意见法院予以采纳。

2. 乌鲁木齐某人力资源管理有限公司诉某幼儿园劳务派遣合同纠纷案①

案例要旨：某幼儿园与某公司作为平等民事主体，双方自2013年至2020年期间先后签订了5份《劳务派遣协议书》，经审查，《劳务派遣协议书》的意思表示真实，内容不违反法律、行政法规的效力性强制性规定，合法有效，对双方当事人均具有法律约束力。因某公司派遣的人员在幼儿园开展的竞聘上岗中落聘，某幼儿园有权对该名被派遣人员调换工作岗位。某幼儿园在履行用工单位的相关法定义务后，有权依据上述合同约定将该名被派遣人员退回某公司。某幼儿园将阿某退回某公司的行为，并不必然导致某公司与阿某之间解除劳动关系，某公司作为用人单位与阿某解除劳动关系，并因此在另案中承担了阿某主张的违法解除经济赔偿金、律师代理费、保全申请费等相关费用，与某幼儿园作为用工单位将阿某退回某公司的行为之间并不存在直接因果关系。

3. 东营市某劳务公司诉某化工公司劳务派遣合同纠纷案②

案例要旨：本案系劳务公司承担工伤保险责任后，依据与化工公司的《劳务派遣协议》，主张化工公司承担合同约定的义务。案涉《劳务派遣协议》《合同终止协议书》是平等民事主体化工公司与劳务公司基于双方真实意思表示签订，不违反法律和行政法规规定，合法有效，对双方具有约束力。两份协议中均明确约定，被派遣劳动者的工伤保险理赔后的赔偿责任由化工公司承担；职工孙某因工受伤的相关待遇，若因终止派遣协议未能获得支付的，包括一次性

① 本案例选自中国裁判文书网，最后访问时间：2025年8月2日。

② 本案例选自中国裁判文书网，最后访问时间：2025年8月2日。

第五章

伤残补助金、一次性工伤医疗补助金、一次性伤残就业补助金和解除劳动合同经济补（赔）偿金（若有）等费用亦均由化工公司承担。化工公司作为用工单位，对上述约定的法律后果应有明确的认知。劳务公司向孙某支付涉案费用后，依据双方的上述约定要求化工公司予以返还，具有事实依据，不违反法律规定。一审判决化工公司支付劳务公司所垫付的工伤职工生活津贴、一次性就业补助金102547.33元及相应利息正确，应予维持。

第六十条　劳务派遣协议签订的限制事项

劳务派遣单位应当将劳务派遣协议的内容告知被派遣劳动者。

劳务派遣单位不得克扣用工单位按照劳务派遣协议支付给被派遣劳动者的劳动报酬。

劳务派遣单位和用工单位不得向被派遣劳动者收取费用。

第六十一条　跨地区派遣劳动者劳动报酬支付

劳务派遣单位跨地区派遣劳动者的，被派遣劳动者享有的劳动报酬和劳动条件，按照用工单位所在地的标准执行。

第六十二条　劳务派遣用工单位的义务

用工单位应当履行下列义务：

（一）执行国家劳动标准，提供相应的劳动条件和劳动保护；

（二）告知被派遣劳动者的工作要求和劳动报酬；

（三）支付加班费、绩效奖金，提供与工作岗位相关的福利待遇；

（四）对在岗被派遣劳动者进行工作岗位所必需的培训；

（五）连续用工的，实行正常的工资调整机制。

用工单位不得将被派遣劳动者再派遣到其他用人单位。

● 行政法规及文件

《劳动合同法实施条例》（2008 年 9 月 18 日　国务院令第 535 号）

第 29 条　用工单位应当履行劳动合同法第六十二条规定的义务，维护被派遣劳动者的合法权益。

● 案例指引

1. 某公司 1 等与王某劳务派遣合同纠纷案①

案例要旨：用工单位给被派遣劳动者造成损害的，劳务派遣单位与用工单位承担连带赔偿责任。某公司 1 系王某的劳务派遣单位，某公司 2 为王某的用工单位，一审法院判决某公司 1 与某公司 2 应就提成工资差额及佣金支付承担连带赔偿责任于法有据，具体数额亦无不妥，本院予以维持。

2. 广州某乙公司诉广州某甲公司劳务派遣合同纠纷案②

案例要旨：某乙公司与某甲公司签订的《劳务工合作协议书》是双方的真实意思表示，内容没有违反法律、行政法规的强制性规定，合法有效，双方应依约履行。《劳务工合作协议书》明确约定了意外保险以外费用及工伤责任由某甲公司承担和处理。现某乙公司因其派遣到某甲公司工作的劳动者兰某的工伤而向兰某支付了工伤费用 20 万元，且无证据证明某乙公司在处理兰某工伤待遇赔偿案件中存在过错或过失导致某甲公司需承担的费用不当增多，某乙公司依据前述协议约定要求某甲公司向其支付 20 万元，合法有据，一审法院支持某乙公司的该项诉请，并无不当，本院予以维持。

---

① 本案例选自中国裁判文书网，最后访问时间：2025 年 8 月 2 日。

② 本案例选自中国裁判文书网，最后访问时间：2025 年 8 月 2 日。

3. **辽宁某公司与某劳务派遣公司劳务派遣合同纠纷案**[①]

案例要旨：某公司与某派遣公司签订的《劳务派遣合同》，系双方当事人真实意思表示，并不违反法律行政法规规定，应认定有效。双方当事人均应按照合同约定全面履行自己的义务。《劳务派遣合同》约定，派遣员工的社会保险费由某公司承担，因某公司原因未及时、足额向某派遣公司支付派遣员工的社会保险费或某公司决定不为派遣员工缴纳社会保险费的，因此给派遣员工造成的损失由某公司承担。据此规定，某公司应按照《劳务派遣合同》约定向某派遣公司支付于某某的社会保险费。但某公司并未按照双方约定支付于某某的社保费用，特别是未给于某某支付工伤保险费。于某某在工作过程中受伤，被认定为工伤，依法应享受工伤保险待遇。于某某向某派遣公司主张的工伤保险待遇业经生效裁判文书予以确认，依据《劳务派遣合同》约定，某公司应按约定支付某派遣公司生效裁判文书确认的由某派遣公司向于某某支付的经济损失。对于某公司主张已经支付了派遣员工的保险费，因未提供充分证据证明，本院不予认可。

第六十三条 被派遣劳动者同工同酬

被派遣劳动者享有与用工单位的劳动者同工同酬的权利。用工单位应当按照同工同酬原则，对被派遣劳动者与本单位同类岗位的劳动者实行相同的劳动报酬分配办法。用工单位无同类岗位劳动者的，参照用工单位所在地相同或者相近岗位劳动者的劳动报酬确定。

劳务派遣单位与被派遣劳动者订立的劳动合同和与用工单位订立的劳务派遣协议，载明或者约定的向被派遣劳动者支付的劳动报酬应当符合前款规定。

---

① 本案例选自中国裁判文书网，最后访问时间：2025年8月2日。

第六十四条　被派遣劳动者组织工会

被派遣劳动者有权在劳务派遣单位或者用工单位依法参加或者组织工会，维护自身的合法权益。

第六十五条　劳务派遣用工单位解除劳动合同

被派遣劳动者可以依照本法第三十六条、第三十八条的规定与劳务派遣单位解除劳动合同。

被派遣劳动者有本法第三十九条和第四十条第一项、第二项规定情形的，用工单位可以将劳动者退回劳务派遣单位，劳务派遣单位依照本法有关规定，可以与劳动者解除劳动合同。

部门规章及文件

《劳务派遣暂行规定》（2014年1月24日　人力资源和社会保障部令第22号）

第12条　有下列情形之一的，用工单位可以将被派遣劳动者退回劳务派遣单位：

（一）用工单位有劳动合同法第四十条第三项、第四十一条规定情形的；

（二）用工单位被依法宣告破产、吊销营业执照、责令关闭、撤销、决定提前解散或者经营期限届满不再继续经营的；

（三）劳务派遣协议期满终止的。

被派遣劳动者退回后在无工作期间，劳务派遣单位应当按照不低于所在地人民政府规定的最低工资标准，向其按月支付报酬。

第13条　被派遣劳动者有劳动合同法第四十二条规定情形的，在派遣期限届满前，用工单位不得依据本规定第十二条第一款第一项规定将被派遣劳动者退回劳务派遣单位；派遣期限届满的，应当延续至相应情形消失时方可退回。

第14条　被派遣劳动者提前30日以书面形式通知劳务派遣

单位，可以解除劳动合同。被派遣劳动者在试用期内提前3日通知劳务派遣单位，可以解除劳动合同。劳务派遣单位应当将被派遣劳动者通知解除劳动合同的情况及时告知用工单位。

第15条 被派遣劳动者因本规定第十二条规定被用工单位退回，劳务派遣单位重新派遣时维持或者提高劳动合同约定条件，被派遣劳动者不同意的，劳务派遣单位可以解除劳动合同。

被派遣劳动者因本规定第十二条规定被用工单位退回，劳务派遣单位重新派遣时降低劳动合同约定条件，被派遣劳动者不同意的，劳务派遣单位不得解除劳动合同。但被派遣劳动者提出解除劳动合同的除外。

第16条 劳务派遣单位被依法宣告破产、吊销营业执照、责令关闭、撤销、决定提前解散或者经营期限届满不再继续经营的，劳动合同终止。用工单位应当与劳务派遣单位协商妥善安置被派遣劳动者。

第17条 劳务派遣单位因劳动合同法第四十六条或者本规定第十五条、第十六条规定的情形，与被派遣劳动者解除或者终止劳动合同的，应当依法向被派遣劳动者支付经济补偿。

第24条 用工单位违反本规定退回被派遣劳动者的，按照劳动合同法第九十二条第二款规定执行。

● 案例指引

黄某诉某发展公司、某劳务派遣公司劳务派遣合同纠纷案①

案例要旨：黄某自2022年8月1日起应当在八佰伴门店上班工作，但是，其未到岗履职，无权主张8月工资。经某发展公司答复和某劳务派遣公司三次通知催促后黄某仍未到岗，某发展公司将其退回某劳务派遣公司，某劳务派遣公司以其严重违纪为由解除劳动合同有事实依据。关于黄某的用工单位和用人单位，应当以其签订

---

① 本案例选自中国裁判文书网，最后访问时间：2025年8月2日。

的派遣员工劳动合同予以认定，用工单位某发展公司退回黄某有事实依据，用人单位某劳务派遣公司解除劳动合同通知了工会，程序合法。某发展公司和某劳务派遣公司在本案中未损害黄某的合法权益，无须承担连带责任。本院对于黄某诉请的赔偿金不予支持。

第六十六条 劳务派遣的工作岗位

劳动合同用工是我国的企业基本用工形式。劳务派遣用工是补充形式，只能在临时性、辅助性或者替代性的工作岗位上实施。

前款规定的临时性工作岗位是指存续时间不超过六个月的岗位；辅助性工作岗位是指为主营业务岗位提供服务的非主营业务岗位；替代性工作岗位是指用工单位的劳动者因脱产学习、休假等原因无法工作的一定期间内，可以由其他劳动者替代工作的岗位。

用工单位应当严格控制劳务派遣用工数量，不得超过其用工总量的一定比例，具体比例由国务院劳动行政部门规定。

部门规章及文件

《劳务派遣暂行规定》（2014 年 1 月 24 日 人力资源和社会保障部令第 22 号）

第 4 条 用工单位应当严格控制劳务派遣用工数量，使用的被派遣劳动者数量不得超过其用工总量的 10%。

前款所称用工总量是指用工单位订立劳动合同人数与使用的被派遣劳动者人数之和。

计算劳务派遣用工比例的用工单位是指依照劳动合同法和劳动合同法实施条例可以与劳动者订立劳动合同的用人单位。

第 25 条 外国企业常驻代表机构和外国金融机构驻华代表机构等使用被派遣劳动者的，以及船员用人单位以劳务派遣形式使用国际远洋海员的，不受临时性、辅助性、替代性岗位和劳务派遣用工比例的限制。

第28条 用工单位在本规定施行前使用被派遣劳动者数量超过其用工总量10%的，应当制定调整用工方案，于本规定施行之日起2年内降至规定比例。但是，《全国人民代表大会常务委员会关于修改〈中华人民共和国劳动合同法〉的决定》公布前已依法订立的劳动合同和劳务派遣协议期限届满日期在本规定施行之日起2年后的，可以依法继续履行至期限届满。

用工单位应当将制定的调整用工方案报当地人力资源社会保障行政部门备案。

用工单位未将本规定施行前使用的被派遣劳动者数量降至符合规定比例之前，不得新用被派遣劳动者。

第29条 本规定自2014年3月1日起施行。

第六十七条 劳务派遣的限制规定

用人单位不得设立劳务派遣单位向本单位或者所属单位派遣劳动者。

● 行政法规及文件

1. **《劳动合同法实施条例》**（2008年9月18日 国务院令第535号）

第28条 用人单位或者其所属单位出资或者合伙设立的劳务派遣单位，向本单位或者所属单位派遣劳动者的，属于劳动合同法第六十七条规定的不得设立的劳务派遣单位。

● 部门规章及文件

2. **《劳务派遣暂行规定》**（2014年1月24日 人力资源和社会保障部令第22号）

第26条 用人单位将本单位劳动者派往境外工作或者派往家庭、自然人处提供劳动的，不属于本规定所称劳务派遣。

第27条 用人单位以承揽、外包等名义，按劳务派遣用工形式使用劳动者的，按照本规定处理。

第三节 非全日制用工

第六十八条 非全日制用工

非全日制用工，是指以小时计酬为主，劳动者在同一用人单位一般平均每日工作时间不超过四小时，每周工作时间累计不超过二十四小时的用工形式。

部门规章及文件

1.《劳动和社会保障部关于非全日制用工若干问题的意见》（2003年5月30日 劳社部发〔2003〕12号）

一、关于非全日制用工的劳动关系

1. 第一款非全日制用工是指以小时计酬、劳动者在同一用人单位平均每日工作时间不超过5小时累计每周工作时间不超过30小时的用工形式。

3. 非全日制劳动合同的内容由双方协商确定，应当包括工作时间和期限、工作内容、劳动报酬、劳动保护和劳动条件五项必备条款，但不得约定试用期。

5. 用人单位招用劳动者从事非全日制工作，应当在录用后到当地劳动保障行政部门办理录用备案手续。

6. 从事非全日制工作的劳动者档案可由本人户口所在地劳动保障部门的公共职业介绍机构代管。

二、关于非全日制用工的工资支付

7. 用人单位应当按时足额支付非全日制劳动者的工资。用人单位支付非全日制劳动者的小时工资不得低于当地政府颁布的小时最低工资标准。

8. 非全日制用工的小时最低工资标准由省、自治区、直辖市规定，并报劳动保障部备案。确定和调整小时最低工资标准应当综合参考以下因素：当地政府颁布的月最低工资标准；单位应缴纳的基本养老保险费和基本医疗保险费（当地政府颁布的月最低工资标准未包含个人缴纳社会保险费因素的，还应考虑个人应缴纳的社会保险费）；非全日制劳动者在工作稳定性、劳动条件和劳动强度、福利等方面与全日制就业人员之间的差异。小时最低工资标准的测算方法为：

小时最低工资标准=〔（月最低工资标准÷20.92÷8）×（1+单位应当缴纳的基本养老保险费和基本医疗保险费比例之和）〕×（1+浮动系数）

9. 非全日制用工的工资支付可以按小时、日、周或月为单位结算。

三、关于非全日制用工的社会保险

10. 从事非全日制工作的劳动者应当参加基本养老保险，原则上参照个体工商户的参保办法执行。对于已参加过基本养老保险和建立个人账户的人员，前后缴费年限合并计算，跨统筹地区转移的，应办理基本养老保险关系和个人账户的转移、接续手续。符合退休条件时，按国家规定计发基本养老金。

11. 从事非全日制工作的劳动者可以以个人身份参加基本医疗保险，并按照待遇水平与缴费水平相挂钩的原则，享受相应的基本医疗保险待遇。参加基本医疗保险的具体办法由各地劳动保障部门研究制定。

12. 用人单位应当按照国家有关规定为建立劳动关系的非全日制劳动者缴纳工伤保险费。从事非全日制工作的劳动者发生工伤，依法享受工伤保险待遇；被鉴定为伤残5-10级的，经劳动者与用人单位协商一致，可以一次性结算伤残待遇及有关费用。

四、关于非全日制用工的劳动争议处理

13. 从事非全日制工作的劳动者与用人单位因履行劳动合同

引发的劳动争议，按照国家劳动争议处理规定执行。

14. 劳动者直接向其他家庭或个人提供非全日制劳动的，当事人双方发生的争议不适用劳动争议处理规定。

五、关于非全日制用工的管理与服务

15. 非全日制用工是劳动用工制度的一种重要形式，是灵活就业的主要方式。各级劳动保障部门要高度重视，从有利于维护非全日制劳动者的权益、有利于促进灵活就业、有利于规范非全日制用工的劳动关系出发，结合本地实际，制定相应的政策措施。要在劳动关系建立、工资支付、劳动争议处理等方面为非全日制用工提供政策指导和服务。

16. 各级劳动保障部门要切实加强劳动保障监察执法工作，对用人单位不按照本意见要求订立劳动合同、低于最低小时工资标准支付工资以及拖欠克扣工资的行为，应当严肃查处，维护从事非全日制工作劳动者的合法权益。

17. 各级社会保险经办机构要为非全日制劳动者参保缴费提供便利条件，开设专门窗口，可以采取按月、季或半年缴费的办法，及时为非全日制劳动者办理社会保险关系及个人帐户的接续和转移手续；按规定发放社会保险缴费对帐单，及时支付各项社会保险待遇，维护他们的社会保障权益。

18. 各级公共职业介绍机构要积极为从事非全日制工作的劳动者提供档案保管、社会保险代理等服务，推动这项工作顺利开展。

2. **《最低工资规定》**（2004 年 1 月 20 日　劳动和社会保障部令第 21 号）

第 5 条　最低工资标准一般采取月最低工资标准和小时最低工资标准的形式。月最低工资标准适用于全日制就业劳动者，小时最低工资标准适用于非全日制就业劳动者。

第 6 条第 1、 2 款　确定和调整月最低工资标准，应参考当地就业者及其赡养人口的最低生活费用、城镇居民消费价格指数、职工个人缴纳的社会保险费和住房公积金、职工平均工资、经济发展水平、就业状况等因素。

确定和调整小时最低工资标准，应在颁布的月最低工资标准的基础上，考虑单位应缴纳的基本养老保险费和基本医疗保险费因素，同时还应适当考虑非全日制劳动者在工作稳定性、劳动条件和劳动强度、福利等方面与全日制就业人员之间的差异。

● 案例指引

新疆某公司诉赵某非全日制用工纠纷案①

案例要旨：本案的争议焦点为某公司与赵某之间是否系非全日制用工，以及某公司应否支付赔偿金、双倍工资及欠付工资。关于争议焦点一，《中华人民共和国劳动合同法》第六十八条规定："非全日制用工，是指以小时计酬为主，劳动者在同一用人单位平均每日工作时间不超过四小时，每周工作时间累计不超过二十四小时的用工形式"。本案中，赵某受某公司总经理沈某邀请进入某公司工作，双方约定的计酬方式为月付，显然不符合非全日制用工的形式，故对某公司的此项上诉意见不能成立，本院不予支持。关于争议焦点二，某公司与赵某约定的月工资为5,000元，其在某公司工作的时间为2023年4月17日－6月7日，某公司仅向赵某支付了2,500元的工资，其应当向赵某支付拖欠的工资6,166.67元。某公司与赵某之间存在劳动关系，却未签订书面劳动合同，其应当向赵某每月支付二倍的工资。赵某申请仲裁时并未申请解除劳动关系，某公司在赵某申请仲裁之后即要求其搬离了员工宿舍，与赵某解除劳动关系，故某公司主张赵某系自动离职，其不存在违法解除劳动关系情形的上诉意见不能成立，其应当向赵某支付赔偿金。

---

① 本案例选自中国裁判文书网，最后访问时间：2025年8月2日。

第六十九条　非全日制用工协议

非全日制用工双方当事人可以订立口头协议。

从事非全日制用工的劳动者可以与一个或者一个以上用人单位订立劳动合同；但是，后订立的劳动合同不得影响先订立的劳动合同的履行。

法　律

1. **《劳动法》**（2018 年 12 月 29 日）

第 99 条　用人单位招用尚未解除劳动合同的劳动者，对原用人单位造成经济损失的，该用人单位应当依法承担连带赔偿责任。

部门规章及文件

2. **《劳动和社会保障部关于非全日制用工若干问题的意见》**（2003 年 5 月 30 日　劳社部发〔2003〕12 号）

一、关于非全日制用工的劳动关系

1. 第 2 款　从事非全日制工作的劳动者，可以与一个或一个以上用人单位建立劳动关系。用人单位与非全日制劳动者建立劳动关系，应当订立劳动合同。劳动合同一般以书面形式订立。劳动合同期限在一个月以下的，经双方协商同意，可以订立口头劳动合同。但劳动者提出订立书面劳动合同的，应当以书面形式订立。

第七十条　非全日制用工试用期禁止

非全日制用工双方当事人不得约定试用期。

第七十一条　非全日制劳动关系终止

非全日制用工双方当事人任何一方都可以随时通知对方终止用工。终止用工，用人单位不向劳动者支付经济补偿。

● 部门规章及文件

《劳动和社会保障部关于非全日制用工若干问题的意见》（2003年5月30日　劳社部发〔2003〕12号）

4. 非全日制劳动合同的终止条件，按照双方的约定办理。劳动合同中，当事人未约定终止劳动合同提前通知期的，任何一方均可以随时通知对方终止劳动合同；双方约定了违约责任的，按照约定承担赔偿责任。

第七十二条　非全日制用工劳动报酬

非全日制用工小时计酬标准不得低于用人单位所在地人民政府规定的最低小时工资标准。

非全日制用工劳动报酬结算支付周期最长不得超过十五日。

第六章　监督检查

第七十三条　劳动合同监督管理

国务院劳动行政部门负责全国劳动合同制度实施的监督管理。

县级以上地方人民政府劳动行政部门负责本行政区域内劳动合同制度实施的监督管理。

县级以上各级人民政府劳动行政部门在劳动合同制度实施的监督管理工作中，应当听取工会、企业方面代表以及有关行业主管部门的意见。

● 法 律

1.《劳动法》（2018 年 12 月 29 日）

第 9 条　国务院劳动行政部门主管全国劳动工作。

县级以上地方人民政府劳动行政部门主管本行政区域内的劳动工作。

第 85 条　县级以上各级人民政府劳动行政部门依法对用人单位遵守劳动法律、法规的情况进行监督检查，对违反劳动法律、法规的行为有权制止，并责令改正。

● 行政法规及文件

2.《劳动保障监察条例》（2004 年 11 月 1 日　国务院令第 423 号）

第 3 条　国务院劳动保障行政部门主管全国的劳动保障监察工作。县级以上地方各级人民政府劳动保障行政部门主管本行政区域内的劳动保障监察工作。

县级以上各级人民政府有关部门根据各自职责，支持、协助劳动保障行政部门的劳动保障监察工作。

第 4 条　县级、设区的市级人民政府劳动保障行政部门可以委托符合监察执法条件的组织实施劳动保障监察。

劳动保障行政部门和受委托实施劳动保障监察的组织中的劳动保障监察员应当经过相应的考核或者考试录用。

劳动保障监察证件由国务院劳动保障行政部门监制。

第 5 条　县级以上地方各级人民政府应当加强劳动保障监察工作。劳动保障监察所需经费列入本级财政预算。

第 6 条　用人单位应当遵守劳动保障法律、法规和规章，接受并配合劳动保障监察。

第 7 条　各级工会依法维护劳动者的合法权益，对用人单位遵守劳动保障法律、法规和规章的情况进行监督。

劳动保障行政部门在劳动保障监察工作中应当注意听取工会

组织的意见和建议。

3.《保障农民工工资支付工作考核办法》（2023 年 9 月 21 日　国办发〔2023〕33 号）

第 7 条　考核工作按照以下程序进行：

（一）省级自查。各省级政府对照考核方案及细则，对考核年度保障农民工工资支付工作进展情况和成效进行自查，填报考核自查表，形成自查报告，报送领导小组办公室。各省级政府对自查报告的真实性、准确性负责。

（二）实地核查。领导小组办公室组织有关成员单位组成考核组，对省级政府考核年度保障农民工工资支付工作进展情况和成效进行实地核查，对各地组织领导、源头治理、制度建设等考核指标进行评估。实地核查采取听取汇报、核验资料等方式进行。

（三）第三方评估。领导小组办公室委托第三方机构，采取抽样调查、座谈访谈与数据分析相结合的方式，对各地制度落实、人民群众满意度等考核指标进行评估。

（四）暗访抽查。领导小组办公室组织力量或委托媒体组建暗访组，采取“暗访+明查”方式，对各地畅通维权渠道、作风建设等进行调查。

（五）综合评议。领导小组办公室组织有关成员单位根据省级自查、实地核查、第三方评估、暗访抽查情况，结合行业主管、公安、信访等部门掌握的情况，进行考核评议，形成考核报告，报领导小组审批。

第 8 条　考核采取分级评分法，基准分为 100 分，考核结果分为 A、B、C 三个等级。

（一）同时符合以下两个条件的，考核等级为 A 级：

1. 领导重视、工作机制健全，各项工资支付保障制度完备、落实得力，工作成效明显；

2. 考核得分排在全国前十名。

（二）有下列情形之一的，考核等级为 C 级：

1. 保障农民工工资支付工作不力、成效不明显、欠薪问题突出，考核得分排在全国后三名的；

2. 发生 5 起及以上因拖欠农民工工资引发 50 人以上群体性事件，或发生 2 起及以上因政府投资工程项目拖欠农民工工资引发 50 人以上群体性事件的；

3. 发生 1 起及以上因拖欠农民工工资引发极端事件并造成严重后果的。

（三）考核等级在 A、C 级以外的为 B 级。

● 部门规章及文件

4.《关于实施〈劳动保障监察条例〉若干规定》（2022 年 1 月 7 日　人力资源和社会保障部令第 47 号）

第 5 条　县级以上劳动保障行政部门设立的劳动保障监察行政机构和劳动保障行政部门依法委托实施劳动保障监察的组织（以下统称劳动保障监察机构）具体负责劳动保障监察管理工作。

5.《重大劳动保障违法行为社会公布办法》（2016 年 9 月 1 日　人力资源和社会保障部令第 29 号）

第 5 条　人力资源社会保障行政部门对下列已经依法查处并作出处理决定的重大劳动保障违法行为，应当向社会公布：

（一）克扣、无故拖欠劳动者劳动报酬，数额较大的；拒不支付劳动报酬，依法移送司法机关追究刑事责任的；

（二）不依法参加社会保险或者不依法缴纳社会保险费，情节严重的；

（三）违反工作时间和休息休假规定，情节严重的；

（四）违反女职工和未成年工特殊劳动保护规定，情节严重的；

（五）违反禁止使用童工规定的；

（六）因劳动保障违法行为造成严重不良社会影响的；

（七）其他重大劳动保障违法行为。

第6条 向社会公布重大劳动保障违法行为，应当列明下列事项：

（一）违法主体全称、统一社会信用代码（或者注册号）及地址；

（二）法定代表人或者负责人姓名；

（三）主要违法事实；

（四）相关处理情况。

涉及国家秘密、商业秘密以及个人隐私的信息不得公布。

第7条 重大劳动保障违法行为应当在人力资源社会保障行政部门门户网站公布，并在本行政区域主要报刊、电视等媒体予以公布。

第8条 地市级、县级人力资源社会保障行政部门对本辖区发生的重大劳动保障违法行为每季度向社会公布一次。

人力资源社会保障部和省级人力资源社会保障行政部门每半年向社会公布一次重大劳动保障违法行为。

根据工作需要，对重大劳动保障违法行为可随时公布。

6. **《关于〈劳动法〉若干条文的说明》**（1994年9月5日　劳办发〔1994〕289号）

第9条第3款 本条第一款以法律形式明确了国务院劳动行政部门的地位和职责。第二款明确了县级以上各级地方劳动行政部门的地位和职责。

第4款 本条中的“劳动工作”包括劳动就业、劳动合同和集体合同、工时和休息休假工资、劳动安全卫生、女职工和未成年工特殊保护、职业培训、社会保险和福利、劳动争议处理、劳动监督检查以及依照法律责任追究违法后果等，与国务院批准的劳动部“三定”方案是一致的。

第 85 条　县级以上各级人民政府劳动行政部门依法对用人单位遵守劳动法律、法规的情况进行监督检查，对违反劳动法律、法规的行为有权制止，并责令改正。

本条中的“依法”和“劳动法律、法规”均指现行的劳动法律、行政法规和地方法规。

对本条的理解：劳动部门依据《劳动法》行使监督检查权。依照《劳动法》、《矿山安全法》以及其他劳动法规、规章和地方性法规，对用人单位的执法情况进行检查，并处理违法行为。

第七十四条　劳动合同监督检查范围

县级以上地方人民政府劳动行政部门依法对下列实施劳动合同制度的情况进行监督检查：

（一）用人单位制定直接涉及劳动者切身利益的规章制度及其执行的情况；

（二）用人单位与劳动者订立和解除劳动合同的情况；

（三）劳务派遣单位和用工单位遵守劳务派遣有关规定的情况；

（四）用人单位遵守国家关于劳动者工作时间和休息休假规定的情况；

（五）用人单位支付劳动合同约定的劳动报酬和执行最低工资标准的情况；

（六）用人单位参加各项社会保险和缴纳社会保险费的情况；

（七）法律、法规规定的其他劳动监察事项。

法　律

1.《劳动法》（2018 年 12 月 29 日）

第 87 条　县级以上各级人民政府有关部门在各自职责范围

内，对用人单位遵守劳动法律、法规的情况进行监督。

● 行政法规及文件

2.《劳动保障监察条例》（2004年11月1日　国务院令第423号）

第8条　劳动保障监察遵循公正、公开、高效、便民的原则。

实施劳动保障监察，坚持教育与处罚相结合，接受社会监督。

第10条　劳动保障行政部门实施劳动保障监察，履行下列职责：

（一）宣传劳动保障法律、法规和规章，督促用人单位贯彻执行；

（二）检查用人单位遵守劳动保障法律、法规和规章的情况；

（三）受理对违反劳动保障法律、法规或者规章的行为的举报、投诉；

（四）依法纠正和查处违反劳动保障法律、法规或者规章的行为。

第11条　劳动保障行政部门对下列事项实施劳动保障监察：

（一）用人单位制定内部劳动保障规章制度的情况；

（二）用人单位与劳动者订立劳动合同的情况；

（三）用人单位遵守禁止使用童工规定的情况；

（四）用人单位遵守女职工和未成年工特殊劳动保护规定的情况；

（五）用人单位遵守工作时间和休息休假规定的情况；

（六）用人单位支付劳动者工资和执行最低工资标准的情况；

（七）用人单位参加各项社会保险和缴纳社会保险费的情况；

（八）职业介绍机构、职业技能培训机构和职业技能考核鉴定机构遵守国家有关职业介绍、职业技能培训和职业技能考核鉴定的规定的情况；

（九）法律、法规规定的其他劳动保障监察事项。

第 12 条 劳动保障监察员依法履行劳动保障监察职责，受法律保护。

劳动保障监察员应当忠于职守，秉公执法，勤政廉洁，保守秘密。

任何组织或者个人对劳动保障监察员的违法违纪行为，有权向劳动保障行政部门或者有关机关检举、控告。

第七十五条 监督检查的内容和工作人员的义务

县级以上地方人民政府劳动行政部门实施监督检查时，有权查阅与劳动合同、集体合同有关的材料，有权对劳动场所进行实地检查，用人单位和劳动者都应当如实提供有关情况和材料。

劳动行政部门的工作人员进行监督检查，应当出示证件，依法行使职权，文明执法。

第六章

● 法 律

1.《**劳动法**》（2018 年 12 月 29 日）

第 85 条 县级以上各级人民政府劳动行政部门依法对用人单位遵守劳动法律、法规的情况进行监督检查，对违反劳动法律、法规的行为有权制止，并责令改正。

第 86 条 县级以上各级人民政府劳动行政部门监督检查人员执行公务，有权进入用人单位了解执行劳动法律、法规的情况，查阅必要的资料，并对劳动场所进行检查。

县级以上各级人民政府劳动行政部门监督检查人员执行公务，必须出示证件，秉公执法并遵守有关规定。

● 行政法规及文件

2.《劳动保障监察条例》(2004 年 11 月 1 日　国务院令第 423 号)

第 13 条　对用人单位的劳动保障监察，由用人单位用工所在地的县级或者设区的市级劳动保障行政部门管辖。

上级劳动保障行政部门根据工作需要，可以调查处理下级劳动保障行政部门管辖的案件。劳动保障行政部门对劳动保障监察管辖发生争议的，报请共同的上一级劳动保障行政部门指定管辖。

省、自治区、直辖市人民政府可以对劳动保障监察的管辖制定具体办法。

第 14 条　劳动保障监察以日常巡视检查、审查用人单位按照要求报送的书面材料以及接受举报投诉等形式进行。

劳动保障行政部门认为用人单位有违反劳动保障法律、法规或者规章的行为，需要进行调查处理的，应当及时立案。

劳动保障行政部门或者受委托实施劳动保障监察的组织应当设立举报、投诉信箱和电话。

对因违反劳动保障法律、法规或者规章的行为引起的群体性事件，劳动保障行政部门应当根据应急预案，迅速会同有关部门处理。

第 15 条　劳动保障行政部门实施劳动保障监察，有权采取下列调查、检查措施：

（一）进入用人单位的劳动场所进行检查；

（二）就调查、检查事项询问有关人员；

（三）要求用人单位提供与调查、检查事项相关的文件资料，并作出解释和说明，必要时可以发出调查询问书；

（四）采取记录、录音、录像、照像或者复制等方式收集有关情况和资料；

（五）委托会计师事务所对用人单位工资支付、缴纳社会保险费的情况进行审计；

（六）法律、法规规定可以由劳动保障行政部门采取的其他调查、检查措施。

劳动保障行政部门对事实清楚、证据确凿、可以当场处理的违反劳动保障法律、法规或者规章的行为有权当场予以纠正。

第 16 条　劳动保障监察员进行调查、检查，不得少于 2 人，并应当佩戴劳动保障监察标志、出示劳动保障监察证件。

劳动保障监察员办理的劳动保障监察事项与本人或者其近亲属有直接利害关系的，应当回避。

第 17 条　劳动保障行政部门对违反劳动保障法律、法规或者规章的行为的调查，应当自立案之日起 60 个工作日内完成；对情况复杂的，经劳动保障行政部门负责人批准，可以延长 30 个工作日。

第 18 条　劳动保障行政部门对违反劳动保障法律、法规或者规章的行为，根据调查、检查的结果，作出以下处理：

（一）对依法应当受到行政处罚的，依法作出行政处罚决定；

（二）对应当改正未改正的，依法责令改正或者作出相应的行政处理决定；

（三）对情节轻微且已改正的，撤销立案。

发现违法案件不属于劳动保障监察事项的，应当及时移送有关部门处理；涉嫌犯罪的，应当依法移送司法机关。

第 19 条　劳动保障行政部门对违反劳动保障法律、法规或者规章的行为作出行政处罚或者行政处理决定前，应当听取用人单位的陈述、申辩；作出行政处罚或者行政处理决定，应当告知用人单位依法享有申请行政复议或者提起行政诉讼的权利。

第 20 条　违反劳动保障法律、法规或者规章的行为在 2 年内未被劳动保障行政部门发现，也未被举报、投诉的，劳动保障行政部门不再查处。

前款规定的期限，自违反劳动保障法律、法规或者规章的行为发生之日起计算；违反劳动保障法律、法规或者规章的行为有连续或者继续状态的，自行为终了之日起计算。

第22条　劳动保障行政部门应当建立用人单位劳动保障守法诚信档案。用人单位有重大违反劳动保障法律、法规或者规章的行为的，由有关的劳动保障行政部门向社会公布。

第30条　有下列行为之一的，由劳动保障行政部门责令改正；对有第（一）项、第（二）项或者第（三）项规定的行为的，处2000元以上2万元以下的罚款：

（一）无理抗拒、阻挠劳动保障行政部门依照本条例的规定实施劳动保障监察的；

（二）不按照劳动保障行政部门的要求报送书面材料，隐瞒事实真相，出具伪证或者隐匿、毁灭证据的；

（三）经劳动保障行政部门责令改正拒不改正，或者拒不履行劳动保障行政部门的行政处理决定的；

（四）打击报复举报人、投诉人的。

违反前款规定，构成违反治安管理行为的，由公安机关依法给予治安管理处罚；构成犯罪的，依法追究刑事责任。

3.《国务院关于建立统一的城乡居民基本养老保险制度的意见》（2014年2月21日　国发〔2014〕8号）

十、基金监督

各级人力资源社会保障部门要会同有关部门认真履行监管职责，建立健全内控制度和基金稽核监督制度，对基金的筹集、上解、划拨、发放、存储、管理等进行监控和检查，并按规定披露信息，接受社会监督。财政部门、审计部门按各自职责，对基金的收支、管理和投资运营情况实施监督。对虚报冒领、挤占挪用、贪污浪费等违纪违法行为，有关部门按国家有关法律法规严肃处理。要积极探索有村（居）民代表参加的社会监督的有效方式，做到基金公开透明，制度在阳光下运行。

● 部门规章及文件

4.《关于实施〈劳动保障监察条例〉若干规定》（2022年1月7日　人力资源和社会保障部令第47号）

第3条　劳动保障监察遵循公正、公开、高效、便民的原则。

实施劳动保障行政处罚坚持以事实为依据，以法律为准绳，坚持教育与处罚相结合，接受社会监督。

第4条　劳动保障监察实行回避制度。

第6条　劳动保障行政部门对用人单位及其劳动场所的日常巡视检查，应当制定年度计划和中长期规划，确定重点检查范围，并按照现场检查的规定进行。

第7条　劳动保障行政部门对用人单位按照要求报送的有关遵守劳动保障法律情况的书面材料应进行审查，并对审查中发现的问题及时予以纠正和查处。

第8条　劳动保障行政部门可以针对劳动保障法律实施中存在的重点问题集中组织专项检查活动，必要时，可以联合有关部门或组织共同进行。

第9条　劳动保障行政部门应当设立举报、投诉信箱，公开举报、投诉电话，依法查处举报和投诉反映的违反劳动保障法律的行为。

第20条　劳动保障监察员进行调查、检查不得少于2人。

劳动保障监察机构应指定其中1名为主办劳动保障监察员。

第21条　劳动保障监察员对用人单位遵守劳动保障法律情况进行监察时，应当遵循以下规定：

（一）进入用人单位时，应佩戴劳动保障监察执法标志，出示劳动保障监察证件，并说明身份；

（二）就调查事项制作笔录，应由劳动保障监察员和被调查人（或其委托代理人）签名或盖章。被调查人拒不签名、盖章的，应注明拒签情况。

第22条　劳动保障监察员进行调查、检查时，承担下列义务：

（一）依法履行职责，秉公执法；

（二）保守在履行职责过程中获知的商业秘密；

（三）为举报人保密。

第23条　劳动保障监察员在实施劳动保障监察时，有下列情形之一的，应当回避：

（一）本人是用人单位法定代表人或主要负责人的近亲属的；

（二）本人或其近亲属与承办查处的案件事项有直接利害关系的；

（三）因其他原因可能影响案件公正处理的。

第24条　当事人认为劳动保障监察员符合本规定第二十三条规定应当回避的，有权向劳动保障行政部门申请，要求其回避。当事人申请劳动保障监察员回避，应当采用书面形式。

第25条　劳动保障行政部门应当在收到回避申请之日起3个工作日内依法审查，并由劳动保障行政部门负责人作出回避决定。决定作出前，不停止实施劳动保障监察。回避决定应当告知申请人。

第26条　劳动保障行政部门实施劳动保障监察，有权采取下列措施：

（一）进入用人单位的劳动场所进行检查；

（二）就调查、检查事项询问有关人员；

（三）要求用人单位提供与调查、检查事项相关的文件资料，必要时可以发出调查询问书；

（四）采取记录、录音、录像、照像和复制等方式收集有关的情况和资料；

（五）对事实确凿、可以当场处理的违反劳动保障法律、法规或规章的行为当场予以纠正；

（六）可以委托注册会计师事务所对用人单位工资支付、缴纳社会保险费的情况进行审计；

（七）法律、法规规定可以由劳动保障行政部门采取的其他调查、检查措施。

第27条　劳动保障行政部门调查、检查时，有下列情形之一的可以采取证据登记保存措施：

（一）当事人可能对证据采取伪造、变造、毁灭行为的；

（二）当事人采取措施不当可能导致证据灭失的；

（三）不采取证据登记保存措施以后难以取得的；

（四）其他可能导致证据灭失的情形的。

第28条　采取证据登记保存措施应当按照下列程序进行：

（一）劳动保障监察机构根据本规定第二十七条的规定，提出证据登记保存申请，报劳动保障行政部门负责人批准；

（二）劳动保障监察员将证据登记保存通知书及证据登记清单交付当事人，由当事人签收。当事人拒不签名或者盖章的，由劳动保障监察员注明情况；

（三）采取证据登记保存措施后，劳动保障行政部门应当在7日内及时作出处理决定，期限届满后应当解除证据登记保存措施。

在证据登记保存期内，当事人或者有关人员不得销毁或者转移证据；劳动保障监察机构及劳动保障监察员可以随时调取证据。

第29条　劳动保障行政部门在实施劳动保障监察中涉及异地调查取证的，可以委托当地劳动保障行政部门协助调查。受委托方的协助调查应在双方商定的时间内完成。

第30条　劳动保障行政部门对违反劳动保障法律的行为的调查，应当自立案之日起60个工作日内完成；情况复杂的，经劳动保障行政部门负责人批准，可以延长30个工作日。

第31条　对用人单位存在的违反劳动保障法律的行为事实确凿并有法定处罚（处理）依据的，可以当场作出限期整改指令或依法当场作出行政处罚决定。

当场作出限期整改指令或行政处罚决定的，劳动保障监察员应当填写预定格式、编有号码的限期整改指令书或行政处罚决定书，当场交付当事人。

第32条　当场处以警告或罚款处罚的，应当按照下列程序进行：

（一）口头告知当事人违法行为的基本事实、拟作出的行政处罚、依据及其依法享有的权利；

（二）听取当事人的陈述和申辩；

（三）填写预定格式的处罚决定书；

（四）当场处罚决定书应当由劳动保障监察员签名或者盖章；

（五）将处罚决定书当场交付当事人，由当事人签收。

劳动保障监察员应当在2日内将当场限期整改指令和行政处罚决定书存档联交所属劳动保障行政部门存档。

第33条　对不能当场作出处理的违法案件，劳动保障监察员经调查取证，应当提出初步处理建议，并填写案件处理报批表。

案件处理报批表应写明被处理单位名称、案由、违反劳动保障法律行为事实、被处理单位的陈述、处理依据、建议处理意见。

第34条　对违反劳动保障法律的行为作出行政处罚或者行政处理决定前，应当告知用人单位，听取其陈述和申辩；法律、法规规定应当依法听证的，应当告知用人单位有权依法要求举行证；用人单位要求听证的，劳动保障行政部门应当组织听证。

第35条　劳动保障行政部门对违反劳动保障法律的行为，根据调查、检查的结果，作出以下处理：

（一）对依法应当受到行政处罚的，依法作出行政处罚决定；

（二）对应当改正未改正的，依法责令改正或者作出相应的行政处理决定；

（三）对情节轻微，且已改正的，撤销立案。

经调查、检查，劳动保障行政部门认定违法事实不能成立的，也应当撤销立案。

发现违法案件不属于劳动保障监察事项的，应当及时移送有关部门处理；涉嫌犯罪的，应当依法移送司法机关。

第 36 条　劳动保障监察行政处罚（处理）决定书应载明下列事项：

（一）被处罚（处理）单位名称、法定代表人、单位地址；

（二）劳动保障行政部门认定的违法事实和主要证据；

（三）劳动保障行政处罚（处理）的种类和依据；

（四）处罚（处理）决定的履行方式和期限；

（五）不服行政处罚（处理）决定，申请行政复议或者提起行政诉讼的途径和期限；

（六）作出处罚（处理）决定的行政机关名称和作出处罚（处理）决定的日期。

劳动保障行政处罚（处理）决定书应当加盖劳动保障行政部门印章。

第 37 条　劳动保障行政部门立案调查完成，应在 15 个工作日内作出行政处罚（行政处理或者责令改正）或者撤销立案决定；特殊情况，经劳动保障行政部门负责人批准可以延长。

第 38 条　劳动保障监察限期整改指令书、劳动保障行政处理决定书、劳动保障行政处罚决定书应当在宣告后当场交付当事人；当事人不在场的，劳动保障行政部门应当在 7 日内依照《中华人民共和国民事诉讼法》的有关规定，将劳动保障监察限期整改指令书、劳动保障行政处理决定书、劳动保障行政处罚决定书送达当事人。

第 39 条　作出行政处罚、行政处理决定的劳动保障行政部门发现决定不适当的，应当予以纠正并及时告知当事人。

第 40 条　劳动保障监察案件结案后应建立档案。档案资料应当至少保存 3 年。

第 41 条　劳动保障行政处理或处罚决定依法作出后，当事人应当在决定规定的期限内予以履行。

第 42 条　当事人对劳动保障行政处理或行政处罚决定不服申请行政复议或者提起行政诉讼的，行政处理或行政处罚决定不停止执行。法律另有规定的除外。

第 43 条　当事人确有经济困难，需要延期或者分期缴纳罚款的，经当事人申请和劳动保障行政部门批准，可以暂缓或者分期缴纳。

第 44 条　当事人对劳动保障行政部门作出的行政处罚决定、责令支付劳动者工资报酬、赔偿金或者征缴社会保险费等行政处理决定逾期不履行的，劳动保障行政部门可以申请人民法院强制执行，或者依法强制执行。

第 45 条　除依法当场收缴的罚款外，作出罚款决定的劳动保障行政部门及其劳动保障监察员不得自行收缴罚款。当事人应当自收到行政处罚决定书之日起 15 日内，到指定银行缴纳罚款。

第 46 条　地方各级劳动保障行政部门应当按照劳动保障部有关规定对承办的案件进行统计并填表上报。

地方各级劳动保障行政部门制作的行政处罚决定书，应当在 10 个工作日内报送上一级劳动保障行政部门备案。

第七十六条　其他主管部门的监督管理责任

县级以上人民政府建设、卫生、安全生产监督管理等有关主管部门在各自职责范围内，对用人单位执行劳动合同制度的情况进行监督管理。

● 法 律

1.《劳动法》（2018 年 12 月 29 日）

第 87 条　县级以上各级人民政府有关部门在各自职责范围内，对用人单位遵守劳动法律、法规的情况进行监督。

2.《职业病防治法》（2018 年 12 月 29 日）

第 9 条　国家实行职业卫生监督制度。

国务院卫生行政部门、劳动保障行政部门依照本法和国务院确定的职责，负责全国职业病防治的监督管理工作。国务院有关部门在各自的职责范围内负责职业病防治的有关监督管理工作。

县级以上地方人民政府卫生行政部门、劳动保障行政部门依据各自职责，负责本行政区域内职业病防治的监督管理工作。县级以上地方人民政府有关部门在各自的职责范围内负责职业病防治的有关监督管理工作。

县级以上人民政府卫生行政部门、劳动保障行政部门（以下统称职业卫生监督管理部门）应当加强沟通，密切配合，按照各自职责分工，依法行使职权，承担责任。

● 行政法规及文件

3.《国有企业管理人员处分条例》（2024 年 5 月 28 日　国务院令第 781 号）

第 27 条　对涉嫌违法的国有企业管理人员进行调查、处理，应当由 2 名以上工作人员进行，按照下列程序办理：

（一）经任免机关、单位负责人同意，由承办部门对需要调查处理的问题线索进行初步核实；

（二）经初步核实，承办部门认为该国有企业管理人员涉嫌违反公职人员政务处分法和本条例规定，需要进一步查证的，经任免机关、单位主要负责人批准同意后立案，书面告知被调查的国有企业管理人员本人（以下称被调查人）及其所在单位，并向有管理权限的监察机关通报；

（三）承办部门负责对被调查人的违法行为作进一步调查，收集、查证有关证据材料，向有关单位和人员了解情况，并形成书面调查报告，向任免机关、单位负责人报告，有关单位和个人应当如实提供情况；

（四）承办部门将调查认定的事实以及拟给予处分的依据告知被调查人，听取其陈述和申辩，并对其提出的事实、理由和证据进行核实，记录在案，被调查人提出的事实、理由和证据成立的，应予采纳；

（五）承办部门经审查提出处理建议，按程序报任免机关、单位领导成员集体讨论，作出对被调查人给予处分、免予处分、不予处分或者撤销案件的决定，并向有管理权限的监察机关通报；

（六）任免机关、单位应当自本条第一款第五项决定作出之日起 1 个月以内，将处分、免予处分、不予处分或者撤销案件的决定以书面形式通知被调查人及其所在单位，并在一定范围内宣布，涉及国家秘密、商业秘密或者个人隐私的，按照国家有关规定办理；

（七）承办部门应当将处分有关决定及执行材料归入被调查人本人档案，同时汇集有关材料形成该处分案件的工作档案。

严禁以威胁、引诱、欺骗等非法方式收集证据。以非法方式收集的证据不得作为给予处分的依据。不得因被调查人的申辩而加重处分。

第 28 条 重大违法案件调查过程中，确有需要的，可以商请有管理权限的监察机关提供必要支持。

违法情形复杂、涉及面广或者造成重大影响，由任免机关、单位调查核实存在困难的，经任免机关、单位负责人同意，可以商请有管理权限的监察机关处理。

4. **《劳动保障监察条例》**（2004 年 11 月 1 日　国务院令第 423 号）

第 35 条　劳动安全卫生的监督检查，由卫生部门、安全生产监督管理部门、特种设备安全监督管理部门等有关部门依照有关法律、行政法规的规定执行。

第七十七条　劳动者权利救济途径

劳动者合法权益受到侵害的，有权要求有关部门依法处理，或者依法申请仲裁、提起诉讼。

● 法　律

1. **《劳动争议调解仲裁法》**（2007 年 12 月 29 日）

第 2 条　中华人民共和国境内的用人单位与劳动者发生的下列劳动争议，适用本法：

（一）因确认劳动关系发生的争议；

（二）因订立、履行、变更、解除和终止劳动合同发生的争议；

（三）因除名、辞退和辞职、离职发生的争议；

（四）因工作时间、休息休假、社会保险、福利、培训以及劳动保护发生的争议；

（五）因劳动报酬、工伤医疗费、经济补偿或者赔偿金等发生的争议；

（六）法律、法规规定的其他劳动争议。

第 4 条　发生劳动争议，劳动者可以与用人单位协商，也可以请工会或者第三方共同与用人单位协商，达成和解协议。

第 5 条　发生劳动争议，当事人不愿协商、协商不成或者达成和解协议后不履行的，可以向调解组织申请调解；不愿调解、调解不成或者达成调解协议后不履行的，可以向劳动争议仲裁委员会申请仲裁；对仲裁裁决不服的，除本法另有规定的外，可以向人民法院提起诉讼。

第10条　发生劳动争议，当事人可以到下列调解组织申请调解：

（一）企业劳动争议调解委员会；

（二）依法设立的基层人民调解组织；

（三）在乡镇、街道设立的具有劳动争议调解职能的组织。

企业劳动争议调解委员会由职工代表和企业代表组成。职工代表由工会成员担任或者由全体职工推举产生，企业代表由企业负责人指定。企业劳动争议调解委员会主任由工会成员或者双方推举的人员担任。

第14条　经调解达成协议的，应当制作调解协议书。

调解协议书由双方当事人签名或者盖章，经调解员签名并加盖调解组织印章后生效，对双方当事人具有约束力，当事人应当履行。

自劳动争议调解组织收到调解申请之日起十五日内未达成调解协议的，当事人可以依法申请仲裁。

第15条　达成调解协议后，一方当事人在协议约定期限内不履行调解协议的，另一方当事人可以依法申请仲裁。

第21条　劳动争议仲裁委员会负责管辖本区域内发生的劳动争议。

劳动争议由劳动合同履行地或者用人单位所在地的劳动争议仲裁委员会管辖。双方当事人分别向劳动合同履行地和用人单位所在地的劳动争议仲裁委员会申请仲裁的，由劳动合同履行地的劳动争议仲裁委员会管辖。

第27条　劳动争议申请仲裁的时效期间为一年。仲裁时效期间从当事人知道或者应当知道其权利被侵害之日起计算。

前款规定的仲裁时效，因当事人一方向对方当事人主张权利，或者向有关部门请求权利救济，或者对方当事人同意履行义务而中断。从中断时起，仲裁时效期间重新计算。

因不可抗力或者有其他正当理由，当事人不能在本条第一款规定的仲裁时效期间申请仲裁的，仲裁时效中止。从中止时效的原因消除之日起，仲裁时效期间继续计算。

劳动关系存续期间因拖欠劳动报酬发生争议的，劳动者申请仲裁不受本条第一款规定的仲裁时效期间的限制；但是，劳动关系终止的，应当自劳动关系终止之日起一年内提出。

第 29 条 劳动争议仲裁委员会收到仲裁申请之日起五日内，认为符合受理条件的，应当受理，并通知申请人；认为不符合受理条件的，应当书面通知申请人不予受理，并说明理由。对劳动争议仲裁委员会不予受理或者逾期未作出决定的，申请人可以就该劳动争议事项向人民法院提起诉讼。

第 47 条 下列劳动争议，除本法另有规定的外，仲裁裁决为终局裁决，裁决书自作出之日起发生法律效力：

（一）追索劳动报酬、工伤医疗费、经济补偿或者赔偿金，不超过当地月最低工资标准十二个月金额的争议；

（二）因执行国家的劳动标准在工作时间、休息休假、社会保险等方面发生的争议。

第 48 条 劳动者对本法第四十七条规定的仲裁裁决不服的，可以自收到仲裁裁决书之日起十五日内向人民法院提起诉讼。

第 50 条 当事人对本法第四十七条规定以外的其他劳动争议案件的仲裁裁决不服的，可以自收到仲裁裁决书之日起十五日内向人民法院提起诉讼；期满不起诉的，裁决书发生法律效力。

2.《劳动法》（2018 年 12 月 29 日）

第 77 条 用人单位与劳动者发生劳动争议，当事人可以依法申请调解、仲裁、提起诉讼，也可以协商解决。

调解原则适用于仲裁和诉讼程序。

第 79 条 劳动争议发生后，当事人可以向本单位劳动争议调解委员会申请调解；调解不成，当事人一方要求仲裁的，可以向劳动争议仲裁委员会申请仲裁。当事人一方也可以直接向劳动争议仲裁委员会申请仲裁。对仲裁裁决不服的，可以向人民法院提起诉讼。

● 行政法规及文件

3.《劳动合同法实施条例》（2008年9月18日　国务院令第423号）

第36条　对违反劳动合同法和本条例的行为的投诉、举报，县级以上地方人民政府劳动行政部门依照《劳动保障监察条例》的规定处理。

第37条　劳动者与用人单位因订立、履行、变更、解除或者终止劳动合同发生争议的，依照《中华人民共和国劳动争议调解仲裁法》的规定处理。

● 司法解释及文件

4.《最高人民法院关于审理劳动争议案件适用法律问题的解释（二）》（2025年7月31日　法释〔2025〕12号）

第20条　当事人在仲裁期间因自身原因未提出仲裁时效抗辩，在一审或者二审诉讼期间提出仲裁时效抗辩的，人民法院不予支持。当事人基于新的证据能够证明对方当事人请求权的仲裁时效期间届满的，人民法院应予支持。

当事人未按照前款规定提出仲裁时效抗辩，以仲裁时效期间届满为由申请再审或者提出再审抗辩的，人民法院不予支持。

5.《最高人民法院关于审理劳动争议案件适用法律问题的解释（一）》（2020年12月29日　法释〔2020〕26号）

为正确审理劳动争议案件，根据《中华人民共和国民法典》《中华人民共和国劳动法》《中华人民共和国劳动合同法》《中华人民共和国劳动争议调解仲裁法》《中华人民共和国民事诉讼法》等相关法律规定，结合审判实践，制定本解释。

第1条　劳动者与用人单位之间发生的下列纠纷，属于劳动争议，当事人不服劳动争议仲裁机构作出的裁决，依法提起诉讼的，人民法院应予受理：

（一）劳动者与用人单位在履行劳动合同过程中发生的纠纷；

（二）劳动者与用人单位之间没有订立书面劳动合同，但已形成劳动关系后发生的纠纷；

（三）劳动者与用人单位因劳动关系是否已经解除或者终止，以及应否支付解除或者终止劳动关系经济补偿金发生的纠纷；

（四）劳动者与用人单位解除或者终止劳动关系后，请求用人单位返还其收取的劳动合同定金、保证金、抵押金、抵押物发生的纠纷，或者办理劳动者的人事档案、社会保险关系等移转手续发生的纠纷；

（五）劳动者以用人单位未为其办理社会保险手续，且社会保险经办机构不能补办导致其无法享受社会保险待遇为由，要求用人单位赔偿损失发生的纠纷；

（六）劳动者退休后，与尚未参加社会保险统筹的原用人单位因追索养老金、医疗费、工伤保险待遇和其他社会保险待遇而发生的纠纷；

（七）劳动者因为工伤、职业病，请求用人单位依法给予工伤保险待遇发生的纠纷；

（八）劳动者依据劳动合同法第八十五条规定，要求用人单位支付加付赔偿金发生的纠纷；

（九）因企业自主进行改制发生的纠纷。

第2条　下列纠纷不属于劳动争议：

（一）劳动者请求社会保险经办机构发放社会保险金的纠纷；

（二）劳动者与用人单位因住房制度改革产生的公有住房转让纠纷；

（三）劳动者对劳动能力鉴定委员会的伤残等级鉴定结论或

者对职业病诊断鉴定委员会的职业病诊断鉴定结论的异议纠纷；

（四）家庭或者个人与家政服务人员之间的纠纷；

（五）个体工匠与帮工、学徒之间的纠纷；

（六）农村承包经营户与受雇人之间的纠纷。

第3条　劳动争议案件由用人单位所在地或者劳动合同履行地的基层人民法院管辖。

劳动合同履行地不明确的，由用人单位所在地的基层人民法院管辖。

法律另有规定的，依照其规定。

第4条　劳动者与用人单位均不服劳动争议仲裁机构的同一裁决，向同一人民法院起诉的，人民法院应当并案审理，双方当事人互为原告和被告，对双方的诉讼请求，人民法院应当一并作出裁决。在诉讼过程中，一方当事人撤诉的，人民法院应当根据另一方当事人的诉讼请求继续审理。双方当事人就同一仲裁裁决分别向有管辖权的人民法院起诉的，后受理的人民法院应当将案件移送给先受理的人民法院。

第5条　劳动争议仲裁机构以无管辖权为由对劳动争议案件不予受理，当事人提起诉讼的，人民法院按照以下情形分别处理：

（一）经审查认为该劳动争议仲裁机构对案件确无管辖权的，应当告知当事人向有管辖权的劳动争议仲裁机构申请仲裁；

（二）经审查认为该劳动争议仲裁机构有管辖权的，应当告知当事人申请仲裁，并将审查意见书面通知该劳动争议仲裁机构；劳动争议仲裁机构仍不受理，当事人就该劳动争议事项提起诉讼的，人民法院应予受理。

第6条　劳动争议仲裁机构以当事人申请仲裁的事项不属于劳动争议为由，作出不予受理的书面裁决、决定或者通知，当事人不服依法提起诉讼的，人民法院应当分别情况予以处理：

（一）属于劳动争议案件的，应当受理；

（二）虽不属于劳动争议案件，但属于人民法院主管的其他案件，应当依法受理。

第7条　劳动争议仲裁机构以申请仲裁的主体不适格为由，作出不予受理的书面裁决、决定或者通知，当事人不服依法提起诉讼，经审查确属主体不适格的，人民法院不予受理；已经受理的，裁定驳回起诉。

第8条　劳动争议仲裁机构为纠正原仲裁裁决错误重新作出裁决，当事人不服依法提起诉讼的，人民法院应当受理。

第9条　劳动争议仲裁机构仲裁的事项不属于人民法院受理的案件范围，当事人不服依法提起诉讼的，人民法院不予受理；已经受理的，裁定驳回起诉。

第10条　当事人不服劳动争议仲裁机构作出的预先支付劳动者劳动报酬、工伤医疗费、经济补偿或者赔偿金的裁决，依法提起诉讼的，人民法院不予受理。

用人单位不履行上述裁决中的给付义务，劳动者依法申请强制执行的，人民法院应予受理。

第11条　劳动争议仲裁机构作出的调解书已经发生法律效力，一方当事人反悔提起诉讼的，人民法院不予受理；已经受理的，裁定驳回起诉。

第12条　劳动争议仲裁机构逾期未作出受理决定或仲裁裁决，当事人直接提起诉讼的，人民法院应予受理，但申请仲裁的案件存在下列事由的除外：

（一）移送管辖的；

（二）正在送达或者送达延误的；

（三）等待另案诉讼结果、评残结论的；

（四）正在等待劳动争议仲裁机构开庭的；

（五）启动鉴定程序或者委托其他部门调查取证的；

（六）其他正当事由。

当事人以劳动争议仲裁机构逾期未作出仲裁裁决为由提起诉讼的，应当提交该仲裁机构出具的受理通知书或者其他已接受仲裁申请的凭证、证明。

第 13 条 劳动者依据劳动合同法第三十条第二款和调解仲裁法第十六条规定向人民法院申请支付令，符合民事诉讼法第十七章督促程序规定的，人民法院应予受理。

依据劳动合同法第三十条第二款规定申请支付令被人民法院裁定终结督促程序后，劳动者就劳动争议事项直接提起诉讼的，人民法院应当告知其先向劳动争议仲裁机构申请仲裁。

依据调解仲裁法第十六条规定申请支付令被人民法院裁定终结督促程序后，劳动者依据调解协议直接提起诉讼的，人民法院应予受理。

第 14 条 人民法院受理劳动争议案件后，当事人增加诉讼请求的，如该诉讼请求与讼争的劳动争议具有不可分性，应当合并审理；如属独立的劳动争议，应当告知当事人向劳动争议仲裁机构申请仲裁。

第 15 条 劳动者以用人单位的工资欠条为证据直接提起诉讼，诉讼请求不涉及劳动关系其他争议的，视为拖欠劳动报酬争议，人民法院按照普通民事纠纷受理。

第 16 条 劳动争议仲裁机构作出仲裁裁决后，当事人对裁决中的部分事项不服，依法提起诉讼的，劳动争议仲裁裁决不发生法律效力。

第 17 条 劳动争议仲裁机构对多个劳动者的劳动争议作出仲裁裁决后，部分劳动者对仲裁裁决不服，依法提起诉讼的，仲裁裁决对提起诉讼的劳动者不发生法律效力；对未提起诉讼的部分劳动者，发生法律效力，如其申请执行的，人民法院应当受理。

第 18 条 仲裁裁决的类型以仲裁裁决书确定为准。仲裁裁决书未载明该裁决为终局裁决或者非终局裁决，用人单位不服该仲裁裁决向基层人民法院提起诉讼的，应当按照以下情形分别处理：

（一）经审查认为该仲裁裁决为非终局裁决的，基层人民法院应予受理；

（二）经审查认为该仲裁裁决为终局裁决的，基层人民法院不予受理，但应告知用人单位可以自收到不予受理裁定书之日起三十日内向劳动争议仲裁机构所在地的中级人民法院申请撤销该仲裁裁决；已经受理的，裁定驳回起诉。

第19条 仲裁裁决书未载明该裁决为终局裁决或者非终局裁决，劳动者依据调解仲裁法第四十七条第一项规定，追索劳动报酬、工伤医疗费、经济补偿或者赔偿金，如果仲裁裁决涉及数项，每项确定的数额均不超过当地月最低工资标准十二个月金额的，应当按照终局裁决处理。

第20条 劳动争议仲裁机构作出的同一仲裁裁决同时包含终局裁决事项和非终局裁决事项，当事人不服该仲裁裁决向人民法院提起诉讼的，应当按照非终局裁决处理。

第21条 劳动者依据调解仲裁法第四十八条规定向基层人民法院提起诉讼，用人单位依据调解仲裁法第四十九条规定向劳动争议仲裁机构所在地的中级人民法院申请撤销仲裁裁决的，中级人民法院应当不予受理；已经受理的，应当裁定驳回申请。

被人民法院驳回起诉或者劳动者撤诉的，用人单位可以自收到裁定书之日起三十日内，向劳动争议仲裁机构所在地的中级人民法院申请撤销仲裁裁决。

第22条 用人单位依据调解仲裁法第四十九条规定向中级人民法院申请撤销仲裁裁决，中级人民法院作出的驳回申请或者撤销仲裁裁决的裁定为终审裁定。

第23条 中级人民法院审理用人单位申请撤销终局裁决的案件，应当组成合议庭开庭审理。经过阅卷、调查和询问当事人；对没有新的事实、证据或者理由，合议庭认为不需要开庭审理的，可以不开庭审理。

中级人民法院可以组织双方当事人调解。达成调解协议的，可以制作调解书。一方当事人逾期不履行调解协议的，另一方可以申请人民法院强制执行。

第 24 条　当事人申请人民法院执行劳动争议仲裁机构作出的发生法律效力的裁决书、调解书，被申请人提出证据证明劳动争议仲裁裁决书、调解书有下列情形之一，并经审查核实的，人民法院可以根据民事诉讼法第二百三十七条①规定，裁定不予执行：

（一）裁决的事项不属于劳动争议仲裁范围，或者劳动争议仲裁机构无权仲裁的；

（二）适用法律、法规确有错误的；

（三）违反法定程序的；

（四）裁决所根据的证据是伪造的；

（五）对方当事人隐瞒了足以影响公正裁决的证据的；

（六）仲裁员在仲裁该案时有索贿受贿、徇私舞弊、枉法裁决行为的；

（七）人民法院认定执行该劳动争议仲裁裁决违背社会公共利益的。

人民法院在不予执行的裁定书中，应当告知当事人在收到裁定书之次日起三十日内，可以就该劳动争议事项向人民法院提起诉讼。

第 25 条　劳动争议仲裁机构作出终局裁决，劳动者向人民法院申请执行，用人单位向劳动争议仲裁机构所在地的中级人民法院申请撤销的，人民法院应当裁定中止执行。

用人单位撤回撤销终局裁决申请或者其申请被驳回的，人民法院应当裁定恢复执行。仲裁裁决被撤销的，人民法院应当裁定

---

① 对应 2023 年 9 月 1 日修正的《民事诉讼法》第二百四十八条。

终结执行。

用人单位向人民法院申请撤销仲裁裁决被驳回后，又在执行程序中以相同理由提出不予执行抗辩的，人民法院不予支持。

第 26 条　用人单位与其他单位合并的，合并前发生的劳动争议，由合并后的单位为当事人；用人单位分立为若干单位的，其分立前发生的劳动争议，由分立后的实际用人单位为当事人。

用人单位分立为若干单位后，具体承受劳动权利义务的单位不明确的，分立后的单位均为当事人。

第 27 条　用人单位招用尚未解除劳动合同的劳动者，原用人单位与劳动者发生的劳动争议，可以列新的用人单位为第三人。

原用人单位以新的用人单位侵权为由提起诉讼的，可以列劳动者为第三人。

原用人单位以新的用人单位和劳动者共同侵权为由提起诉讼的，新的用人单位和劳动者列为共同被告。

第 28 条　劳动者在用人单位与其他平等主体之间的承包经营期间，与发包方和承包方双方或者一方发生劳动争议，依法提起诉讼的，应当将承包方和发包方作为当事人。

第 29 条　劳动者与未办理营业执照、营业执照被吊销或者营业期限届满仍继续经营的用人单位发生争议的，应当将用人单位或者其出资人列为当事人。

第 30 条　未办理营业执照、营业执照被吊销或者营业期限届满仍继续经营的用人单位，以挂靠等方式借用他人营业执照经营的，应当将用人单位和营业执照出借方列为当事人。

第 31 条　当事人不服劳动争议仲裁机构作出的仲裁裁决，依法提起诉讼，人民法院审查认为仲裁裁决遗漏了必须共同参加仲裁的当事人的，应当依法追加遗漏的人为诉讼当事人。

被追加的当事人应当承担责任的，人民法院应当一并处理。

第 33 条　外国人、无国籍人未依法取得就业证件即与中华人民共和国境内的用人单位签订劳动合同，当事人请求确认与用人单位存在劳动关系的，人民法院不予支持。

持有《外国专家证》并取得《外国人来华工作许可证》的外国人，与中华人民共和国境内的用人单位建立用工关系的，可以认定为劳动关系。

第 34 条　劳动合同期满后，劳动者仍在原用人单位工作，原用人单位未表示异议的，视为双方同意以原条件继续履行劳动合同。一方提出终止劳动关系的，人民法院应予支持。

根据劳动合同法第十四条规定，用人单位应当与劳动者签订无固定期限劳动合同而未签订的，人民法院可以视为双方之间存在无固定期限劳动合同关系，并以原劳动合同确定双方的权利义务关系。

第 35 条　劳动者与用人单位就解除或者终止劳动合同办理相关手续、支付工资报酬、加班费、经济补偿或者赔偿金等达成的协议，不违反法律、行政法规的强制性规定，且不存在欺诈、胁迫或者乘人之危情形的，应当认定有效。

前款协议存在重大误解或者显失公平情形，当事人请求撤销的，人民法院应予支持。

第 36 条　当事人在劳动合同或者保密协议中约定了竞业限制，但未约定解除或者终止劳动合同后给予劳动者经济补偿，劳动者履行了竞业限制义务，要求用人单位按照劳动者在劳动合同解除或者终止前十二个月平均工资的 30% 按月支付经济补偿的，人民法院应予支持。

前款规定的月平均工资的 30% 低于劳动合同履行地最低工资标准的，按照劳动合同履行地最低工资标准支付。

第 37 条　当事人在劳动合同或者保密协议中约定了竞业限制和经济补偿，当事人解除劳动合同时，除另有约定外，用人单位要求劳动者履行竞业限制义务，或者劳动者履行了竞业限制义务后要求用人单位支付经济补偿的，人民法院应予支持。

第38条　当事人在劳动合同或者保密协议中约定了竞业限制和经济补偿，劳动合同解除或者终止后，因用人单位的原因导致三个月未支付经济补偿，劳动者请求解除竞业限制约定的，人民法院应予支持。

第39条　在竞业限制期限内，用人单位请求解除竞业限制协议的，人民法院应予支持。

在解除竞业限制协议时，劳动者请求用人单位额外支付劳动者三个月的竞业限制经济补偿的，人民法院应予支持。

第40条　劳动者违反竞业限制约定，向用人单位支付违约金后，用人单位要求劳动者按照约定继续履行竞业限制义务的，人民法院应予支持。

第41条　劳动合同被确认为无效，劳动者已付出劳动的，用人单位应当按照劳动合同法第二十八条、第四十六条、第四十七条的规定向劳动者支付劳动报酬和经济补偿。

由于用人单位原因订立无效劳动合同，给劳动者造成损害的，用人单位应当赔偿劳动者因合同无效所造成的经济损失。

第42条　劳动者主张加班费的，应当就加班事实的存在承担举证责任。但劳动者有证据证明用人单位掌握加班事实存在的证据，用人单位不提供的，由用人单位承担不利后果。

第43条　用人单位与劳动者协商一致变更劳动合同，虽未采用书面形式，但已经实际履行了口头变更的劳动合同超过一个月，变更后的劳动合同内容不违反法律、行政法规且不违背公序良俗，当事人以未采用书面形式为由主张劳动合同变更无效的，人民法院不予支持。

第44条　因用人单位作出的开除、除名、辞退、解除劳动合同、减少劳动报酬、计算劳动者工作年限等决定而发生的劳动争议，用人单位负举证责任。

第 45 条　用人单位有下列情形之一，迫使劳动者提出解除劳动合同的，用人单位应当支付劳动者的劳动报酬和经济补偿，并可支付赔偿金：

（一）以暴力、威胁或者非法限制人身自由的手段强迫劳动的；

（二）未按照劳动合同约定支付劳动报酬或者提供劳动条件的；

（三）克扣或者无故拖欠劳动者工资的；

（四）拒不支付劳动者延长工作时间工资报酬的；

（五）低于当地最低工资标准支付劳动者工资的。

第 46 条　劳动者非因本人原因从原用人单位被安排到新用人单位工作，原用人单位未支付经济补偿，劳动者依据劳动合同法第三十八条规定与新用人单位解除劳动合同，或者新用人单位向劳动者提出解除、终止劳动合同，在计算支付经济补偿或赔偿金的工作年限时，劳动者请求把在原用人单位的工作年限合并计算为新用人单位工作年限的，人民法院应予支持。

用人单位符合下列情形之一的，应当认定属于“劳动者非因本人原因从原用人单位被安排到新用人单位工作”：

（一）劳动者仍在原工作场所、工作岗位工作，劳动合同主体由原用人单位变更为新用人单位；

（二）用人单位以组织委派或任命形式对劳动者进行工作调动；

（三）因用人单位合并、分立等原因导致劳动者工作调动；

（四）用人单位及其关联企业与劳动者轮流订立劳动合同；

（五）其他合理情形。

第 47 条　建立了工会组织的用人单位解除劳动合同符合劳动合同法第三十九条、第四十条规定，但未按照劳动合同法第四十三条规定事先通知工会，劳动者以用人单位违法解除劳动合同为由请求用人单位支付赔偿金的，人民法院应予支持，但起诉前用人单位已经补正有关程序的除外。

第48条　劳动合同法施行后，因用人单位经营期限届满不再继续经营导致劳动合同不能继续履行，劳动者请求用人单位支付经济补偿的，人民法院应予支持。

第49条　在诉讼过程中，劳动者向人民法院申请采取财产保全措施，人民法院经审查认为申请人经济确有困难，或者有证据证明用人单位存在欠薪逃匿可能的，应当减轻或者免除劳动者提供担保的义务，及时采取保全措施。

人民法院作出的财产保全裁定中，应当告知当事人在劳动争议仲裁机构的裁决书或者在人民法院的裁判文书生效后三个月内申请强制执行。逾期不申请的，人民法院应当裁定解除保全措施。

第50条　用人单位根据劳动合同法第四条规定，通过民主程序制定的规章制度，不违反国家法律、行政法规及政策规定，并已向劳动者公示的，可以作为确定双方权利义务的依据。

用人单位制定的内部规章制度与集体合同或者劳动合同约定的内容不一致，劳动者请求优先适用合同约定的，人民法院应予支持。

第51条　当事人在调解仲裁法第十条规定的调解组织主持下达成的具有劳动权利义务内容的调解协议，具有劳动合同的约束力，可以作为人民法院裁判的根据。

当事人在调解仲裁法第十条规定的调解组织主持下仅就劳动报酬争议达成调解协议，用人单位不履行调解协议确定的给付义务，劳动者直接提起诉讼的，人民法院可以按照普通民事纠纷受理。

第52条　当事人在人民调解委员会主持下仅就给付义务达成的调解协议，双方认为有必要的，可以共同向人民调解委员会所在地的基层人民法院申请司法确认。

第53条　用人单位对劳动者作出的开除、除名、辞退等处理，或者因其他原因解除劳动合同确有错误的，人民法院可以依法判决予以撤销。

对于追索劳动报酬、养老金、医疗费以及工伤保险待遇、经济补偿金、培训费及其他相关费用等案件，给付数额不当的，人民法院可以予以变更。

第54条　本解释自2021年1月1日起施行。

6.《最高人民法院办公厅 人力资源社会保障部办公厅关于建立劳动人事争议“总对总”在线诉调对接机制的通知》（2022年1月19日　法办〔2022〕3号）

一、建立“总对总”在线诉调对接机制

最高人民法院依托人民法院调解平台（以下简称法院调解平台）、人力资源社会保障部依托劳动人事争议在线调解服务平台（以下简称人社调解平台），通过系统对接与机构、人员入驻相结合的方式，共同推进“总对总”在线诉调对接机制建设，逐步畅通线上线下调解与诉讼对接渠道，指导全国劳动人事争议调解组织（以下简称调解组织）与各级人民法院开展劳动人事争议全流程在线委派委托调解、音视频调解、在线申请司法确认调解协议等工作。

二、“总对总”在线诉调对接机制任务分工

最高人民法院立案庭统筹推进法院系统在线诉调对接工作，负责法院调解平台的研发、运维、宣传等工作。各级人民法院在“总对总”在线诉调对接机制框架下，负责与同级人力资源社会保障部门加强沟通联系，开展本级特邀调解名册确认、委派委托调解以及调解协议司法确认等工作，做好调解员培训和业务指导工作。

人力资源社会保障部统筹推进调解仲裁系统在线诉调对接工作，负责指导地方劳动人事争议调解仲裁信息系统（以下简称地方调解仲裁系统）建设以及与人社调解平台的衔接工作，指导各级人力资源社会保障部门建立调解组织和调解员名册及相关管理制度。各省级人力资源社会保障部门负责组建“省级调解专家资源库”，组织本地区各级人力资源社会保障部门、乡镇（街道）

调解组织和调解员入驻法院调解平台，指导本地区各级人力资源社会保障部门做好调解组织人员管理和信息更新等工作。乡镇（街道）调解组织和调解员根据需要做好案件调解和法院委派委托案件调解等工作。

三、“总对总”在线诉调对接工作流程

（一）人民法院委派委托案件处理流程。当事人向人民法院提交纠纷调解申请后，人民法院在征得当事人同意后，向调解组织委派委托案件。对于地方调解仲裁系统与人社调解平台实现系统对接的地区，人民法院通过法院调解平台将纠纷推送至人社调解平台，由调解组织及其调解员在地方调解仲裁系统开展在线调解工作。对于地方调解仲裁系统与人社调解平台未实现系统对接的地区，可采用机构、人员入驻方式，登录法院调解平台开展在线调解工作，并逐步过渡至系统对接方式。

（二）调解组织音视频调解流程。调解组织及其调解员应当积极使用法院调解平台音视频调解功能开展人民法院委派委托案件在线调解工作。对于调解组织自身受理的调解申请，地方调解仲裁系统不支持音视频调解功能的，调解组织及其调解员可以通知、指导当事人，使用法院调解平台的音视频调解功能开展在线调解。

（三）在线申请司法确认调解协议、出具法院调解书流程。调解组织调解成功后，双方当事人可以依据法律和司法解释规定，就达成的调解协议共同向人民法院申请在线司法确认或者出具法院调解书。调解组织可以通过人社调解平台向法院调解平台提供案件办理情况，为人民法院开展司法确认或者出具法院调解书提供支持。

四、建立沟通会商机制

最高人民法院、人力资源社会保障部加强沟通会商工作，定期通报在线诉调对接工作推广应用情况，分析存在的问题，研究下一步工作举措。各地人民法院与同级人力资源社会保障部门建立工作协调和信息共享机制，从具体工作层面落实相关建设应用要求。

五、工作要求

各地要高度重视“总对总”在线诉调对接工作，将其作为提高劳动人事争议调处效能、完善劳动人事争议多元化解机制的重要方式，紧密结合本地实际，因地制宜开展工作。要加强创新，充分发挥社会多元主体在预防化解矛盾纠纷中的协同协作、互动互补、相辅相成作用，更好促进社会公平正义、维护劳动人事关系和谐与社会稳定。

（一）组织入驻法院调解平台。最高人民法院负责为入驻法院调解平台的各级人力资源社会保障部门及其管理员、调解组织及其调解员开通账号。人力资源社会保障部负责分发账号，组织各省级人力资源社会保障部门开展本地区各级人力资源社会保障部门及其管理员、调解组织及其调解员入驻法院调解平台工作。

（二）组建特邀调解员队伍。各高级人民法院、各省级人力资源社会保障部门共同确定省级调解专家资源库名册，组建“省级调解专家资源库”，专门处理本地区重大集体劳动人事争议。各级人力资源社会保障部门按照《最高人民法院关于人民法院特邀调解的规定》（法释〔2016〕14号）要求，将符合条件的调解组织及其调解员信息通过法院调解平台推送到同级人民法院进行确认。各级人民法院对于符合条件的调解组织及其调解员，应当纳入本院特邀调解名册，并在法院调解平台上予以确认。

（三）推进系统开发和对接。最高人民法院、人力资源社会保障部有关机构负责推进法院调解平台与人社调解平台对接工作。各地人力资源社会保障部门要基于金保工程二期项目，加快推进地方调解仲裁系统建设。人力资源社会保障部有关机构负责推进人社调解平台与地方调解仲裁系统对接工作。

各地在落实推进中的经验做法、困难问题，请及时层报最高人民法院和人力资源社会保障部。

● 部门规章及文件

7.《**劳动人事争议仲裁办案规则**》（2017 年 5 月 8 日　人力资源和社会保障部令第 33 号）

第 6 条　发生争议的用人单位未办理营业执照、被吊销营业执照、营业执照到期继续经营、被责令关闭、被撤销以及用人单位解散、歇业，不能承担相关责任的，应当将用人单位和其出资人、开办单位或者主管部门作为共同当事人。

第 7 条　劳动者与个人承包经营者发生争议，依法向仲裁委员会申请仲裁的，应当将发包的组织和个人承包经营者作为共同当事人。

第 8 条　劳动合同履行地为劳动者实际工作场所地，用人单位所在地为用人单位注册、登记地或者主要办事机构所在地。用人单位未经注册、登记的，其出资人、开办单位或者主管部门所在地为用人单位所在地。

双方当事人分别向劳动合同履行地和用人单位所在地的仲裁委员会申请仲裁的，由劳动合同履行地的仲裁委员会管辖。有多个劳动合同履行地的，由最先受理的仲裁委员会管辖。劳动合同履行地不明确的，由用人单位所在地的仲裁委员会管辖。

案件受理后，劳动合同履行地或者用人单位所在地发生变化的，不改变争议仲裁的管辖。

第 9 条　仲裁委员会发现已受理案件不属于其管辖范围的，应当移送至有管辖权的仲裁委员会，并书面通知当事人。

对上述移送案件，受移送的仲裁委员会应当依法受理。受移送的仲裁委员会认为移送的案件按照规定不属于其管辖，或者仲裁委员会之间因管辖争议协商不成的，应当报请共同的上一级仲裁委员会主管部门指定管辖。

第 10 条　当事人提出管辖异议的，应当在答辩期满前书面提出。仲裁委员会应当审查当事人提出的管辖异议，异议成立的，将案件移送至有管辖权的仲裁委员会并书面通知当事人；异议不成立的，应当书面决定驳回。

当事人逾期提出的，不影响仲裁程序的进行。

第11条　当事人申请回避，应当在案件开庭审理前提出，并说明理由。回避事由在案件开庭审理后知晓的，也可以在庭审辩论终结前提出。

当事人在庭审辩论终结后提出回避申请的，不影响仲裁程序的进行。

仲裁委员会应当在回避申请提出的三日内，以口头或者书面形式作出决定。以口头形式作出的，应当记入笔录。

第12条　仲裁员、记录人员是否回避，由仲裁委员会主任或者其委托的仲裁院负责人决定。仲裁委员会主任担任案件仲裁员是否回避，由仲裁委员会决定。

在回避决定作出前，被申请回避的人员应当暂停参与该案处理，但因案件需要采取紧急措施的除外。

第13条　当事人对自己提出的主张有责任提供证据。与争议事项有关的证据属于用人单位掌握管理的，用人单位应当提供；用人单位不提供的，应当承担不利后果。

第14条　法律没有具体规定、按照本规则第十三条规定无法确定举证责任承担的，仲裁庭可以根据公平原则和诚实信用原则，综合当事人举证能力等因素确定举证责任的承担。

第15条　承担举证责任的当事人应当在仲裁委员会指定的期限内提供有关证据。当事人在该期限内提供证据确有困难的，可以向仲裁委员会申请延长期限，仲裁委员会根据当事人的申请适当延长。当事人逾期提供证据的，仲裁委员会应当责令其说明理由；拒不说明理由或者理由不成立的，仲裁委员会可以根据不同情形不予采纳该证据，或者采纳该证据但予以训诫。

第16条　当事人因客观原因不能自行收集的证据，仲裁委员会可以根据当事人的申请，参照民事诉讼有关规定予以收集；仲裁委员会认为有必要的，也可以决定参照民事诉讼有关规定予以收集。

8.**《劳动人事争议仲裁组织规则》**（2017年5月8日　人力资源和社会保障部令第34号）

第5条　仲裁委员会由干部主管部门代表、人力资源社会保障等相关行政部门代表、军队文职人员工作管理部门代表、工会代表和用人单位方面代表等组成。

仲裁委员会组成人员应当是单数。

第6条　仲裁委员会设主任一名，副主任和委员若干名。

仲裁委员会主任由政府负责人或者人力资源社会保障行政部门主要负责人担任。

第7条　仲裁委员会依法履行下列职责：

（一）聘任、解聘专职或者兼职仲裁员；

（二）受理争议案件；

（三）讨论重大或者疑难的争议案件；

（四）监督本仲裁委员会的仲裁活动；

（五）制定本仲裁委员会的工作规则；

（六）其他依法应当履行的职责。

第8条　仲裁委员会应当每年至少召开两次全体会议，研究本仲裁委员会职责履行情况和重要工作事项。

仲裁委员会主任或者三分之一以上的仲裁委员会组成人员提议召开仲裁委员会会议的，应当召开。

仲裁委员会的决定实行少数服从多数原则。

第9条　仲裁委员会下设实体化的办事机构，具体承担争议调解仲裁等日常工作。办事机构称为劳动人事争议仲裁院（以下简称仲裁院），设在人力资源社会保障行政部门。

仲裁院对仲裁委员会负责并报告工作。

第10条　仲裁委员会的经费依法由财政予以保障。仲裁经费包括人员经费、公用经费、仲裁专项经费等。

仲裁院可以通过政府购买服务等方式聘用记录人员、安保人员等办案辅助人员。

第11条　仲裁委员会组成单位可以派兼职仲裁员常驻仲裁院，参与争议调解仲裁活动。

第12条　仲裁委员会处理争议案件实行仲裁庭制度，实行一案一庭制。

仲裁委员会可以根据案件处理实际需要设立派驻仲裁庭、巡回仲裁庭、流动仲裁庭，就近就地处理争议案件。

第13条　处理下列争议案件应当由三名仲裁员组成仲裁庭，设首席仲裁员：

（一）十人以上并有共同请求的争议案件；

（二）履行集体合同发生的争议案件；

（三）有重大影响或者疑难复杂的争议案件；

（四）仲裁委员会认为应当由三名仲裁员组庭处理的其他争议案件。

简单争议案件可以由一名仲裁员独任仲裁。

第14条　记录人员负责案件庭审记录等相关工作。

记录人员不得由本庭仲裁员兼任。

9.《人力资源社会保障部、中央政法委、最高人民法院、工业和信息化部、司法部、财政部、中华全国总工会、中华全国工商业联合会、中国企业联合会/中国企业家协会关于进一步加强劳动人事争议协商调解工作的意见》（2022年10月13日　人社部发〔2022〕71号）

二、加强源头治理

（四）强化劳动人事争议预防指导。充分发挥用人单位基层党组织在劳动关系治理、协商调解工作中的重要作用，以党建引领劳动关系和谐发展。完善民主管理制度，保障劳动者对用人单位重大决策和重大事项的知情权、参与权、表达权、监督权。推行典型案例发布、工会劳动法律监督提示函和意见书、调解建议书、仲裁建议书、司法建议书、信用承诺书等制度，引导用人单位依法合规用工、劳动者依法理性表达诉求。发挥中小企业服务机构作用，通过培训、咨询等服务，推动中小企业完善劳动管理制度、加强劳动人事争议预防，具备相应资质的服务机构可开展劳动关系事务托管服务。把用人单位建立劳动人事争议调解组织、开展协商调解工作情况作为和谐劳动关系创建等评选表彰示范创建的重要考虑因素。发挥律师、法律顾问职能作用，推进依法治企，强化劳动用工领域合规管理，减少劳动人事争议。

（五）健全劳动人事争议风险监测预警机制。建立健全劳动人事争议风险监测机制，通过税费缴纳、社保欠费、案件受理、投诉举报、信访处理、社会舆情等反映劳动关系运行的重要指标变化情况，准确研判劳动人事争议态势。完善重大劳动人事争议风险预警机制，聚焦重要时间节点，突出农民工和劳务派遣、新就业形态劳动者等重点群体，围绕确认劳动关系、追索劳动报酬、工作时间、解除和终止劳动合同等主要劳动人事争议类型，强化监测预警，建立风险台账，制定应对预案。

（六）加强劳动人事争议隐患排查化解工作。建立重点区域、重点行业、重点企业联系点制度，以工业园区和互联网、建筑施工、劳动密集型加工制造行业以及受客观经济情况发生重大变化、突发事件等影响导致生产经营困难的企业为重点，全面开展排查，及时发现苗头性、倾向性问题，妥善化解因欠薪、不规范用工等引发的风险隐患。加强劳动人事争议隐患协同治理，完善调解仲裁机构与劳动关系、劳动保障监察机构以及工会劳动法律监督组织信息共享、协调联动，共同加强劳动用工指导，履行好“抓前端、治未病”的预防功能。

三、强化协商和解

（七）指导建立内部劳动人事争议协商机制。培育用人单位和劳动者的劳动人事争议协商意识，推动用人单位以设立负责人接待日、召开劳资恳谈会、开通热线电话或者电子邮箱、设立意见箱、组建网络通讯群组等方式，建立健全沟通对话机制，畅通劳动者诉求表达渠道。指导用人单位完善内部申诉、协商回应制度，优化劳动人事争议协商流程，认真研究制定解决方案，及时回应劳动者协商诉求。

（八）协助开展劳动人事争议协商。工会组织统筹劳动法律监督委员会和集体协商指导员、法律援助志愿者队伍等资源力量，推动健全劳动者申诉渠道和争议协商平台，帮助劳动者与用人单位开展劳动人事争议协商，做好咨询解答、释法说理、劝解疏导、促成和解等工作。各级地方工会可设立劳动人事争议协商室，做好劳动人事争议协商工作。企业代表组织指导企业加强协商能力建设，完善企业内部劳动争议协商程序。鼓励、支持社会力量开展劳动人事争议协商咨询、代理服务工作。

（九）强化和解协议履行和效力。劳动者与用人单位就劳动人事争议协商达成一致的，工会组织要主动引导签订和解协议，并推动和解协议履行。劳动者或者用人单位未按期履行和解协议的，工会组织要主动做好引导申请调解等工作。经劳动人事争议仲裁委员会审查，和解协议程序和内容合法有效的，可在仲裁办案中作为证据使用；但劳动者或者用人单位为达成和解目的作出的妥协认可的事实，不得在后续的仲裁、诉讼中作为对其不利的根据，但法律另有规定或者劳动者、用人单位均同意的除外。

四、做实多元调解

（十）推进基层劳动人事争议调解组织建设。人力资源社会保障部门会同司法行政、工会、企业代表组织和企事业单位、社会团体，推动用人单位加大调解组织建设力度。推动大中型企业普遍建立劳动争议调解委员会，建立健全以乡镇（街道）、工会、行业商（协）会、区域性等调解组织为支撑、调解员（信息员）为落点的小微型企业劳动争议协商调解机制。推动事业单位、社会团体加强调解组织建设，规范劳动人事管理和用工行为。

（十一）建设市、县级劳动人事争议仲裁院调解中心和工会法律服务工作站。推动在有条件的市、县级劳动人事争议仲裁院（以下简称仲裁院）内设劳动人事争议调解中心（以下简称调解中心），通过配备工作人员或者购买服务等方式提供劳动人事争议调解服务。调解中心负责办理仲裁院、人民法院委派委托调解的案件，协助人力资源社会保障部门指导辖区内的乡镇（街道）、工会、行业商（协）会、区域性等调解组织做好工作。探索推进工会组织在劳动人事争议案件较多、劳动者诉求反映集中的仲裁院、人民法院设立工会法律服务工作站，具备条件的地方工会可安排专人入驻开展争议协商、调解和法律服务工作，建立常态化调解与仲裁、诉讼对接机制。

（十二）加强调解工作规范化建设。人力资源社会保障部门会同司法行政、工会、企业代表组织等部门，落实调解组织和调解员名册制度，指导各类劳动人事争议调解组织建立健全调解受理登记、调解办理、告知引导、回访反馈、档案管理、统计报告等制度，提升调解工作规范化水平。加大督促调解协议履行力度，加强对当事人履约能力评估，达成调解协议后向当事人发放履行告知书。总结、推广调解组织在实践中形成的成熟经验和特色做法，发挥典型引领作用。

（十三）发挥各类调解组织特色优势。企业劳动争议调解委员会发挥熟悉内部运营规则和劳动者情况的优势，引导当事人优先通过调解方式解决劳动争议。人民调解组织发挥扎根基层、贴近群众、熟悉社情民意的优势，加大劳动人事争议调处工作力度。乡镇（街道）劳动人事争议调解组织发挥专业性优势，积极推进标准化、规范化、智能化建设，帮助辖区内用人单位做好劳动人事争议预防化解工作。行业性、区域性劳动人事争议调解组织发挥具有行业影响力、区域带动力的优势，帮助企业培养调解人员、开展调解工作。商（协）会调解组织发挥贴近企业的优势，积极化解劳动争议、协同社会治理。人力资源社会保障部门、司法行政部门、工会、企业代表组织引导和规范有意向的社会组织及律师、专家学者等社会力量，积极有序参与调解工作，进一步增加调解服务供给。

五、健全联动工作体系

（十四）健全劳动人事争议调解与人民调解、行政调解、司法调解联动工作体系。人力资源社会保障部门在党委政法委的统筹协调下，加强与司法行政、法院、工会、企业代表组织等部门的工作沟通，形成矛盾联调、力量联动、信息联通的工作格局，建立健全重大劳动人事争议应急联合调处机制。有条件的地区，可建立“一窗式”劳动人事争议受理和流转办理机制，通过联通各类网上调解平台、设立实体化联调中心等方式，强化各类调解资源整合。可根据实际情况建立调解员、专家库共享机制，灵活调配人员，提高案件办理专业性。

（十五）参与社会矛盾纠纷调处中心建设。各相关部门主动融入地方党委、政府主导的社会矛盾纠纷多元预防调处化解综合机制，发挥职能优势，向社会矛盾纠纷调处中心派驻调解仲裁工作人员，办理劳动人事争议案件、参与联动化解、提供业务支持，做好人员、经费、场所、设备等保障工作。

（十六）强化调解与仲裁、诉讼衔接。完善调解与仲裁的衔接，建立仲裁员分片联系调解组织制度。双方当事人经调解达成一致的，调解组织引导双方提起仲裁审查申请或者司法确认申请，及时巩固调解成果。仲裁机构通过建议调解、委托调解等方式，积极引导未经调解的当事人到调解组织先行调解。加强调解与诉讼的衔接，对追索劳动报酬、经济补偿等适宜调解的纠纷，先行通过诉前调解等非诉讼方式解决。推进劳动人事争议“总对总”在线诉调对接，开展全流程在线委派委托调解、音视频调解、申请调解协议司法确认等工作。建立省级劳动人事争议调解专家库，并将符合条件的调解组织和人员纳入特邀调解名册，参与调解化解重大疑难复杂劳动人事争议。依法落实支付令制度。

六、提升服务能力

（十七）加强调解员队伍建设。通过政府购买服务等方式提升劳动人事争议协商调解能力。扩大兼职调解员来源渠道，广泛吸纳法学专家、仲裁员、律师、劳动关系协调员（师）、退休法官、退休检察官等专业力量参与调解。加强对调解员的培训指导，开发国家职业技能标准，切实提高调解员职业道德、增强服务意识，提升办案能力。

（十八）加强智慧协商调解建设。推动信息化技术与协商调解深度融合，建立部门间数据信息互通共享机制，整合运用各类大数据开展劳动人事争议情况分析研判。完善网络平台和手机APP、微信小程序、微信公众号等平台的调解功能，推进“网上办”“掌上办”，实现协商调解向智能化不断迈进。

（十九）保障工作经费。人力资源社会保障部门将协商调解纳入政府购买服务指导性目录。地方财政部门结合当地实际和财力可能，合理安排经费，对协商调解工作经费给予必要的支持和保障，加强硬件保障，为调解组织提供必要的办公办案设施设备。

（二十）落实工作责任。构建和谐劳动关系，是增强党的执政基础、巩固党的执政地位的必然要求，是加强和创新社会治理、保障和改善民生的重要内容，是促进经济高质量发展、社会和谐稳定的重要基础。各地要把做好协商调解工作作为构建和谐劳动关系的一项重要任务，切实增强责任感、使命感、紧迫感，积极争取党委、政府支持，将这项工作纳入当地经济社会发展总体规划和政府目标责任考核体系，推动工作扎实有效开展。各级党委政法委要将劳动人事争议多元处理机制建设工作纳入平安建设考核，推动相关部门细化考评标准，完善督导检查、考评推动等工作。人力资源社会保障部门要发挥在劳动人事争议多元处理中的牵头作用，会同有关部门统筹推进调解组织、制度和队伍建设，完善调解成效考核评价机制。人民法院要发挥司法引领、推动和保障作用，加强调解与诉讼有机衔接。司法行政部门要指导调解组织积极开展劳动人事争议调解工作，加强对调解员的劳动法律政策知识培训，鼓励、引导律师参与法律援助和社会化调解。财政部门要保障协商调解工作经费，督促有关部门加强资金管理，发挥资金使用效益。中小企业主管部门要进一步健全服务体系，指导中小企业服务机构帮助企业依法合规用工，降低用工风险，构建和谐劳动关系。工会要积极参与劳动人事争议多元化解，引导劳动者依法理性表达利益诉求，帮助劳动者协商化解劳动人事争议，依法为劳动者提供法律服务，切实维护劳动者合法权益，竭诚服务劳动者。工商联、企业联合会等要发挥代表作用，引导和支持企业守法诚信经营、履行社会责任，建立健全内部劳动人事争议解决机制。

各省级人力资源社会保障部门要会同有关部门，按照本意见精神，制定切实可行的实施方案，明确任务、明确措施、明确责任、明确要求，定期对本意见落实情况进行督促检查，及时向人力资源社会保障部报送工作进展情况。

10. 《人力资源社会保障部、最高人民法院关于加强劳动人事争议仲裁与诉讼衔接机制建设的意见》（2017年11月8日　人社部发〔2017〕70号）

三、规范裁审程序衔接

（一）规范受理程序衔接。对未经仲裁程序直接起诉到人民法院的劳动人事争议案件，人民法院应裁定不予受理；对已受理的，应驳回起诉，并告知当事人向有管辖权的仲裁委员会申请仲裁。当事人因仲裁委员会逾期未作出仲裁裁决而向人民法院提起诉讼且人民法院立案受理的，人民法院应及时将该案的受理情况告知仲裁委员会，仲裁委员会应及时决定该案件终止审理。

（二）规范保全程序衔接。仲裁委员会对在仲裁阶段可能因用人单位转移、藏匿财产等行为致使裁决难以执行的，应告知劳动者通过仲裁机构向人民法院申请保全。劳动者申请保全的，仲裁委员会应及时向人民法院转交申请书及仲裁案件受理通知书等相关材料。人民法院裁定采取保全措施或者裁定驳回申请的，应将裁定书送达申请人，并通知仲裁委员会。

（三）规范执行程序衔接。仲裁委员会依法裁决先予执行的，应向有执行权的人民法院移送先予执行裁决书、裁决书的送达回证或其他送达证明材料；接受移送的人民法院应按照《中华人民共和国民事诉讼法》和《中华人民共和国劳动争议调解仲裁法》相关规定执行。人民法院要加强对仲裁委员会裁决书、调解书的执行工作，加大对涉及劳动报酬、工伤保险待遇争议特别是集体劳动人事争议等案件的执行力度。

案例指引

1. 蒋某甲等诉浙江某公司劳动争议纠纷案（人民法院案例库：2023-16-2-490-003）

案例要旨：劳动者发生交通事故因工死亡的，产生第三人侵权和工伤保险责任竞合，受害人亲属有权分别起诉，既有权向侵权第三人请求民事损害赔偿，也有权向用人单位请求工伤保险赔偿。劳动者一方因第三人侵权已经获得赔偿的，受害人亲属起诉用人单位要求赔偿工伤保险款项时，其已获得的第三人侵权赔偿不应从用人单位应赔付的工伤保险中予以扣除。

2. 对于存储在用人单位办公系统中的、劳动者无法获取的证据材料，用人单位应负有举证责任（浙江省高级人民法院、浙江省人力资源和社会保障厅、浙江省总工会联合发布劳动人事争议典型案例）

案例要旨：当前，各类新型办公管理系统被用人单位广泛使用，劳动者请假、离职、出差审批均通过系统操作。一旦劳动者系统权限被关停，便难以获取存储在系统上的关键证据。在此情形下，由于用人单位享有比劳动者更高的操作权限和技术能力，加之数据本身存储在用人单位，用人单位应就数据完整性、真实性、全面性承担更多的举证责任。本案争议焦点为吕某某系主动离职，还是深圳某物流公司违法解除劳动合同，关键在于审查办公系统上的离职申请是吕某某自行提交还是公司登录并使用吕某某账户提交。为查明该事实，人民法院要求公司提供后台数据，但公司拒不提供。对此，人民法院认为，深圳某物流公司系办公系统的提供者，其享有对电子数据储存、管理和使用的权利，其有技术和权限对员工的账号进行管理、限制使用和重置密码，其拒不提供后台数据，应承担举证不能的不利后果。结合在案其他事实，人民法院认定吕某某系被违法解除劳动合同，深圳某物流公司应向吕某某支付违法解除劳动合同赔偿金、高温补贴、应休未休年休假工资等。一审判决后，深圳某物流有限公司不服，提起上诉，二审法院判决驳回上诉、维持原判。

3. 先予执行及时医治，依法保障工伤职工生存权（江苏省高级人民法院发布2023年度劳动人事争议十大典型案例）

案例要旨：工伤保险待遇是对受害职工生存权的保障，其中的一次性工伤医疗补助金在工伤救治期间具有急迫性。人民法院针对事实清楚、法律关系清晰的案件，结合当事人实际情况，先予执行部分一次性工伤医疗补助金，能够有效避免工伤损害后果的扩大，及时发挥工伤保险待遇的应有功能，体现法律对职工生存权保障的优先性。2021年4月，某便利店老板张某安排黄某从事商品配送等工作，未签订劳动合同，未参加社会保险。后黄某在工作中受伤，双方发生争议，黄某遂申请工伤认定。因张某否认双方存在劳动关系，黄某通过仲裁及诉讼程序，确认了与便利店存在劳动关系。之后，黄某被认定为工伤、7级伤残。黄某再次申请劳动仲裁，要求便利店支付各项工伤保险待遇。仲裁委终结审理后，黄某诉至法院。该案审理中，黄某因急需进行二次手术，申请先予执行一次性工伤医疗补助金12万元。法院经审理认为，黄某目前无稳定收入来源，且急需进行二次治疗，将产生较高的医疗费用，不先予执行将严重影响其工伤救治和正常生活。法院综合考量黄某的医疗费用需求和便利店的履行能力，酌定按50%比例先予执行一次性工伤医疗补助金。

4. 范某海与新疆某县人社局、社保中心行政诉讼执行监督案（最高人民检察院发布检察机关依法维护劳动者合法权益典型案例①）

案例要旨：工伤保险先行支付制度有利于职工受伤后得到充分保障。人民检察院办理工伤保险先行支付行政生效裁判监督案件，应当秉持客观公正的立场，本着解决受伤职工急难愁盼的态度，既要审查生效裁判是否存在不当，确保裁判结果公正，还要监督纠正诉讼执行活动中的违法行为，确保执行到位、合法。本案中，某市检察院经过全面审查，认定范某海监督申请理由不成立，同时发现行政机关因对相关规定的溯及力存在不同认识，进而迟迟不履行生效裁判确定的义务，遂通过公开听证消除了分歧，并依法开展行政诉讼执行监督，敦促行政机关先行支付工伤保险待遇，维护劳动者的合法权益。

① 参见中华人民共和国最高人民检察院网站，https：//www.spp.gov.cn/xwfbh/wsfbt/202404/t20240430_653205.shtml#2，最后访问时间：2025年8月2日。

第七十八条　工会监督检查的权利

工会依法维护劳动者的合法权益，对用人单位履行劳动合同、集体合同的情况进行监督。用人单位违反劳动法律、法规和劳动合同、集体合同的，工会有权提出意见或者要求纠正；劳动者申请仲裁、提起诉讼的，工会依法给予支持和帮助。

● 法　律

1. **《劳动法》**（2018 年 12 月 29 日）

第 7 条　劳动者有权依法参加和组织工会。

工会代表和维护劳动者的合法权益，依法独立自主地开展活动。

第 88 条第 1 款　各级工会依法维护劳动者的合法权益，对用人单位遵守劳动法律、法规的情况进行监督。

2. **《工会法》**（2021 年 12 月 24 日）

第 20 条　企业、事业单位、社会组织违反职工代表大会制度和其他民主管理制度，工会有权要求纠正，保障职工依法行使民主管理的权利。

法律、法规规定应当提交职工大会或者职工代表大会审议、通过、决定的事项，企业、事业单位、社会组织应当依法办理。

第 22 条　企业、事业单位、社会组织处分职工，工会认为不适当的，有权提出意见。

用人单位单方面解除职工劳动合同时，应当事先将理由通知工会，工会认为用人单位违反法律、法规和有关合同，要求重新研究处理时，用人单位应当研究工会的意见，并将处理结果书面通知工会。

职工认为用人单位侵犯其劳动权益而申请劳动争议仲裁或者向人民法院提起诉讼的，工会应当给予支持和帮助。

第 23 条　企业、事业单位、社会组织违反劳动法律法规规定，有下列侵犯职工劳动权益情形，工会应当代表职工与企业、事业单位、社会组织交涉，要求企业、事业单位、社会组织采取措施予以改正；企业、事业单位、社会组织应当予以研究处理，并向工会作出答复；企业、事业单位、社会组织拒不改正的，工会可以提请当地人民政府依法作出处理：

（一）克扣、拖欠职工工资的；

（二）不提供劳动安全卫生条件的；

（三）随意延长劳动时间的；

（四）侵犯女职工和未成年工特殊权益的；

（五）其他严重侵犯职工劳动权益的。

第 24 条　工会依照国家规定对新建、扩建企业和技术改造工程中的劳动条件和安全卫生设施与主体工程同时设计、同时施工、同时投产使用进行监督。对工会提出的意见，企业或者主管部门应当认真处理，并将处理结果书面通知工会。

第 25 条　工会发现企业违章指挥、强令工人冒险作业，或者生产过程中发现明显重大事故隐患和职业危害，有权提出解决的建议，企业应当及时研究答复；发现危及职工生命安全的情况时，工会有权向企业建议组织职工撤离危险现场，企业必须及时作出处理决定。

第 26 条　工会有权对企业、事业单位、社会组织侵犯职工合法权益的问题进行调查，有关单位应当予以协助。

3.《矿山安全法》（2009 年 8 月 27 日）

第 23 条　矿山企业工会依法维护职工生产安全的合法权益，组织职工对矿山安全工作进行监督。

第 24 条　矿山企业违反有关安全的法律、法规，工会有权要求企业行政方面或者有关部门认真处理。

矿山企业召开讨论有关安全生产的会议，应当有工会代表参加，工会有权提出意见和建议。

第25条　矿山企业工会发现企业行政方面违章指挥、强令工人冒险作业或者生产过程中发现明显重大事故隐患和职业危害，有权提出解决的建议；发现危及职工生命安全的情况时，有权向矿山企业行政方面建议组织职工撤离危险现场，矿山企业行政方面必须及时作出处理决定。

4.《职业病防治法》（2018年12月29日）

第40条　工会组织应当督促并协助用人单位开展职业卫生宣传教育和培训，有权对用人单位的职业病防治工作提出意见和建议，依法代表劳动者与用人单位签订劳动安全卫生专项集体合同，与用人单位就劳动者反映的有关职业病防治的问题进行协调并督促解决。

工会组织对用人单位违反职业病防治法律、法规，侵犯劳动者合法权益的行为，有权要求纠正；产生严重职业病危害时，有权要求采取防护措施，或者向政府有关部门建议采取强制性措施；发生职业病危害事故时，有权参与事故调查处理；发现危及劳动者生命健康的情形时，有权向用人单位建议组织劳动者撤离危险现场，用人单位应当立即作出处理。

● 行政法规及文件

5.《使用有毒物品作业场所劳动保护条例》（2024年12月6日国务院令第797号）

第8条　工会组织应当督促并协助用人单位开展职业卫生宣传教育和培训，对用人单位的职业卫生工作提出意见和建议，与用人单位就劳动者反映的职业病防治问题进行协调并督促解决。

工会组织对用人单位违反法律、法规，侵犯劳动者合法权益的行为，有权要求纠正；产生严重职业中毒危害时，有权要求用人单位采取防护措施，或者向政府有关部门建议采取强制性措施；发生职业中毒事故时，有权参与事故调查处理；发现危及劳动者生命、健康的情形时，有权建议用人单位组织劳动者撤离危险现场，用人单位应当立即作出处理。

● 部门规章及文件

6.《劳动部关于加强劳动合同管理完善劳动合同制度的通知》（1997年4月3日　劳部发〔1997〕106号）

七、加强劳动合同管理的监督工作。工会和职代会要积极参与本单位劳动合同制度的建立和管理工作，监督本单位劳动合同履行情况。对劳动合同履行过程中存在的问题和不足，提出意见和建议。劳动争议调解委员会也要做好本单位劳动争议调解工作，减少劳动争议的发生，保持劳动合同的平稳履行。

● 团体规定

7.《企业工会工作条例》（2006年12月11日）

第27条　企业工会主席的职权：

……代表和组织职工依法监督企业执行劳动安全卫生等法律法规，要求纠正侵犯职工和工会合法权益的行为。

……

第38条　建立劳动法律监督委员会，职工人数较少的企业应设立工会劳动法律监督员，对企业执行有关劳动报酬、劳动安全卫生、工作时间、休息休假、女职工和未成年工保护、保险福利等劳动法律法规情况进行群众监督。

第39条　建立劳动保护监督检查委员会，生产班组中设立工会小组劳动保护检查员。建立完善工会监督检查、重大事故隐患和职业危害建档跟踪、群众举报等制度，建立工会劳动保护工作责任制。依法参加职工因工伤亡事故和其他严重危害职工健康问题的调查处理。协助与督促企业落实法律赋予工会与职工安全生产方面的知情权、参与权、监督权和紧急避险权。开展群众性安全生产活动。

依照国家法律法规对企业新建、扩建和技术改造工程中的劳动条件和安全卫生设施与主体工程同时设计、同时施工、同时使用进行监督。

发现企业违章指挥、强令工人冒险作业，或者生产过程中发现明显重大事故隐患和职业危害，工会应提出解决的建议；发现危及职工生命安全的情况，工会有权组织职工撤离危险现场。

第七十九条　对违法行为的举报

任何组织或者个人对违反本法的行为都有权举报，县级以上人民政府劳动行政部门应当及时核实、处理，并对举报有功人员给予奖励。

● 法　律

1. **《劳动法》**（2018 年 12 月 29 日）

第 88 条第 2 款　任何组织和个人对于违反劳动法律、法规的行为有权检举和控告。

● 行政法规及文件

2. **《劳动保障监察条例》**（2004 年 11 月 1 日　国务院令第 423 号）

第 9 条　任何组织或者个人对违反劳动保障法律、法规或者规章的行为，有权向劳动保障行政部门举报。

劳动者认为用人单位侵犯其劳动保障合法权益的，有权向劳动保障行政部门投诉。

劳动保障行政部门应当为举报人保密；对举报属实，为查处重大违反劳动保障法律、法规或者规章的行为提供主要线索和证据的举报人，给予奖励。

部门规章及文件

3.《关于实施〈劳动保障监察条例〉若干规定》（2022 年 1 月 7 日　人力资源和社会保障部令第 47 号）

第 9 条　劳动保障行政部门应当设立举报、投诉信箱，公开举报、投诉电话，依法查处举报和投诉反映的违反劳动保障法律的行为。

第 10 条　任何组织或个人对违反劳动保障法律的行为，有权向劳动保障行政部门举报。

第 11 条　劳动保障行政部门对举报人反映的违反劳动保障法律的行为应当依法予以查处，并为举报人保密；对举报属实，为查处重大违反劳动保障法律的行为提供主要线索和证据的举报人，给予奖励。

人大代表建议的答复

4.《人力资源社会保障部对十四届全国人大一次会议第 1404 号建议的答复》（2023 年 8 月 23 日　人社建字〔2023〕147 号）

二、关于建立平等就业的制度机制

……

三是强化监察执法力度，维护女性平等就业权利。人力资源社会保障部指导各地不断畅通举报投诉渠道，通过日常巡视检查、书面审查、案件调查和双随机抽查等方式开展执法活动，严厉查处侵害女职工权益违法行为，规范人力资源市场秩序，保障劳动者享有平等就业权利。日前，人力资源社会保障部会同市场监管总局印发通知，部署开展清理整顿人力资源市场秩序专项行动，以打击性别、年龄等就业歧视为重点，将包括发布含有歧视性内容的招聘信息、违规设置限制人力资源流动的条件等在内的违法行为作为执法重点内容，严厉打击影响平等就业的不合理限制和就业歧视，有效维护劳动者就业权益，为劳动者提供公平的就业环境。

下一步，我们将指导各地进一步畅通举报投诉渠道，加大日常监察执法和宣传普法力度，扎实推进专项行动，依法纠正各类就业歧视行为，切实保障女性平等就业权利。

……

第七章　法律责任

第八十条　规章制度违法的责任

用人单位直接涉及劳动者切身利益的规章制度违反法律、法规规定的，由劳动行政部门责令改正，给予警告；给劳动者造成损害的，应当承担赔偿责任。

● 法　律

1.《劳动法》（2018 年 12 月 29 日）

第 89 条　用人单位制定的劳动规章制度违反法律、法规规定的，由劳动行政部门给予警告，责令改正；对劳动者造成损害的，应当承担赔偿责任。

2.《行政处罚法》（2021 年 1 月 22 日）

第 28 条　行政机关实施行政处罚时，应当责令当事人改正或者限期改正违法行为。

当事人有违法所得，除依法应当退赔的外，应当予以没收。违法所得是指实施违法行为所取得的款项。法律、行政法规、部门规章对违法所得的计算另有规定的，从其规定。

第八十一条　劳动合同缺少法定条款的责任

用人单位提供的劳动合同文本未载明本法规定的劳动合同必备条款或者用人单位未将劳动合同文本交付劳动者的，

由劳动行政部门责令改正；给劳动者造成损害的，应当承担赔偿责任。

部门规章及文件

《劳动部关于加强劳动合同管理完善劳动合同制度的通知》（1997年4月3日 劳部发〔1997〕106号）

二、进一步完善劳动合同内容。用人单位要自行检查已签订的劳动合同书，对其中内容不符合《劳动法》及有关规定的条款应当进行修改，必备条款不全的应当尽快补充；条款过于原则的，可与职工协商一致签订补充协议，也可将有关具体内容直接补充到劳动合同书中。通过以上措施，使劳动合同书比较全面细致地规定双方的权利和义务，使劳动合同易于履行。

第八十二条 不按规定订立书面劳动合同的责任

用人单位自用工之日起超过一个月不满一年未与劳动者订立书面劳动合同的，应当向劳动者每月支付二倍的工资。

用人单位违反本法规定不与劳动者订立无固定期限劳动合同的，自应当订立无固定期限劳动合同之日起向劳动者每月支付二倍的工资。

法 律

1. **《劳动法》**（2018年12月29日）

第98条 用人单位违反本法规定的条件解除劳动合同或者故意拖延不订立劳动合同的，由劳动行政部门责令改正；对劳动者造成损害的，应当承担赔偿责任。

● 行政法规及文件

2.《劳动保障监察条例》（2004年11月1日　国务院令第423号）

第24条　用人单位与劳动者建立劳动关系不依法订立劳动合同的，由劳动保障行政部门责令改正。

3.《劳动合同法实施条例》（2008年9月18日　国务院令第535号）

第34条　用人单位依照劳动合同法的规定应当向劳动者每月支付两倍的工资或者应当向劳动者支付赔偿金而未支付的，劳动行政部门应当责令用人单位支付。

● 部门规章及文件

4.《关于贯彻执行〈中华人民共和国劳动法〉若干问题的意见》（1995年8月4日　劳部发〔1995〕309号）

17. 用人单位与劳动者之间形成了事实劳动关系，而用人单位故意拖延不订立劳动合同，劳动行政部门应予以纠正。用人单位因此给劳动者造成损害的，应按劳动部《违反〈劳动法〉有关劳动合同规定的赔偿办法》的规定进行赔偿。

● 司法解释及文件

5.《最高人民法院关于审理劳动争议案件适用法律问题的解释（二）》（2025年7月31日　法释〔2025〕12号）

第6条　用人单位未依法与劳动者订立书面劳动合同，应当支付劳动者的二倍工资按月计算；不满一个月的，按该月实际工作日计算。

第7条　劳动者以用人单位未订立书面劳动合同为由，请求用人单位支付二倍工资的，人民法院依法予以支持，但用人单位举证证明存在下列情形之一的除外：

（一）因不可抗力导致未订立的；

（二）因劳动者本人故意或者重大过失未订立的；

（三）法律、行政法规规定的其他情形。

第 9 条 有证据证明存在劳动合同法第十四条第三款规定的“视为用人单位与劳动者已订立无固定期限劳动合同”情形，劳动者请求与用人单位订立书面劳动合同的，人民法院依法予以支持；劳动者以用人单位未及时补订书面劳动合同为由，请求用人单位支付视为已与劳动者订立无固定期限劳动合同期间二倍工资的，人民法院不予支持。

● 答记者问

《最高法相关部门负责人就劳动争议司法解释（二）答记者问》①

（2025 年 8 月 1 日）

问：劳动合同法规定用人单位未与劳动者订立书面劳动合同应支付二倍工资。《解释二》规定，非用人单位原因未订立书面劳动合同的，用人单位不支付二倍工资。请问，作此规定的原因是什么？具体包括哪些情形？

答：基于实践中不订立书面劳动合同的主要原因在于用人单位的现状，劳动合同法将订立书面劳动合同的义务及责任主要赋予了用人单位。但我们在审判实践中发现，也确实有非用人单位原因未订立书面劳动合同的情况。比如，因不可抗力等客观原因导致无法订立；从事管理工作、负有订立劳动合同职责的劳动者自己不订立。如果不区分用人单位对未订立书面劳动合同是否存在过错，一概由用人单位承担支付二倍工资的责任，与当前的用工实际和实质正义要求不符。《解释二》在总结审判经验的基础上，规定因不可抗力、劳动者本人故意或者重大过失及存在法律、行政法规规定的其他情形未订立书面劳动合同时，用人单位无需支付二倍工资。此规则既符合诚信原则，也有利于衡平保护

① 参见中华人民共和国最高人民法院网站，https：//www.court.gov.cn/zixun/xiangqing/472671.html，最后访问时间：2025 年 8 月 2 日。

劳动者、用人单位双方的合法权益。同时规定，在劳动合同到期依法自动续延的情况下，用人单位不支付二倍工资。在用人单位用工满一年不与劳动者订立书面劳动合同，视为双方已订立无固定期限劳动合同的情况下，用人单位不再支付二倍工资，但劳动者可以要求用人单位与其订立书面劳动合同。此外，《解释二》还规定了未订立书面劳动合同二倍工资的具体计算方式，即按月计算，不满一个月，按照实际工作日计算。

● 案例指引

1. 劳动者故意不订立书面劳动合同，用人单位不负有支付二倍工资的责任（最高法发布劳动争议典型案例）

案例要旨：劳动合同法第八十二条规定："用人单位自用工之日起超过一个月不满一年未与劳动者订立书面劳动合同的，应当向劳动者每月支付二倍的工资。用人单位违反本法规定不与劳动者订立无固定期限劳动合同的，自应当订立无固定期限劳动合同之日起向劳动者每月支付二倍的工资。"用人单位未订立书面劳动合同支付二倍工资规则是法律为维护劳动者合法权益、督促用人单位履行法定义务而作出的规定，不应使不诚信者不当获利。本案明确了支付二倍工资规则不适用于劳动者故意不与用人单位订立书面劳动合同的情形，体现鲜明价值导向，制约和惩处违背诚信原则的行为，引导劳动者、用人单位自觉履行法定义务。

2. 陈某诉某汽车服务公司劳动合同纠纷案（《最高人民法院公报》2023 年第 11 期）

案例要旨：用人单位在行政机关备案的职工录用花名册中包含工作内容、劳动报酬、劳动合同期限等劳动合同法第十七条规定的部分必备内容，且为劳动者缴纳了社会保险的，应当认定用人单位不存在恶意损害劳动者合法权益的行为。在此情况下，劳动者故意不签订书面劳动合同，以未订立书面劳动合同为由主张第二倍工资的，属于违反诚信原则谋取额外利益，人民法院不予支持。

3. **秦某某诉北京某汽车技术开发服务有限公司劳动争议纠纷案**（人民法院案例库：2024-07-1-490-002）

案例要旨：代驾司机是否与平台企业存在劳动关系，应当根据用工事实和劳动管理程度，结合劳动者对工作时间及工作量的自主决定程度、劳动过程受管理控制程度、劳动者是否需要遵守劳动规章制度、劳动者工作的持续性、获取劳动报酬的方式等因素，依法审慎予以认定。对于平台企业与代驾司机约定具体工作标准、采取合理风控措施，为维护平台正常运营、提供优质服务等进行的必要运营管理的，不能认定构成支配性劳动管理。代驾司机仅据此主张其与平台企业构成劳动关系，并请求平台企业向其支付未订立书面劳动合同二倍工资差额的，人民法院不予支持。

4. **用人单位未与劳动者依法签订书面劳动合同，应支付未签订劳动合同期间的二倍工资差额**（云南省高级人民法院联合省人力资源和社会保障厅发布12个劳动人事争议典型案例）

案例要旨：人民法院审理认为，赵某入职后，某眼科医院公司并未与其签订书面劳动合同，根据《中华人民共和国劳动合同法》第十条第二款、第十四条第三款、第八十二条第二款的规定，应由某眼科医院公司支付未签订劳动合同期间的二倍工资差额。某眼科医院公司提出其与赵某已于2021年12月28日签订了书面劳动合同并进行了劳动合同备案的抗辩主张，因其提供的《云南省劳动合同书》中并无赵某的签名确认，不能证明双方签订了书面劳动合同的事实，该抗辩主张不能成立。故判决由某眼科医院公司应支付赵某的二倍工资差额33000元。

第七章

第八十三条　违反劳动合同试用期规定的责任

用人单位违反本法规定与劳动者约定试用期的，由劳动行政部门责令改正；违法约定的试用期已经履行的，由用人单位以劳动者试用期满月工资为标准，按已经履行的超过法定试用期的期间向劳动者支付赔偿金。

第八十四条 违法扣押和要求提供担保的责任

用人单位违反本法规定，扣押劳动者居民身份证等证件的，由劳动行政部门责令限期退还劳动者本人，并依照有关法律规定给予处罚。

用人单位违反本法规定，以担保或者其他名义向劳动者收取财物的，由劳动行政部门责令限期退还劳动者本人，并以每人五百元以上二千元以下的标准处以罚款；给劳动者造成损害的，应当承担赔偿责任。

劳动者依法解除或者终止劳动合同，用人单位扣押劳动者档案或者其他物品的，依照前款规定处罚。

第八十五条 限期支付劳动报酬、加班费或者经济补偿

用人单位有下列情形之一的，由劳动行政部门责令限期支付劳动报酬、加班费或者经济补偿；劳动报酬低于当地最低工资标准的，应当支付其差额部分；逾期不支付的，责令用人单位按应付金额百分之五十以上百分之一百以下的标准向劳动者加付赔偿金：

（一）未按照劳动合同的约定或者国家规定及时足额支付劳动者劳动报酬的；

（二）低于当地最低工资标准支付劳动者工资的；

（三）安排加班不支付加班费的；

（四）解除或者终止劳动合同，未依照本法规定向劳动者支付经济补偿的。

● 法　律

1. **《劳动法》**（2018 年 12 月 29 日）

第 91 条　用人单位有下列侵害劳动者合法权益情形之一的，

由劳动行政部门责令支付劳动者的工资报酬、经济补偿，并可以责令支付赔偿金：

（一）克扣或者无故拖欠劳动者工资的；

（二）拒不支付劳动者延长工作时间工资报酬的；

（三）低于当地最低工资标准支付劳动者工资的；

（四）解除劳动合同后，未依照本法规定给予劳动者经济补偿的。

2. **《刑法》**（2023 年 12 月 29 日）

第 276 条之一 以转移财产、逃匿等方法逃避支付劳动者的劳动报酬或者有能力支付而不支付劳动者的劳动报酬，数额较大，经政府有关部门责令支付仍不支付的，处三年以下有期徒刑或者拘役，并处或者单处罚金；造成严重后果的，处三年以上七年以下有期徒刑，并处罚金。

单位犯前款罪的，对单位判处罚金，并对其直接负责的主管人员和其他直接责任人员，依照前款的规定处罚。

有前两款行为，尚未造成严重后果，在提起公诉前支付劳动者的劳动报酬，并依法承担相应赔偿责任的，可以减轻或者免除处罚。

● 行政法规及文件

3. **《劳动保障监察条例》**（2004 年 11 月 1 日　国务院令第 423 号）

第 26 条 用人单位有下列行为之一的，由劳动保障行政部门分别责令限期支付劳动者的工资报酬、劳动者工资低于当地最低工资标准的差额或者解除劳动合同的经济补偿；逾期不支付的，责令用人单位按照应付金额 50% 以上 1 倍以下的标准计算，向劳动者加付赔偿金：

（一）克扣或者无故拖欠劳动者工资报酬的；

（二）支付劳动者的工资低于当地最低工资标准的；

（三）解除劳动合同未依法给予劳动者经济补偿的。

部门规章及文件

4.《工资支付暂行规定》（1994 年 12 月 6 日　劳部发〔1994〕489 号）

第 18 条　各级劳动行政部门有权监察用人单位工资支付的情况。用人单位有下列侵害劳动者合法权益行为的，由劳动行政部门责令其支付劳动者工资和经济补偿，并可责令其支付赔偿金：

（一）克扣或者无故拖欠劳动者工资的；

（二）拒不支付劳动者延长工作时间工资的；

（三）低于当地最低工资标准支付劳动者工资的。

经济补偿和赔偿金的标准，按国家有关规定执行。

5.《关于贯彻执行〈中华人民共和国劳动法〉若干问题的意见》（1995 年 8 月 4 日　劳部发〔1995〕309 号）

91. 劳动法第九十一条的含义是，如果用人单位实施了本条规定的前三项侵权行为之一的，劳动行政部门应责令用人单位支付劳动者的工资报酬和经济补偿，并可以责令支付赔偿金。如果用人单位实施了本条规定的第四项侵权行为，即解除劳动合同后未依法给予劳动者经济补偿的，因不存在支付工资报酬的问题，故劳动行政部门只责令用人单位支付劳动者经济补偿，还可以支付赔偿金。

6.《最高人民法院、最高人民检察院、人力资源和社会保障部、公安部关于加强涉嫌拒不支付劳动报酬犯罪案件查处衔接工作的通知》（2014 年 12 月 23 日　人社部发〔2014〕100 号）

一、切实加强涉嫌拒不支付劳动报酬违法犯罪案件查处工作

（一）由于行为人逃匿导致工资账册等证据材料无法调取或用人单位在规定的时间内未提供有关工资支付等相关证据材料的，人力资源社会保障部门应及时对劳动者进行调查询问并制作

询问笔录，同时应积极收集可证明劳动用工、欠薪数额等事实的相关证据，依据劳动者提供的工资数额及其他有关证据认定事实。调查询问过程一般要录音录像。

（二）行为人拖欠劳动者劳动报酬后，人力资源社会保障部门通过书面、电话、短信等能够确认其收悉的方式，通知其在指定的时间内到指定的地点配合解决问题，但其在指定的时间内未到指定的地点配合解决问题或明确表示拒不支付劳动报酬的，视为刑法第二百七十六条之一第一款规定的“以逃匿方法逃避支付劳动者的劳动报酬”。但是，行为人有证据证明因自然灾害、突发重大疾病等非人力所能抗拒的原因造成其无法在指定的时间内到指定的地点配合解决问题的除外。

（三）企业将工程或业务分包、转包给不具备用工主体资格的单位或个人，该单位或个人违法招用劳动者不支付劳动报酬的，人力资源社会保障部门应向具备用工主体资格的企业下达限期整改指令书或行政处罚决定书，责令该企业限期支付劳动者劳动报酬。对于该企业有充足证据证明已向不具备用工主体资格的单位或个人支付了劳动者全部的劳动报酬，该单位或个人仍未向劳动者支付的，应向不具备用工主体资格的单位或个人下达限期整改指令书或行政处理决定书，并要求企业监督该单位或个人向劳动者发放到位。

（四）经人力资源社会保障部门调查核实，行为人拖欠劳动者劳动报酬事实清楚、证据确凿、数额较大的，应及时下达责令支付文书。对于行为人逃匿，无法将责令支付文书送交其同住成年家属或所在单位负责收件人的，人力资源社会保障部门可以在行为人住所地、办公地、生产经营场所、建筑施工项目所在地等地张贴责令支付文书，并采用拍照、录像等方式予以记录，相关影像资料应当纳入案卷。

● **司法解释及文件**

7. **《关于人民陪审员选任、培训、考核工作的实施意见》**（2004年12月13日　法发〔2004〕22号）

第21条　有工作单位的人民陪审员因参加培训或者审判活动，被其所在单位克扣或者变相克扣其工资、奖金及其他福利待遇的，由基层人民法院向其所在单位或者其所在单位的上级主管部门提出纠正意见。

8. **《最高人民法院关于审理劳动争议案件适用法律问题的解释（一）》**（2020年12月29日　法释〔2020〕26号）

第15条　劳动者以用人单位的工资欠条为证据直接提起诉讼，诉讼请求不涉及劳动关系其他争议的，视为拖欠劳动报酬争议，人民法院按照普通民事纠纷受理。

第42条　劳动者主张加班费的，应当就加班事实的存在承担举证责任。但劳动者有证据证明用人单位掌握加班事实存在的证据，用人单位不提供的，由用人单位承担不利后果。

第45条　用人单位有下列情形之一，迫使劳动者提出解除劳动合同的，用人单位应当支付劳动者的劳动报酬和经济补偿，并可支付赔偿金：

（一）以暴力、威胁或者非法限制人身自由的手段强迫劳动的；

（二）未按照劳动合同约定支付劳动报酬或者提供劳动条件的；

（三）克扣或者无故拖欠劳动者工资的；

（四）拒不支付劳动者延长工作时间工资报酬的；

（五）低于当地最低工资标准支付劳动者工资的。

9. **《最高人民法院关于审理拒不支付劳动报酬刑事案件适用法律若干问题的解释》**（2013年1月16日　法释〔2013〕3号）

第1条　劳动者依照《中华人民共和国劳动法》和《中华人

民共和国劳动合同法》等法律的规定应得的劳动报酬，包括工资、奖金、津贴、补贴、延长工作时间的工资报酬及特殊情况下支付的工资等，应当认定为刑法第二百七十六条之一第一款规定的“劳动者的劳动报酬”。

第2条 以逃避支付劳动者的劳动报酬为目的，具有下列情形之一的，应当认定为刑法第二百七十六条之一第一款规定的“以转移财产、逃匿等方法逃避支付劳动者的劳动报酬”：

（一）隐匿财产、恶意清偿、虚构债务、虚假破产、虚假倒闭或者以其他方法转移、处分财产的；

（二）逃跑、藏匿的；

（三）隐匿、销毁或者篡改账目、职工名册、工资支付记录、考勤记录等与劳动报酬相关的材料的；

（四）以其他方法逃避支付劳动报酬的。

第3条 具有下列情形之一的，应当认定为刑法第二百七十六条之一第一款规定的“数额较大”：

（一）拒不支付一名劳动者三个月以上的劳动报酬且数额在五千元至二万元以上的；

（二）拒不支付十名以上劳动者的劳动报酬且数额累计在三万元至十万元以上的。

各省、自治区、直辖市高级人民法院可以根据本地区经济社会发展状况，在前款规定的数额幅度内，研究确定本地区执行的具体数额标准，报最高人民法院备案。

第4条 经人力资源社会保障部门或者政府其他有关部门依法以限期整改指令书、行政处理决定书等文书责令支付劳动者的劳动报酬后，在指定的期限内仍不支付的，应当认定为刑法第二百七十六条之一第一款规定的“经政府有关部门责令支付仍不支付”，但有证据证明行为人有正当理由未知悉责令支付或者未及时支付劳动报酬的除外。

行为人逃匿，无法将责令支付文书送交其本人、同住成年家属或者所在单位负责收件的人的，如果有关部门已通过在行为人的住所地、生产经营场所等地张贴责令支付文书等方式责令支付，并采用拍照、录像等方式记录的，应当视为“经政府有关部门责令支付”。

第5条　拒不支付劳动者的劳动报酬，符合本解释第三条的规定，并具有下列情形之一的，应当认定为刑法第二百七十六条之一第一款规定的“造成严重后果”：

（一）造成劳动者或者其被赡养人、被扶养人、被抚养人的基本生活受到严重影响、重大疾病无法及时医治或者失学的；

（二）对要求支付劳动报酬的劳动者使用暴力或者进行暴力威胁的；

（三）造成其他严重后果的。

第6条　拒不支付劳动者的劳动报酬，尚未造成严重后果，在刑事立案前支付劳动者的劳动报酬，并依法承担相应赔偿责任的，可以认定为情节显著轻微危害不大，不认为是犯罪；在提起公诉前支付劳动者的劳动报酬，并依法承担相应赔偿责任的，可以减轻或者免除刑事处罚；在一审宣判前支付劳动者的劳动报酬，并依法承担相应赔偿责任的，可以从轻处罚。

对于免除刑事处罚的，可以根据案件的不同情况，予以训诫、责令具结悔过或者赔礼道歉。

拒不支付劳动者的劳动报酬，造成严重后果，但在宣判前支付劳动者的劳动报酬，并依法承担相应赔偿责任的，可以酌情从宽处罚。

第7条　不具备用工主体资格的单位或者个人，违法用工且拒不支付劳动者的劳动报酬，数额较大，经政府有关部门责令支付仍不支付的，应当依照刑法第二百七十六条之一的规定，以拒不支付劳动报酬罪追究刑事责任。

第8条　用人单位的实际控制人实施拒不支付劳动报酬行

为，构成犯罪的，应当依照刑法第二百七十六条之一的规定追究刑事责任。

第9条 单位拒不支付劳动报酬，构成犯罪的，依照本解释规定的相应个人犯罪的定罪量刑标准，对直接负责的主管人员和其他直接责任人员定罪处罚，并对单位判处罚金。

● 案例指引

1. **用人单位与劳动者约定实行包薪制，是否需要依法支付加班费**（人力资源社会保障部、最高人民法院联合发布第二批劳动人事争议典型案例）

案例要旨：包薪制是指在劳动合同中打包约定法定标准工作时间工资和加班费的一种工资分配方式，在部分加班安排较多且时间相对固定的行业中比较普遍。虽然用人单位有依法制定内部薪酬分配制度的自主权，但内部薪酬分配制度的制定和执行须符合相关法律的规定。实践中，部分用人单位存在以实行包薪制规避或者减少承担支付加班费法定责任的情况。实行包薪制的用人单位应严格按照不低于最低工资标准支付劳动者法定标准工作时间的工资，同时按照国家关于加班费的有关法律规定足额支付加班费。

2. **处理加班费争议，如何分配举证责任**（人力资源社会保障部、最高人民法院联合发布第二批劳动人事争议典型案例）

案例要旨：我国劳动法律将保护劳动者的合法权益作为立法宗旨之一，在实体和程序方面都作出了相应规定。在加班费争议处理中，要充分考虑劳动者举证能力不足的实际情况，根据"谁主张谁举证"原则、证明妨碍规则，结合具体案情合理分配用人单位与劳动者的举证责任。

第八十六条 劳动合同被确认无效的责任

劳动合同依照本法第二十六条规定被确认无效，给对方造成损害的，有过错的一方应当承担赔偿责任。

● 法　律

《劳动法》（2018 年 12 月 29 日）

第 98 条　用人单位违反本法规定的条件解除劳动合同或者故意拖延不订立劳动合同的，由劳动行政部门责令改正；对劳动者造成损害的，应当承担赔偿责任。

第八十七条　用人单位违法解除或者终止劳动合同的责任

用人单位违反本法规定解除或者终止劳动合同的，应当依照本法第四十七条规定的经济补偿标准的二倍向劳动者支付赔偿金。

● 行政法规及文件

《劳动合同法实施条例》（2008 年 9 月 18 日　国务院令第 535 号）

第 25 条　用人单位违反劳动合同法的规定解除或者终止劳动合同，依照劳动合同法第八十七条的规定支付了赔偿金的，不再支付经济补偿。赔偿金的计算年限自用工之日起计算。

● 案例指引

1. **曹某诉苏州某通信科技股份有限公司劳动合同纠纷案**（人民法院案例库：2023-07-2-186-009）

案例要旨：劳动者与用人单位就工作内容、工作目标订立"军令状"，未违反法律强制性规定的，应当认定有效。以解除劳动关系作为惩戒措施的"军令状"中，若约定的解除条件违反法律强制性规定的，应当认定约定无效。用人单位以"军令状"约定目标未完成为由主张依据约定解除劳动合同的，人民法院不予支持。

2. **维护哺乳期女职工岗位稳定，保障妇女合法权益**（江苏省高级人民法院发布 2023 年度劳动人事争议十大典型案例）

案例要旨：用人单位应当保护女职工的健康，减少和解决女职工在劳动中因生理特点造成的特殊困难。本案中，置业公司发出

《工作支援通知书》时，董某尚处于哺乳期内。置业公司要求董某前往山东聊城进行为期6个月的工作支援行为，导致董某依法享受的哺乳假无法实现。董某未能到外地从事工作是处于哺乳期的特殊情况决定的，并非主观因素造成。置业公司以董某未如约前往支援地报到构成旷工为由解除双方劳动关系，属于违法解除。法院遂判决置业公司向董某支付违法解除劳动合同的赔偿金。

3. **鼓励用人单位人文关怀，引领向好向善的社会风尚**（江苏省高级人民法院发布2023年度劳动人事争议十大典型案例）

案例要旨：用人单位违法解除劳动合同的，应当依照经济补偿标准的二倍向劳动者支付赔偿金。本案中，钱某丈夫处于病危状态，钱某申请继续请假予以照顾乃人之常情。纺织公司对钱某合理的请假申请不予准许并以旷工为由单方解除劳动合同，没有法律依据，且未通知工会，属于违法解除。法院判决纺织公司向钱某支付违法解除劳动合同的赔偿金。

第八十八条 用人单位的刑事、行政和民事赔偿责任

用人单位有下列情形之一的，依法给予行政处罚；构成犯罪的，依法追究刑事责任；给劳动者造成损害的，应当承担赔偿责任：

（一）以暴力、威胁或者非法限制人身自由的手段强迫劳动的；

（二）违章指挥或者强令冒险作业危及劳动者人身安全的；

（三）侮辱、体罚、殴打、非法搜查或者拘禁劳动者的；

（四）劳动条件恶劣、环境污染严重，给劳动者身心健康造成严重损害的。

● 法 律

1.《劳动法》（2018 年 12 月 29 日）

第 92 条　用人单位的劳动安全设施和劳动卫生条件不符合国家规定或者未向劳动者提供必要的劳动防护用品和劳动保护设施的，由劳动行政部门或者有关部门责令改正，可以处以罚款；情节严重的，提请县级以上人民政府决定责令停产整顿；对事故隐患不采取措施，致使发生重大事故，造成劳动者生命和财产损失的，对责任人员依照刑法有关规定追究刑事责任。

第 93 条　用人单位强令劳动者违章冒险作业，发生重大伤亡事故，造成严重后果的，对责任人员依法追究刑事责任。

第 96 条　用人单位有下列行为之一，由公安机关对责任人员处以十五日以下拘留、罚款或者警告；构成犯罪的，对责任人员依法追究刑事责任：

（一）以暴力、威胁或者非法限制人身自由的手段强迫劳动的；

（二）侮辱、体罚、殴打、非法搜查和拘禁劳动者的。

2.《治安管理处罚法》（2025 年 6 月 27 日）

第 47 条　有下列行为之一的，处十日以上十五日以下拘留，并处一千元以上二千元以下罚款；情节较轻的，处五日以上十日以下拘留，并处一千元以下罚款：

（一）组织、胁迫、诱骗不满十六周岁的人或者残疾人进行恐怖、残忍表演的；

（二）以暴力、威胁或者其他手段强迫他人劳动的；

（三）非法限制他人人身自由、非法侵入他人住宅或者非法搜查他人身体的。

第 50 条　有下列行为之一的，处五日以下拘留或者一千元以下罚款；情节较重的，处五日以上十日以下拘留，可以并处一千元以下罚款：

（一）写恐吓信或者以其他方法威胁他人人身安全的；

（二）公然侮辱他人或者捏造事实诽谤他人的；

（三）捏造事实诬告陷害他人，企图使他人受到刑事追究或者受到治安管理处罚的；

（四）对证人及其近亲属进行威胁、侮辱、殴打或者打击报复的；

（五）多次发送淫秽、侮辱、恐吓等信息或者采取滋扰、纠缠、跟踪等方法，干扰他人正常生活的；

（六）偷窥、偷拍、窃听、散布他人隐私的。

有前款第五项规定的滋扰、纠缠、跟踪行为的，除依照前款规定给予处罚外，经公安机关负责人批准，可以责令其一定期限内禁止接触被侵害人。对违反禁止接触规定的，处五日以上十日以下拘留，可以并处一千元以下罚款。

第 51 条　殴打他人的，或者故意伤害他人身体的，处五日以上十日以下拘留，并处五百元以上一千元以下罚款；情节较轻的，处五日以下拘留或者一千元以下罚款。

有下列情形之一的，处十日以上十五日以下拘留，并处一千元以上二千元以下罚款：

（一）结伙殴打、伤害他人的；

（二）殴打、伤害残疾人、孕妇、不满十四周岁的人或者七十周岁以上的人的；

（三）多次殴打、伤害他人或者一次殴打、伤害多人的。

3.《刑法》（2023 年 12 月 29 日）

第 134 条　在生产、作业中违反有关安全管理的规定，因而发生重大伤亡事故或者造成其他严重后果的，处三年以下有期徒刑或者拘役；情节特别恶劣的，处三年以上七年以下有期徒刑。

强令他人违章冒险作业，或者明知存在重大事故隐患而不排除，仍冒险组织作业，因而发生重大伤亡事故或者造成其他严重后果的，处五年以下有期徒刑或者拘役；情节特别恶劣的，处五年以上有期徒刑。

第 135 条　安全生产设施或者安全生产条件不符合国家规定，因而发生重大伤亡事故或者造成其他严重后果的，对直接负责的主管人员和其他直接责任人员，处三年以下有期徒刑或者拘役；情节特别恶劣的，处三年以上七年以下有期徒刑。

第 139 条之一　在安全事故发生后，负有报告职责的人员不报或者谎报事故情况，贻误事故抢救，情节严重的，处三年以下有期徒刑或者拘役；情节特别严重的，处三年以上七年以下有期徒刑。

第 234 条　故意伤害他人身体的，处三年以下有期徒刑、拘役或者管制。

犯前款罪，致人重伤的，处三年以上十年以下有期徒刑；致人死亡或者以特别残忍手段致人重伤造成严重残疾的，处十年以上有期徒刑、无期徒刑或者死刑。本法另有规定的，依照规定。

第 238 条　非法拘禁他人或者以其他方法非法剥夺他人人身自由的，处三年以下有期徒刑、拘役、管制或者剥夺政治权利。具有殴打、侮辱情节的，从重处罚。

犯前款罪，致人重伤的，处三年以上十年以下有期徒刑；致人死亡的，处十年以上有期徒刑。使用暴力致人伤残、死亡的，依照本法第二百三十四条、第二百三十二条的规定定罪处罚。

为索取债务非法扣押、拘禁他人的，依照前两款的规定处罚。

国家机关工作人员利用职权犯前三款罪的，依照前三款的规定从重处罚。

第 244 条　以暴力、威胁或者限制人身自由的方法强迫他人劳动的，处三年以下有期徒刑或者拘役，并处罚金；情节严重的，处三年以上十年以下有期徒刑，并处罚金。

明知他人实施前款行为，为其招募、运送人员或者有其他协助强迫他人劳动行为的，依照前款的规定处罚。

单位犯前两款罪的，对单位判处罚金，并对其直接负责的主管人员和其他直接责任人员，依照第一款的规定处罚。

第244条之一 违反劳动管理法规，雇用未满十六周岁的未成年人从事超强度体力劳动的，或者从事高空、井下作业的，或者在爆炸性、易燃性、放射性、毒害性等危险环境下从事劳动，情节严重的，对直接责任人员，处三年以下有期徒刑或者拘役，并处罚金；情节特别严重的，处三年以上七年以下有期徒刑，并处罚金。

有前款行为，造成事故，又构成其他犯罪的，依照数罪并罚的规定处罚。

● 行政法规及文件

4. **《劳动保障监察条例》**（2004年11月1日 国务院令第423号）

第23条 用人单位有下列行为之一的，由劳动保障行政部门责令改正，按照受侵害的劳动者每人1000元以上5000元以下的标准计算，处以罚款：

（一）安排女职工从事矿山井下劳动、国家规定的第四级体力劳动强度的劳动或者其他禁忌从事的劳动的；

（二）安排女职工在经期从事高处、低温、冷水作业或者国家规定的第三级体力劳动强度的劳动的；

（三）安排女职工在怀孕期间从事国家规定的第三级体力劳动强度的劳动或者孕期禁忌从事的劳动的；

（四）安排怀孕7个月以上的女职工夜班劳动或者延长其工作时间的；

（五）女职工生育享受产假少于90天的；

（六）安排女职工在哺乳未满1周岁的婴儿期间从事国家规定的第三级体力劳动强度的劳动或者哺乳期禁忌从事的其他劳

动，以及延长其工作时间或者安排其夜班劳动的；

（七）安排未成年工从事矿山井下、有毒有害、国家规定的第四级体力劳动强度的劳动或者其他禁忌从事的劳动的；

（八）未对未成年工定期进行健康检查的。

5.《安全生产许可证条例》（2014 年 7 月 29 日　国务院令第 653 号）

第 2 条　国家对矿山企业、建筑施工企业和危险化学品、烟花爆竹、民用爆炸物品生产企业（以下统称企业）实行安全生产许可制度。企业未取得安全生产许可证的，不得从事生产活动。

第 6 条　企业取得安全生产许可证，应当具备下列安全生产条件：

（一）建立、健全安全生产责任制，制定完备的安全生产规章制度和操作规程；

（二）安全投入符合安全生产要求；

（三）设置安全生产管理机构，配备专职安全生产管理人员；

（四）主要负责人和安全生产管理人员经考核合格；

（五）特种作业人员经有关业务主管部门考核合格，取得特种作业操作资格证书；

（六）从业人员经安全生产教育和培训合格；

（七）依法参加工伤保险，为从业人员缴纳保险费；

（八）厂房、作业场所和安全设施、设备、工艺符合有关安全生产法律、法规、标准和规程的要求；

（九）有职业危害防治措施，并为从业人员配备符合国家标准或者行业标准的劳动防护用品；

（十）依法进行安全评价；

（十一）有重大危险源检测、评估、监控措施和应急预案；

（十二）有生产安全事故应急救援预案、应急救援组织或者应急救援人员，配备必要的应急救援器材、设备；

（十三）法律、法规规定的其他条件。

● 部门规章及文件

6.《生产安全事故罚款处罚规定》（2024 年 1 月 10 日　应急管理部令第 14 号）

第 11 条　事故发生单位主要负责人有《中华人民共和国安全生产法》第一百一十条、《生产安全事故报告和调查处理条例》第三十五条、第三十六条规定的下列行为之一的，依照下列规定处以罚款：

（一）事故发生单位主要负责人在事故发生后不立即组织事故抢救，或者在事故调查处理期间擅离职守，或者瞒报、谎报、迟报事故，或者事故发生后逃匿的，处上一年年收入 60%至 80%的罚款；贻误事故抢救或者造成事故扩大或者影响事故调查或者造成重大社会影响的，处上一年年收入 80%至 100%的罚款；

（二）事故发生单位主要负责人漏报事故的，处上一年年收入 40%至 60%的罚款；贻误事故抢救或者造成事故扩大或者影响事故调查或者造成重大社会影响的，处上一年年收入 60%至 80%的罚款；

（三）事故发生单位主要负责人伪造、故意破坏事故现场，或者转移、隐匿资金、财产、销毁有关证据、资料，或者拒绝接受调查，或者拒绝提供有关情况和资料，或者在事故调查中作伪证，或者指使他人作伪证的，处上一年年收入 60%至 80%的罚款；贻误事故抢救或者造成事故扩大或者影响事故调查或者造成重大社会影响的，处上一年年收入 80%至 100%的罚款。

第 12 条　事故发生单位直接负责的主管人员和其他直接责任人员有《生产安全事故报告和调查处理条例》第三十六条规定的行为之一的，处上一年年收入 60%至 80%的罚款；贻误事故抢救或者造成事故扩大或者影响事故调查或者造成重大社会影响的，处上一年年收入80%至100%的罚款。

第13条 事故发生单位有《生产安全事故报告和调查处理条例》第三十六条第一项至第五项规定的行为之一的，依照下列规定处以罚款：

（一）发生一般事故的，处100万元以上150万元以下的罚款；

（二）发生较大事故的，处150万元以上200万元以下的罚款；

（三）发生重大事故的，处200万元以上250万元以下的罚款；

（四）发生特别重大事故的，处250万元以上300万元以下的罚款。

事故发生单位有《生产安全事故报告和调查处理条例》第三十六条第一项至第五项规定的行为之一的，贻误事故抢救或者造成事故扩大或者影响事故调查或者造成重大社会影响的，依照下列规定处以罚款：

（一）发生一般事故的，处300万元以上350万元以下的罚款；

（二）发生较大事故的，处350万元以上400万元以下的罚款；

（三）发生重大事故的，处400万元以上450万元以下的罚款；

（四）发生特别重大事故的，处450万元以上500万元以下的罚款。

第14条 事故发生单位对一般事故负有责任的，依照下列规定处以罚款：

（一）造成3人以下重伤（包括急性工业中毒，下同），或者300万元以下直接经济损失的，处30万元以上50万元以下的罚款；

（二）造成1人死亡，或者3人以上6人以下重伤，或者300万元以上500万元以下直接经济损失的，处50万元以上70万元以下的罚款；

（三）造成2人死亡，或者6人以上10人以下重伤，或者500万元以上1000万元以下直接经济损失的，处70万元以上100万元以下的罚款。

第15条 事故发生单位对较大事故发生负有责任的，依照下列规定处以罚款：

（一）造成3人以上5人以下死亡，或者10人以上20人以下重伤，或者1000万元以上2000万元以下直接经济损失的，处100万元以上120万元以下的罚款；

（二）造成5人以上7人以下死亡，或者20人以上30人以下重伤，或者2000万元以上3000万元以下直接经济损失的，处120万元以上150万元以下的罚款；

（三）造成7人以上10人以下死亡，或者30人以上50人以下重伤，或者3000万元以上5000万元以下直接经济损失的，处150万元以上200万元以下的罚款。

第16条 事故发生单位对重大事故发生负有责任的，依照下列规定处以罚款：

（一）造成10人以上13人以下死亡，或者50人以上60人以下重伤，或者5000万元以上6000万元以下直接经济损失的，处200万元以上400万元以下的罚款；

（二）造成13人以上15人以下死亡，或者60人以上70人以下重伤，或者6000万元以上7000万元以下直接经济损失的，处400万元以上600万元以下的罚款；

（三）造成15人以上30人以下死亡，或者70人以上100人以下重伤，或者7000万元以上1亿元以下直接经济损失的，处

600 万元以上 1000 万元以下的罚款。

第 17 条 事故发生单位对特别重大事故发生负有责任的，依照下列规定处以罚款：

（一）造成 30 人以上 40 人以下死亡，或者 100 人以上 120 人以下重伤，或者 1 亿元以上 1．5 亿元以下直接经济损失的，处 1000 万元以上 1200 万元以下的罚款；

（二）造成 40 人以上 50 人以下死亡，或者 120 人以上 150 人以下重伤，或者 1．5 亿元以上 2 亿元以下直接经济损失的，处 1200 万元以上 1500 万元以下的罚款；

（三）造成 50 人以上死亡，或者 150 人以上重伤，或者 2 亿元以上直接经济损失的，处 1500 万元以上 2000 万元以下的罚款。

第 18 条 发生生产安全事故，有下列情形之一的，属于《中华人民共和国安全生产法》第一百一十四条第二款规定的情节特别严重、影响特别恶劣的情形，可以按照法律规定罚款数额的 2 倍以上 5 倍以下对事故发生单位处以罚款：

（一）关闭、破坏直接关系生产安全的监控、报警、防护、救生设备、设施，或者篡改、隐瞒、销毁其相关数据、信息的；

（二）因存在重大事故隐患被依法责令停产停业、停止施工、停止使用有关设备、设施、场所或者立即采取排除危险的整改措施，而拒不执行的；

（三）涉及安全生产的事项未经依法批准或者许可，擅自从事矿山开采、金属冶炼、建筑施工，以及危险物品生产、经营、储存等高度危险的生产作业活动，或者未依法取得有关证照尚在从事生产经营活动的；

（四）拒绝、阻碍行政执法的；

（五）强令他人违章冒险作业，或者明知存在重大事故隐患而不排除，仍冒险组织作业的；

（六）其他情节特别严重、影响特别恶劣的情形。

第 19 条　事故发生单位主要负责人未依法履行安全生产管理职责，导致事故发生的，依照下列规定处以罚款：

（一）发生一般事故的，处上一年年收入 40%的罚款；

（二）发生较大事故的，处上一年年收入 60%的罚款；

（三）发生重大事故的，处上一年年收入 80%的罚款；

（四）发生特别重大事故的，处上一年年收入 100%的罚款。

第 20 条　事故发生单位其他负责人和安全生产管理人员未依法履行安全生产管理职责，导致事故发生的，依照下列规定处以罚款：

（一）发生一般事故的，处上一年年收入 20%至 30%的罚款；

（二）发生较大事故的，处上一年年收入 30%至 40%的罚款；

（三）发生重大事故的，处上一年年收入 40%至 50%的罚款；

（四）发生特别重大事故的，处上一年年收入 50%的罚款。

第 21 条　个人经营的投资人未依照《中华人民共和国安全生产法》的规定保证安全生产所必需的资金投入，致使生产经营单位不具备安全生产条件，导致发生生产安全事故的，依照下列规定对个人经营的投资人处以罚款：

（一）发生一般事故的，处 2 万元以上 5 万元以下的罚款；

（二）发生较大事故的，处 5 万元以上 10 万元以下的罚款；

（三）发生重大事故的，处 10 万元以上 15 万元以下的罚款；

（四）发生特别重大事故的，处 15 万元以上 20 万元以下的罚款。

第 22 条　违反《中华人民共和国安全生产法》、《生产安全事故报告和调查处理条例》和本规定，存在对事故发生负有责任以及谎报、瞒报事故等两种以上应当处以罚款的行为的，应急管理部门或者矿山安全监察机构应当分别裁量，合并作出处罚决定。

第 23 条　在事故调查中发现需要对存在违法行为的其他单

位及其有关人员处以罚款的，依照相关法律、法规和规章的规定实施。

● 司法解释及文件

7.《最高人民法院关于审理劳动争议案件适用法律问题的解释（一）》（2020年12月29日　法释〔2020〕26号）

第45条　用人单位有下列情形之一，迫使劳动者提出解除劳动合同的，用人单位应当支付劳动者的劳动报酬和经济补偿，并可支付赔偿金：

（一）以暴力、威胁或者非法限制人身自由的手段强迫劳动的；

（二）未按照劳动合同约定支付劳动报酬或者提供劳动条件的；

（三）克扣或者无故拖欠劳动者工资的；

（四）拒不支付劳动者延长工作时间工资报酬的；

（五）低于当地最低工资标准支付劳动者工资的。

8.《最高人民法院、最高人民检察院关于办理危害生产安全刑事案件适用法律若干问题的解释》（2015年12月14日　法释〔2015〕22号）

第4条　刑法第一百三十九条之一规定的“负有报告职责的人员”，是指负有组织、指挥或者管理职责的负责人、管理人员、实际控制人、投资人，以及其他负有报告职责的人员。

第5条　明知存在事故隐患、继续作业存在危险，仍然违反有关安全管理的规定，实施下列行为之一的，应当认定为刑法第一百三十四条第二款规定的“强令他人违章冒险作业”：

（一）利用组织、指挥、管理职权，强制他人违章作业的；

（二）采取威逼、胁迫、恐吓等手段，强制他人违章作业的；

（三）故意掩盖事故隐患，组织他人违章作业的；

（四）其他强令他人违章作业的行为。

第6条 实施刑法第一百三十二条、第一百三十四条第一款、第一百三十五条、第一百三十五条之一、第一百三十六条、第一百三十九条规定的行为，因而发生安全事故，具有下列情形之一的，应当认定为“造成严重后果”或者“发生重大伤亡事故或者造成其他严重后果”，对相关责任人员，处三年以下有期徒刑或者拘役：

（一）造成死亡一人以上，或者重伤三人以上的；

（二）造成直接经济损失一百万元以上的；

（三）其他造成严重后果或者重大安全事故的情形。

实施刑法第一百三十四条第二款规定的行为，因而发生安全事故，具有本条第一款规定情形的，应当认定为“发生重大伤亡事故或者造成其他严重后果”，对相关责任人员，处五年以下有期徒刑或者拘役。

实施刑法第一百三十七条规定的行为，因而发生安全事故，具有本条第一款规定情形的，应当认定为“造成重大安全事故”，对直接责任人员，处五年以下有期徒刑或者拘役，并处罚金。

实施刑法第一百三十八条规定的行为，因而发生安全事故，具有本条第一款第一项规定情形的，应当认定为“发生重大伤亡事故”，对直接责任人员，处三年以下有期徒刑或者拘役。

第7条 实施刑法第一百三十二条、第一百三十四条第一款、第一百三十五条、第一百三十五条之一、第一百三十六条、第一百三十九条规定的行为，因而发生安全事故，具有下列情形之一的，对相关责任人员，处三年以上七年以下有期徒刑：

（一）造成死亡三人以上或者重伤十人以上，负事故主要责任的；

（二）造成直接经济损失五百万元以上，负事故主要责任的；

（三）其他造成特别严重后果、情节特别恶劣或者后果特别严重的情形。

实施刑法第一百三十四条第二款规定的行为，因而发生安全事故，具有本条第一款规定情形的，对相关责任人员，处五年以上有期徒刑。

实施刑法第一百三十七条规定的行为，因而发生安全事故，具有本条第一款规定情形的，对直接责任人员，处五年以上十年以下有期徒刑，并处罚金。

实施刑法第一百三十八条规定的行为，因而发生安全事故，具有下列情形之一的，对直接责任人员，处三年以上七年以下有期徒刑：

（一）造成死亡三人以上或者重伤十人以上，负事故主要责任的；

（二）具有本解释第六条第一款第一项规定情形，同时造成直接经济损失五百万元以上并负事故主要责任的，或者同时造成恶劣社会影响的。

第8条　在安全事故发生后，负有报告职责的人员不报或者谎报事故情况，贻误事故抢救，具有下列情形之一的，应当认定为刑法第一百三十九条之一规定的“情节严重”：

（一）导致事故后果扩大，增加死亡一人以上，或者增加重伤三人以上，或者增加直接经济损失一百万元以上的；

（二）实施下列行为之一，致使不能及时有效开展事故抢救的：

1. 决定不报、迟报、谎报事故情况或者指使、串通有关人员不报、迟报、谎报事故情况的；

2. 在事故抢救期间擅离职守或者逃匿的；

3. 伪造、破坏事故现场，或者转移、藏匿、毁灭遇难人员尸体，或者转移、藏匿受伤人员的；

4. 毁灭、伪造、隐匿与事故有关的图纸、记录、计算机数据等资料以及其他证据的；

（三）其他情节严重的情形。

具有下列情形之一的，应当认定为刑法第一百三十九条之一规定的“情节特别严重”：

（一）导致事故后果扩大，增加死亡三人以上，或者增加重伤十人以上，或者增加直接经济损失五百万元以上的；

（二）采用暴力、胁迫、命令等方式阻止他人报告事故情况，导致事故后果扩大的；

（三）其他情节特别严重的情形。

第 9 条 在安全事故发生后，与负有报告职责的人员串通，不报或者谎报事故情况，贻误事故抢救，情节严重的，依照刑法第一百三十九条之一的规定，以共犯论处。

第 10 条 在安全事故发生后，直接负责的主管人员和其他直接责任人员故意阻挠开展抢救，导致人员死亡或者重伤，或者为了逃避法律追究，对被害人进行隐藏、遗弃，致使被害人因无法得到救助而死亡或者重度残疾的，分别依照刑法第二百三十二条、第二百三十四条的规定，以故意杀人罪或者故意伤害罪定罪处罚。

第 11 条 生产不符合保障人身、财产安全的国家标准、行业标准的安全设备，或者明知安全设备不符合保障人身、财产安全的国家标准、行业标准而进行销售，致使发生安全事故，造成严重后果的，依照刑法第一百四十六条的规定，以生产、销售不符合安全标准的产品罪定罪处罚。

第 12 条 实施刑法第一百三十二条、第一百三十四条至第一百三十九条之一规定的犯罪行为，具有下列情形之一的，从重处罚：

（一）未依法取得安全许可证件或者安全许可证件过期、被暂扣、吊销、注销后从事生产经营活动的；

（二）关闭、破坏必要的安全监控和报警设备的；

（三）已经发现事故隐患，经有关部门或者个人提出后，仍不采取措施的；

（四）一年内曾因危害生产安全违法犯罪活动受过行政处罚

或者刑事处罚的；

（五）采取弄虚作假、行贿等手段，故意逃避、阻挠负有安全监督管理职责的部门实施监督检查的；

（六）安全事故发生后转移财产意图逃避承担责任的；

（七）其他从重处罚的情形。

实施前款第五项规定的行为，同时构成刑法第三百八十九条规定的犯罪的，依照数罪并罚的规定处罚。

第13条 实施刑法第一百三十二条、第一百三十四条至第一百三十九条之一规定的犯罪行为，在安全事故发生后积极组织、参与事故抢救，或者积极配合调查、主动赔偿损失的，可以酌情从轻处罚。

第14条 国家工作人员违反规定投资入股生产经营，构成本解释规定的有关犯罪的，或者国家工作人员的贪污、受贿犯罪行为与安全事故发生存在关联性的，从重处罚；同时构成贪污、受贿犯罪和危害生产安全犯罪的，依照数罪并罚的规定处罚。

第八十九条 用人单位未出具解除或者终止劳动合同书面证明的责任

用人单位违反本法规定未向劳动者出具解除或者终止劳动合同的书面证明，由劳动行政部门责令改正；给劳动者造成损害的，应当承担赔偿责任。

● 案例指引

洪某与某建筑公司劳动争议案（浙江省高级人民法院、浙江省人力资源和社会保障厅、浙江省总工会联合发布劳动人事争议典型案例）

案例要旨：法院审理认为，根据《劳动合同法》第五十条、第八十四条、第八十九条的规定，用人单位在与劳动者解除劳动关系时，应当向劳动者出具解除劳动合同的证明，为劳动者办理档案或者社会保险的转移、交接等手续，并且不得扣押劳动者证件或者其他物品，否则给劳动者造成损害的，应当承担赔偿责任。本案系双方劳动关系解除后某建设公司是否应当履行附随义务产生的争议，属于劳动争议受理范围。洪某作为注册监理工程师无法在不同单位进行注册执业，而A市建设项目的项目监理备案信息变更只能由某建设公司提出变更申请，现因某建设公司未主动及时变更洪某在A市建设项目的项目监理信息，致使洪某在入职第三方公司后不能完成注册并执业，造成洪某损失，应当承担赔偿责任，判决某建设公司赔付洪某损失2万元、驳回某建设公司的其他诉讼请求。一审判决后，某建筑公司不服提起上诉，二审法院判决驳回上诉、维持原判。

第九十条 劳动者的责任

劳动者违反本法规定解除劳动合同，或者违反劳动合同中约定的保密义务或者竞业限制，给用人单位造成损失的，应当承担赔偿责任。

● 法 律

1.《劳动法》（2018年12月29日）

第102条 劳动者违反本法规定的条件解除劳动合同或者违反劳动合同中约定的保密事项，对用人单位造成经济损失的，应当依法承担赔偿责任。

2.《刑法》（2023年12月29日）

第219条 有下列侵犯商业秘密行为之一，情节严重的，处三年以下有期徒刑，并处或者单处罚金；情节特别严重的，处三年以上十年以下有期徒刑，并处罚金：

（一）以盗窃、贿赂、欺诈、胁迫、电子侵入或者其他不正当手段获取权利人的商业秘密的；

（二）披露、使用或者允许他人使用以前项手段获取的权利人的商业秘密的；

（三）违反保密义务或者违反权利人有关保守商业秘密的要求，披露、使用或者允许他人使用其所掌握的商业秘密的。

明知前款所列行为，获取、披露、使用或者允许他人使用该商业秘密的，以侵犯商业秘密论。

本条所称权利人，是指商业秘密的所有人和经商业秘密所有人许可的商业秘密使用人。

第220条 单位犯本节第二百一十三条至第二百一十九条之一规定之罪的，对单位判处罚金，并对其直接负责的主管人员和其他直接责任人员，依照本节各该条的规定处罚。

● 部门规章及文件

3.《劳动部关于实行劳动合同制度若干问题的通知》（1996年10月31日　劳部发〔1996〕354号）

18. 职工解除劳动合同，应当严格按照《劳动法》的规定，提前三十日以书面形式向用人单位提出。职工自动离职属于违法解除劳动合同，应当按照《违反〈劳动法〉有关劳动合同规定的赔偿办法》（1995年5月10日　劳部发〔1995〕223号）承担赔偿责任。

4.《劳动部关于企业职工流动若干问题的通知》（1996年10月31日　劳部发〔1996〕355号）

一、在固定工制度向劳动合同制度转变过程中，用人单位与已经形成了劳动关系的职工，应当依法订立劳动合同，明确已有的权利义务关系。用人单位招（接）收的大中专毕业生，按有关规定签订了服务合同或其他协议的，未到期的仍应继续履行，并应与用人单位签订劳动合同；拒绝签订劳动合同又不履行协议的，在提前三十日以书面形式通知用人单位后，用人单位可与其解除劳动关系。劳动关系解除后，如原服务合同（协议）约定或用人单位依法规定了赔偿办法的，职工应按服务合同（协议）的约定或用人单位的依法规定承担赔偿责任；如无约定或无规定的，按国家有关规定执行。用人单位与职工解除劳动关系后，应及时将职工档案转到职工新的接收单位；无接收单位的，应转到职工本人户口所在地。

第九十一条 用人单位招用与尚未解除或者终止劳动合同的劳动者的责任

用人单位招用与其他用人单位尚未解除或者终止劳动合同的劳动者，给其他用人单位造成损失的，应当承担连带赔偿责任。

● 法　律

1. **《劳动法》**（2018 年 12 月 29 日）

第 99 条　用人单位招用尚未解除劳动合同的劳动者，对原用人单位造成经济损失的，该用人单位应当依法承担连带赔偿责任。

● 部门规章及文件

2. **《劳动部关于实行劳动合同制度若干问题的通知》**（1996 年 10 月 31 日　劳部发〔1996〕354 号）

17. 用人单位招用职工时应查验终止、解除劳动合同证明，以及其他能证明该职工与任何用人单位不存在劳动关系的凭证，方可与其签订劳动合同。

3. **《劳动部关于企业职工流动若干问题的通知》**（1996 年 10 月 31 日　劳部发〔1996〕355 号）

四、用人单位与职工解除劳动关系后，应当及时向职工提供相应的证明材料。在招用职工时应查验其终止、解除劳动合同的证明，以及其他能证明该职工任何用人单位不存在劳动关系的凭证，方可与其签订劳动合同。

用人单位违反法律、法规和有关规定从其他单位在职职工中招录人员，给原用人单位造成损失的，用人单位应当承担连带赔偿责任。

六、劳动行政部门应通过招用职工备案、劳动合同鉴证等手段对用人单位新招职工的身份进行审查，对与原用人单位尚未解除劳动关系即到另一用人单位业的职工，社会保险基金经办机构不予办理社会保险档案和基金的转移手续，并通报劳动监察机构进行查处。

七、劳动监察机构应将用人单位招用职工行为作为劳动监察的重点内容之一。在用工年检或者劳动监察中发现用人单位招用尚未解除劳动合同的职工，应按照《违反〈劳动法〉有关劳动合同规定的赔偿办法》的规定，追究该用人单位和劳动者的责任，责令其赔偿原用人单位的损失。

● 司法解释及文件

4.《最高人民法院关于审理劳动争议案件适用法律问题的解释（一）》（2020 年 12 月 29 日　法释〔2020〕26 号）

第 27 条　用人单位招用尚未解除劳动合同的劳动者，原用人单位与劳动者发生的劳动争议，可以列新的用人单位为第三人。

原用人单位以新的用人单位侵权为由提起诉讼的，可以列劳动者为第三人。

原用人单位以新的用人单位和劳动者共同侵权为由提起诉讼的，新的用人单位和劳动者列为共同被告。

第九十二条　劳务派遣单位的责任

违反本法规定，未经许可，擅自经营劳务派遣业务的，由劳动行政部门责令停止违法行为，没收违法所得，并处违法所得一倍以上五倍以下的罚款；没有违法所得的，可以处五万元以下的罚款。

劳务派遣单位、用工单位违反本法有关劳务派遣规定的，由劳动行政部门责令限期改正；逾期不改正的，以每人五千元以上一万元以下的标准处以罚款，对劳务派遣单位，吊销其劳务派遣业务经营许可证。用工单位给被派遣劳动者造成损害的，劳务派遣单位与用工单位承担连带赔偿责任。

法　律

1.《行政处罚法》（2021 年 1 月 22 日）

第 29 条　对当事人的同一个违法行为，不得给予两次以上罚款的行政处罚。同一个违法行为违反多个法律规范应当给予罚款处罚的，按照罚款数额高的规定处罚。

行政法规及文件

2.《劳动合同法实施条例》（2008 年 9 月 18 日　国务院令第 535 号）

第 35 条　用工单位违反劳动合同法和本条例有关劳务派遣规定的，由劳动行政部门和其他有关主管部门责令改正；情节严重的，以每位被派遣劳动者 1000 元以上 5000 元以下的标准处以罚款；给被派遣劳动者造成损害的，劳务派遣单位和用工单位承担连带赔偿责任。

● 案例指引

劳动者超时加班发生工伤，用工单位、劳务派遣单位是否承担连带赔偿责任（人力资源社会保障部、最高人民法院联合发布第二批劳动人事争议典型案例）

案例要旨：面对激烈的市场竞争环境，个别用人单位为降低用工成本、追求利润最大化，长期安排劳动者超时加班，对劳动者的身心健康、家庭和睦、参与社会生活等造成了严重影响，极端情况下会威胁劳动者的生命安全。本案系劳动者超时加班发生工伤而引发的工伤保险待遇纠纷，是超时劳动严重损害劳动者健康权的缩影。本案裁判明确了此种情况下用工单位、劳务派遣单位承担连带赔偿责任，可以有效避免劳务派遣用工中出现责任真空的现象，实现对劳动者合法权益的充分保障。同时，用人单位应依法为职工参加工伤保险，保障职工的工伤权益，也能分散自身风险。如用人单位未为职工参加工伤保险，工伤职工工伤保险待遇全部由用人单位支付。

第九十三条 无营业执照经营的单位的责任

对不具备合法经营资格的用人单位的违法犯罪行为，依法追究法律责任；劳动者已经付出劳动的，该单位或者其出资人应当依照本法有关规定向劳动者支付劳动报酬、经济补偿、赔偿金；给劳动者造成损害的，应当承担赔偿责任。

● 行政法规及文件

1. **《工伤保险条例》**（2010年12月20日 国务院令第586号）

第66条 无营业执照或者未经依法登记、备案的单位以及被依法吊销营业执照或者撤销登记、备案的单位的职工受到事故伤害或者患职业病的，由该单位向伤残职工或者死亡职工的近亲属给予一次性赔偿，赔偿标准不得低于本条例规定的工伤保险待遇；用人单位不得使用童工，用人单位使用童工造成童工伤残、死亡的，由该单位向童工或者童工的近亲属给予一次性赔偿，赔偿标准不得低于本条例规定的工伤保险待遇。具体办法由国务院社会保险行政部门规定。

前款规定的伤残职工或者死亡职工的近亲属就赔偿数额与单位发生争议的，以及前款规定的童工或者童工的近亲属就赔偿数额与单位发生争议的，按照处理劳动争议的有关规定处理。

● 部门规章及文件

2.《非法用工单位伤亡人员一次性赔偿办法》（2010 年 12 月 31 日　人力资源和社会保障部令第 9 号）

第 2 条　本办法所称非法用工单位伤亡人员，是指无营业执照或者未经依法登记、备案的单位以及被依法吊销营业执照或者撤销登记、备案的单位受到事故伤害或者患职业病的职工，或者用人单位使用童工造成的伤残、死亡童工。

前款所列单位必须按照本办法的规定向伤残职工或者死亡职工的近亲属、伤残童工或者死亡童工的近亲属给予一次性赔偿。

第 3 条　一次性赔偿包括受到事故伤害或者患职业病的职工或童工在治疗期间的费用和一次性赔偿金。一次性赔偿金数额应当在受到事故伤害或者患职业病的职工或童工死亡或者经劳动能力鉴定后确定。

劳动能力鉴定按照属地原则由单位所在地设区的市级劳动能力鉴定委员会办理。劳动能力鉴定费用由伤亡职工或童工所在单位支付。

第 4 条　职工或童工受到事故伤害或者患职业病，在劳动能力鉴定之前进行治疗期间的生活费按照统筹地区上年度职工月平均工资标准确定，医疗费、护理费、住院期间的伙食补助费以及所需的交通费等费用按照《工伤保险条例》规定的标准和范围确定，并全部由伤残职工或童工所在单位支付。

第 5 条　一次性赔偿金按照以下标准支付：

一级伤残的为赔偿基数的 16 倍，二级伤残的为赔偿基数的 14 倍，三级伤残的为赔偿基数的 12 倍，四级伤残的为赔偿基数的 10 倍，五级伤残的为赔偿基数的 8 倍，六级伤残的为赔偿基数的 6 倍，七级伤残的为赔偿基数的 4 倍，八级伤残的为赔偿基数的 3 倍，九级伤残的为赔偿基数的 2 倍，十级伤残的为赔偿基数的 1 倍。

前款所称赔偿基数，是指单位所在工伤保险统筹地区上年度职工年平均工资。

第 6 条　受到事故伤害或者患职业病造成死亡的，按照上一年度全国城镇居民人均可支配收入的 20 倍支付一次性赔偿金，并按照上一年度全国城镇居民人均可支配收入的 10 倍一次性支付丧葬补助等其他赔偿金。

第 7 条　单位拒不支付一次性赔偿的，伤残职工或者死亡职工的近亲属、伤残童工或者死亡童工的近亲属可以向人力资源和社会保障行政部门举报。经查证属实的，人力资源和社会保障行政部门应当责令该单位限期改正。

第 8 条　伤残职工或者死亡职工的近亲属、伤残童工或者死亡童工的近亲属就赔偿数额与单位发生争议的，按照劳动争议处理的有关规定处理。

第九十四条　发包组织与个人承包经营者的责任

个人承包经营违反本法规定招用劳动者，给劳动者造成损害的，发包的组织与个人承包经营者承担连带赔偿责任。

● 司法解释及文件

《最高人民法院关于审理劳动争议案件适用法律问题的解释（二）》

（2025 年 7 月 31 日　法释〔2025〕12 号）

第 1 条　具备合法经营资格的承包人将承包业务转包或者分

包给不具备合法经营资格的组织或者个人，该组织或者个人招用的劳动者请求确认承包人为承担用工主体责任单位，承担支付劳动报酬、认定工伤后的工伤保险待遇等责任的，人民法院依法予以支持。

● 案例指引

转承包建设工程的个人招用的劳动者被认定工伤后，承包人负有支付工伤保险待遇的责任（最高法发布劳动争议典型案例）

案例要旨：工伤保险责任的承担并非必须以存在劳动关系作为前提条件。在建筑工程转包给个人的情况下，一旦发生工伤事故，具备用工主体资格的承包人应当承担工伤保险责任。本案中，某建筑公司将案涉工程转包给刘某，刘某招用的张某在施工过程中受伤且已被认定为工伤。虽某建筑公司与张某之间不存在劳动关系，但某建筑公司作为案涉工程的承包人，仍需承担工伤保险责任。在某建筑公司未为张某缴纳工伤保险费的情况下，审理法院判令其向张某支付相应的工伤保险待遇。

第九十五条　主管部门及工作人员的责任

劳动行政部门和其他有关主管部门及其工作人员玩忽职守、不履行法定职责，或者违法行使职权，给劳动者或者用人单位造成损害的，应当承担赔偿责任；对直接负责的主管人员和其他直接责任人员，依法给予行政处分；构成犯罪的，依法追究刑事责任。

● 法　律

1.《劳动法》（2018 年 12 月 29 日）

第 103 条　劳动行政部门或者有关部门的工作人员滥用职权、玩忽职守、徇私舞弊，构成犯罪的，依法追究刑事责任；不构成犯罪的，给予行政处分。

2.《国家赔偿法》（2012 年 10 月 26 日）

第 3 条　行政机关及其工作人员在行使行政职权时有下列侵犯人身权情形之一的，受害人有取得赔偿的权利：

（一）违法拘留或者违法采取限制公民人身自由的行政强制措施的；

（二）非法拘禁或者以其他方法非法剥夺公民人身自由的；

（三）以殴打、虐待等行为或者唆使、放纵他人以殴打、虐待等行为造成公民身体伤害或者死亡的；

（四）违法使用武器、警械造成公民身体伤害或者死亡的；

（五）造成公民身体伤害或者死亡的其他违法行为。

第 4 条　行政机关及其工作人员在行使行政职权时有下列侵犯财产权情形之一的，受害人有取得赔偿的权利：

（一）违法实施罚款、吊销许可证和执照、责令停产停业、没收财物等行政处罚的；

（二）违法对财产采取查封、扣押、冻结等行政强制措施的；

（三）违法征收、征用财产的；

（四）造成财产损害的其他违法行为。

3.《公务员法》（2018 年 12 月 29 日）

第 59 条　公务员应当遵纪守法，不得有下列行为：

（一）散布有损宪法权威、中国共产党和国家声誉的言论，组织或者参加旨在反对宪法、中国共产党领导和国家的集会、游行、示威等活动；

（二）组织或者参加非法组织，组织或者参加罢工；

（三）挑拨、破坏民族关系，参加民族分裂活动或者组织、利用宗教活动破坏民族团结和社会稳定；

（四）不担当，不作为，玩忽职守，贻误工作；

（五）拒绝执行上级依法作出的决定和命令；

（六）对批评、申诉、控告、检举进行压制或者打击报复；

（七）弄虚作假，误导、欺骗领导和公众；

（八）贪污贿赂，利用职务之便为自己或者他人谋取私利；

（九）违反财经纪律，浪费国家资财；

（十）滥用职权，侵害公民、法人或者其他组织的合法权益；

（十一）泄露国家秘密或者工作秘密；

（十二）在对外交往中损害国家荣誉和利益；

（十三）参与或者支持色情、吸毒、赌博、迷信等活动；

（十四）违反职业道德、社会公德和家庭美德；

（十五）违反有关规定参与禁止的网络传播行为或者网络活动；

（十六）违反有关规定从事或者参与营利性活动，在企业或者其他营利性组织中兼任职务；

（十七）旷工或者因公外出、请假期满无正当理由逾期不归；

（十八）违纪违法的其他行为。

第61条　公务员因违纪违法应当承担纪律责任的，依照本法给予处分或者由监察机关依法给予政务处分；违纪违法行为情节轻微，经批评教育后改正的，可以免予处分。

对同一违纪违法行为，监察机关已经作出政务处分决定的，公务员所在机关不再给予处分。

第62条　处分分为：警告、记过、记大过、降级、撤职、开除。

4.《刑法》（2023年12月29日）

第397条　国家机关工作人员滥用职权或者玩忽职守，致使公共财产、国家和人民利益遭受重大损失的，处三年以下有期徒刑或者拘役；情节特别严重的，处三年以上七年以下有期徒刑。本法另有规定的，依照规定。

国家机关工作人员徇私舞弊，犯前款罪的，处五年以下有期徒刑或者拘役；情节特别严重的，处五年以上十年以下有期徒刑。本法另有规定的，依照规定。

● 行政法规及文件

5.《劳动保障监察条例》（2004年11月1日　国务院令第423号）

第31条　劳动保障监察员滥用职权、玩忽职守、徇私舞弊或者泄露在履行职责过程中知悉的商业秘密的，依法给予行政处分；构成犯罪的，依法追究刑事责任。

劳动保障行政部门和劳动保障监察员违法行使职权，侵犯用人单位或者劳动者的合法权益的，依法承担赔偿责任。

第八章　附　则

第九十六条　事业单位实行劳动合同制度的规定

事业单位与实行聘用制的工作人员订立、履行、变更、解除或者终止劳动合同，法律、行政法规或者国务院另有规定的，依照其规定；未作规定的，依照本法有关规定执行。

● 行政法规及文件

1.《国务院办公厅转发人事部关于在事业单位试行人员聘用制度意见的通知》（2002年7月6日　国办发〔2002〕35号）

随着我国社会主义市场经济体制的建立和加入世界贸易组织，迫切要求转换事业单位用人机制，建立充满生机和活力的用人制度。在事业单位试行人员聘用制度，是加快推进事业单位人事制度改革、提高队伍整体素质、增强事业单位活力的重要措施。为了规范事业单位人员聘用工作（简称人员聘用工作），保护单位和职工的合法权益，促进社会稳定，现就在事业单位试行人员聘用制度提出如下意见：

一、聘用制度的基本原则和实施范围

事业单位与职工应当按照国家有关法律、政策和本意见的要求，在平等自愿、协商一致的基础上，通过签订聘用合同，明确聘用单位和受聘人员与工作有关的权利和义务。人员聘用制度主要包括公开招聘、签订聘用合同、定期考核、解聘辞聘等制度。通过实行人员聘用制度，转换事业单位用人机制，实现事业单位人事管理由身份管理向岗位管理转变，由行政任用关系向平等协商的聘用关系转变，建立一套符合社会主义市场经济体制要求的事业单位人事管理制度。

建立和推行事业单位人员聘用制度，要贯彻党的干部路线，坚持党管干部原则；坚持尊重知识、尊重人才的方针，树立人才资源是第一资源的观念；坚持平等自愿、协商一致的原则；坚持公开、平等、竞争、择优的原则；坚持走群众路线，保证职工的参与权、知情权和监督权。

事业单位除按照国家公务员制度进行人事管理的以及转制为企业的以外，都要逐步试行人员聘用制度。对事业单位领导人员的任用，根据干部人事管理权限和规定的程序，可以采用招聘或者任命等形式。使用事业单位编制的社会团体录用专职工作人员，除按照国家公务员制度进行人事管理的以外，也要参照本意见逐步试行人员聘用制度。

二、全面推行公开招聘制度

为了规范用人行为，防止用人上的随意性和不正之风，事业单位凡出现空缺岗位，除涉密岗位确需使用其他方法选拔人员的以外，都要试行公开招聘。

事业单位要结合本单位的任务，按照科学合理、精简效能的原则设置岗位，并根据国家有关规定确定岗位的工资待遇；按照岗位的职责和聘用条件，通过公开招聘、考试或者考核的方法择优聘用工作人员。受聘人员应当具有履行岗位职责的能力，能够坚持正常工作；应聘实行执业资格制度岗位的，必须持有相应的执业资格证书。

为了保证人员聘用工作的顺利平稳进行，聘用人员应当优先从本单位现有人员中选聘；面向社会招聘的，同等条件下本单位的应聘人员优先。机构编制部门核定人员编制的事业单位聘用人员，不得突破核定的编制数额。

三、严格人员聘用的程序

为了保证人员聘用工作公平、公正，提高工作效率，聘用单位要成立与人员聘用工作相适应的聘用工作组织，严格人员聘用程序。聘用工作组织由本单位人事部门负责人、纪律检查部门负责人和工会代表组成，根据需要也可以聘请有关专家参加。人员的聘用、考核、续聘、解聘等事项由聘用工作组织提出意见，报本单位负责人员集体决定。

人员聘用的基本程序是：

（一）公布空缺岗位及其职责、聘用条件、工资待遇等事项；

（二）应聘人员申请应聘；

（三）聘用工作组织对应聘人员的资格、条件进行初审；

（四）聘用工作组织对通过初审的应聘人员进行考试或者考核，根据结果择优提出拟聘人员名单；

（五）聘用单位负责人员集体讨论决定受聘人员；

（六）聘用单位法定代表人或者其委托的人与受聘人员签订聘用合同。

聘用合同期满，岗位需要、本人愿意、考核合格的，可以续签聘用合同。

人员聘用实行回避制度。受聘人员凡与聘用单位负责人员有夫妻关系、直系血亲关系、三代以内旁系血亲或者近姻亲关系的，不得被聘用从事该单位负责人员的秘书或者人事、财务、纪律检查岗位的工作，也不得在有直接上下级领导关系的岗位工作。聘用工作组织成员在办理人员聘用事项时，遇有与自己有上述亲属关系的，也应当回避。

四、规范聘用合同的内容

聘用合同由聘用单位的法定代表人或者其委托的人与受聘人员以书面形式订立。聘用合同必须具备下列条款：

（一）聘用合同期限；

（二）岗位及其职责要求；

（三）岗位纪律；

（四）岗位工作条件；

（五）工资待遇；

（六）聘用合同变更和终止的条件；

（七）违反聘用合同的责任。

经双方当事人协商一致，可以在聘用合同中约定试用期、培训和继续教育、知识产权保护、解聘提前通知时限等条款。

聘用合同分为短期、中长期和以完成一定工作为期限的合同。对流动性强、技术含量低的岗位一般签订 3 年以下的短期合同；岗位或者职业需要、期限相对较长的合同为中长期合同；以完成一定工作为期限的合同，根据工作任务确定合同期限。合同期限最长不得超过应聘人员达到国家规定的退休年龄的年限。聘用单位与受聘人员经协商一致，可以订立上述任何一种期限的合同。

对在本单位工作已满 25 年或者在本单位连续工作已满 10 年且年龄距国家规定的退休年龄已不足 10 年的人员，提出订立聘用至退休的合同的，聘用单位应当与其订立聘用至该人员退休的合同。

聘用单位与受聘人员签订聘用合同，可以约定试用期。试用期一般不超过 3 个月；情况特殊的，可以延长，但最长不得超过 6 个月。被聘人员为大中专应届毕业生的，试用期可以延长至 12 个月。试用期包括在聘用合同期限内。

聘用单位与受聘人员订立聘用合同时，不得收取任何形式的抵押金、抵押物或者其他财物。

五、建立和完善考核制度

聘用单位对受聘人员的工作情况实行年度考核；必要时，还可以增加聘期考核。考核必须坚持客观、公正的原则，实行领导考核与群众评议相结合、考核工作实绩与考核工作态度相统一的方法。考核的内容应当与岗位的实际需要相符合。考核结果分为优秀、合格、基本合格、不合格 4 个等次。聘用工作组织在群众评议意见和受聘人员领导意见的基础上提出考核等次意见，报聘用单位负责人员集体决定。

考核结果是续聘、解聘或者调整岗位的依据。受聘人员年度考核或者聘期考核不合格的，聘用单位可以调整该受聘人员的岗位或者安排其离岗接受必要的培训后调整岗位。岗位变化后，应当相应改变该受聘人员的岗位工资待遇，并对其聘用合同作相应变更。受聘人员无正当理由不同意变更的，聘用单位有权单方面解除聘用合同。

六、规范解聘辞聘制度

聘用单位、受聘人员双方经协商一致，可以解除聘用合同。

受聘人员有下列情形之一的，聘用单位可以随时单方面解除聘用合同：

（一）连续旷工超过 10 个工作日或者 1 年内累计旷工超过 20 个工作日的；

（二）未经聘用单位同意，擅自出国或者出国逾期不归的；

（三）违反工作规定或者操作规程，发生责任事故，或者失职、渎职，造成严重后果的；

（四）严重扰乱工作秩序，致使聘用单位、其他单位工作不能正常进行的；

（五）被判处有期徒刑以上刑罚收监执行的，或者被劳动教养的。

对在试用期内被证明不符合本岗位要求又不同意单位调整其工作岗位的，聘用单位也可以随时单方面解除聘用合同。

受聘人员有下列情形之一的，聘用单位可以单方面解除聘用合同，但是应当提前30日以书面形式通知拟被解聘的受聘人员：

（一）受聘人员患病或者非因工负伤，医疗期满后，不能从事原工作也不能从事由聘用单位安排的其他工作的；

（二）受聘人员年度考核或者聘期考核不合格，又不同意聘用单位调整其工作岗位的，或者虽同意调整工作岗位，但到新岗位后考核仍不合格的。

受聘人员有下列情形之一的，聘用单位不得解除聘用合同：

（一）受聘人员患病或者负伤，在规定的医疗期内的；

（二）女职工在孕期、产期和哺乳期内的；

（三）因工负伤，治疗终结后经劳动能力鉴定机构鉴定为1至4级丧失劳动能力的；

（四）患职业病以及现有医疗条件下难以治愈的严重疾病或者精神病的；

（五）受聘人员正在接受纪律审查尚未作出结论的；

（六）属于国家规定的不得解除聘用合同的其他情形的。

有下列情形之一的，受聘人员可以随时单方面解除聘用合同：

（一）在试用期内的；

（二）考入普通高等院校的；

（三）被录用或者选调到国家机关工作的；

（四）依法服兵役的。

除上述情形外，受聘人员提出解除聘用合同未能与聘用单位协商一致的，受聘人员应当坚持正常工作，继续履行聘用合同；6个月后再次提出解除聘用合同仍未能与聘用单位协商一致的，即可单方面解除聘用合同。

受聘人员经聘用单位出资培训后解除聘用合同，对培训费用的补偿在聘用合同中有约定的，按照合同的约定补偿。受聘人员解除聘用合同后违反规定使用或者允许他人使用原所在聘用单位的知识产权、技术秘密的，依法承担法律责任。涉密岗位受聘人员的解聘或者工作调动，应当遵守国家有关涉密人员管理的规定。

有下列解除聘用合同情形之一的，聘用单位应当根据被解聘人员在本单位的实际工作年限向其支付经济补偿：

（一）聘用单位提出解除聘用合同，受聘人员同意解除的；

（二）受聘人员患病或者非因工负伤，医疗期满后，不能从事原工作也不能从事由聘用单位安排的其他工作，聘用单位单方面解除聘用合同的；

（三）受聘人员年度考核不合格或者聘期考核不合格，又不同意聘用单位调整其工作岗位的，或者虽同意调整工作岗位，但到新岗位后考核仍不合格，聘用单位单方面解除聘用合同的。

经济补偿以被解聘人员在该聘用单位每工作 1 年，支付其本人 1 个月的上年月平均工资为标准；月平均工资高于当地月平均工资 3 倍以上的，按当地月平均工资的 3 倍计算。聘用单位分立、合并、撤销的，应当妥善安置人员；不能安置受聘人员到相应单位就业而解除聘用合同的，应当按照上述规定给予经济补偿。

受聘人员与所在聘用单位的聘用关系解除后，聘用单位要按照国家有关规定及时为职工办理社会保险关系调转手续，做好各项社会保险的衔接工作。

七、认真做好人事争议的处理工作

为了保障人员聘用制度的实施，聘用合同订立后，聘用单位与受聘人员双方都应当严格遵守、全面履行合同的约定。受聘人员应当遵守职业道德和聘用单位的规章制度，认真负责地完成岗位工作任务；聘用单位应当保障受聘人员的工作条件，保障受聘人员享受按照国家有关规定和合同约定应当享受的待遇。

为妥善处理人员聘用工作中出现的各种问题，及时化解矛盾，维护聘用单位和受聘人员双方的合法权益，要建立和完善事业单位人事争议仲裁制度，及时公正合理地处理、裁决人员聘用中的争议问题。受聘人员与聘用单位在公开招聘、聘用程度、聘用合同期限、定期或者聘期考核、解聘辞聘、未聘安置等问题上发生争议的，当事人可以申请当地人事争议仲裁委员会仲裁。仲裁结果对争议双方具有约束力。

八、积极稳妥地做好未聘人员安置工作

事业单位未聘人员的安置和管理，是人员聘用工作的重点和难点，政策性强，必须予以高度重视。要将未聘人员尽量安置在本单位或者当地本行业、本系统内，同时要探索多种安置办法。城市和有条件的地区可以跨行业、跨系统调剂安置。各地区、各部门要制定切实可行的政策，为未聘人员创办经济实体或者进入企业提供优惠条件，引导鼓励未聘人员面向基层、农村和中小企业，使他们在新的领域发挥作用、施展才干。

九、加强对人员聘用工作的组织领导

试行人员聘用制度涉及广大事业单位职工的切身利益，政策性强，情况复杂，在工作中，要切实加强领导，坚持原则，防止滥用职权、打击报复、以权谋私等行为的发生，对违反规定的，要追究行政纪律责任。各级人事部门要加强指导协调和监督检查，要充分发挥各有关部门的职能作用，认真做好事业单位人员聘用制度的组织实施工作。

要贯彻积极、稳妥的方针，正确处理好改革、发展、稳定的关系，充分考虑群众对改革的承受能力，不搞“一刀切”。要因地制宜、周密部署、缜密实施。在实施过程中，一方面要保证单位工作的正常运转，做到工作不断档，国有资产不流失；另一方面，要做好深入细致的思想政治工作，引导事业单位广大职工支持并积极参与这项改革，保证事业单位人员聘用制度的顺利实施，更好地为经济建设和社会发展服务。

2.《事业单位试行人员聘用制度有关问题的解释》（2003 年 12 月 10 日　国人部发〔2003〕61 号）

一、聘用制度实施范围

1. 事业单位（含实行企业化管理的事业单位）除按照国家公务员制度进行人事管理的以及转制为企业的以外都要逐步试行人员聘用制度。

2. 试行人员聘用制度的事业单位中，原固定用人制度职工、合同制职工、新进事业单位的职工，包括工勤人员都要实行聘用制度。

3. 事业单位的党群组织专职工作人员，在已与单位明确了聘用关系的人员范围内，按照各自章程或法律规定产生、任用。

二、推行聘用制度首次签订聘用合同的有关问题

4. 事业单位首次实行人员聘用制度，可以按照竞争上岗，择优聘用的原则，优先从本单位现有人员中选聘符合岗位要求的人员签订聘用合同，也可以根据本单位的实际情况，在严格考核的前提下，采用单位与现有在职职工签订聘用合同的办法予以过渡。

5. 有下列情况之一的，单位应与职工签订聘用合同：

（1）现役军人的配偶；

（2）女职工在孕期、产期、哺乳期内的；

（3）残疾人员；

（4）患职业病或因工负伤，经劳动能力鉴定委员会鉴定为 1-6 级伤残的；

（5）国家政策有明确规定的。

6. 经指定的医疗单位确诊患有难以治愈的严重疾病、精神病的，暂缓签订聘用合同，缓签期延续至前述情况消失；或者只保留人事关系和工资关系，直至该人员办理退休（退职）手续。

经劳动能力鉴定委员会鉴定完全丧失劳动能力的，按照国家

有关规定办理退休（退职）手续。

7. 在首次签订聘用合同中，职工拒绝与单位签订合同的，单位给予其不少于3个月的择业期，择业期满后未调出的，应当劝其办理辞职手续，未调出又不辞职的，予以辞退。

三、公开招聘

8. 经费来源主要由财政拨款的事业单位，以及经费来源部分由财政支持的事业单位，公开招聘工作人员应在编制内进行。

9. 事业单位公开招聘必须在本地区发布招聘公告，采用公开方式对符合报名条件的应聘人员进行考试或考核，考试或考核结果及拟聘人员应进行公示。

四、聘用合同的期限

10. 聘用合同分为四种类型：3年（含）以下的合同为短期合同，对流动性强、技术含量低的岗位一般签订短期合同；3年（不含）以上的合同为中期合同；至职工退休的合同为长期合同；以完成一定工作为期限的合同为项目合同。

11. 试用期的规定只适用于单位新进的人员，试用期只能约定一次。试用期包括在聘用合同期限内。原固定用人制度职工签订聘用合同，不再规定试用期。

12. “对在本单位工作已满25年或者在本单位连续工作已满10年且年龄距国家规定的退休年龄已不足10年的人员，提出订立聘用至退休的合同的，聘用单位应当与其订立聘用至该人员退休的合同”中，“对在本单位工作已满25年”的规定，可按在本单位及国有单位工作的工龄合计已满25年掌握。

符合上述条件，在竞争上岗中没有被聘用的人员，应当比照《意见》中规定的未聘人员安置政策，予以妥善安置，不得解除与单位的人事关系。

13. 军队转业干部、复员退伍军人等政策性安置人员可以签订中、长期合同，首次签订聘用合同不得约定试用期，聘用合同的期限不得低于3年。

五、解聘辞聘

14. 被人民法院判处拘役、有期徒刑缓刑的，单位可以解除聘用合同。

15. 受聘人员提出解除聘用合同未能与聘用单位协商一致的，受聘人员应当坚持正常工作，继续履行聘用合同；6个月后再次提出解除聘用合同，仍未能与聘用单位协商一致，受聘人员即可单方面解除聘用合同。但对在涉及国家秘密岗位上工作，承担国家和地方重点项目的主要技术负责人和技术骨干不适用此项规定。

16.《意见》中事业单位职工医疗期的确定可暂时参照企业职工患病或非因工负伤医疗期的规定执行。

17. 在聘用合同中对培训费用没有约定的，受聘人员提出解除聘用合同后，单位不得收取培训费用；有约定的，按约定收取培训费，但不得超过培训的实际支出，并按培训结束后每服务一年递减20%执行。

18. 事业单位与职工解除工作关系，适用辞职辞退的有关规定；实行聘用制度以后，事业单位与职工解除聘用合同，适用解聘辞聘的有关规定。

19. 聘用合同解除后，单位和个人应当在3个月内办理人事档案转移手续。单位不得以任何理由扣留无聘用关系职工的人事档案；个人不得无故不办理档案转移手续。

六、经济补偿

20.《意见》中关于解除聘用合同的经济补偿是按职工在本单位工作的工龄核定补偿标准，不是对其在本单位工作的工龄补偿。

21. 在已经试行事业单位养老等社会保险的地区，受聘人员与所在单位的聘用关系解除后，聘用单位要按照国家有关规定及时为职工办理社会保险关系调转手续。

22. 单位分立、合并、撤销的，上级主管部门应当制定人员安置方案，重点做好未聘人员的安置等有关工作。

七、其它问题

23. 下列聘用合同为无效合同：

（1）违反国家法律、法规的聘用合同；

（2）采取欺诈、威胁等不正当手段订立的聘用合同；

（3）权利义务显失公正，严重损害一方当事人合法权益的聘用合同；

（4）未经本人书面委托，由他人代签的聘用合同，本人提出异议的。

无效合同由有管辖权的人事争议仲裁委员会确认。

24. 聘用工作组织是单位推行人员聘用工作的专门工作组织。《意见》对聘用工作组织的人员构成和工作职责做了专门规定。单位应按规定组建聘用工作组织，并按照规定的程序进行人员聘用工作，以保证聘用工作的客观、公正、公平。

3.《事业单位公开招聘人员暂行规定》（2005年11月16日　人事部令第6号）

第25条　用人单位法定代表人或者其委托人与受聘人员签订聘用合同，确立人事关系。

4.《事业单位岗位设置管理试行办法》（2006年7月4日　国人部发〔2006〕70号）

第29条　事业单位应当与聘用人员签订聘用合同，确定相应的工资待遇。聘用合同期限内调整岗位的，应对聘用合同的相关内容作出相应变更。

第38条　使用事业编制的社会团体，除经批准参照公务法进行管理的以外，参照本办法执行。

5.《事业单位公开招聘违纪违规行为处理规定》（2017年10月9日　人力资源和社会保障部令第35号）

第5条　应聘人员在报名过程中有下列违纪违规行为之一

的，取消其本次应聘资格：

（一）伪造、涂改证件、证明等报名材料，或者以其他不正当手段获取应聘资格的；

（二）提供的涉及报考资格的申请材料或者信息不实，且影响报名审核结果的；

（三）其他应当取消其本次应聘资格的违纪违规行为。

第6条　应聘人员在考试过程中有下列违纪违规行为之一的，给予其当次该科目考试成绩无效的处理：

（一）携带规定以外的物品进入考场且未按要求放在指定位置，经提醒仍不改正的；

（二）未在规定座位参加考试，或者未经考试工作人员允许擅自离开座位或者考场，经提醒仍不改正的；

（三）经提醒仍不按规定填写、填涂本人信息的；

（四）在试卷、答题纸、答题卡规定以外位置标注本人信息或者其他特殊标记的；

（五）在考试开始信号发出前答题，或者在考试结束信号发出后继续答题，经提醒仍不停止的；

（六）将试卷、答题卡、答题纸带出考场，或者故意损坏试卷、答题卡、答题纸及考试相关设施设备的；

（七）其他应当给予当次该科目考试成绩无效处理的违纪违规行为。

第7条　应聘人员在考试过程中有下列严重违纪违规行为之一的，给予其当次全部科目考试成绩无效的处理，并将其违纪违规行为记入事业单位公开招聘应聘人员诚信档案库，记录期限为五年：

（一）抄袭、协助他人抄袭的；

（二）互相传递试卷、答题纸、答题卡、草稿纸等的；

（三）持伪造证件参加考试的；

（四）使用禁止带入考场的通讯工具、规定以外的电子用品的；

（五）本人离开考场后，在本场考试结束前，传播考试试题及答案的；

（六）其他应当给予当次全部科目考试成绩无效处理并记入事业单位公开招聘应聘人员诚信档案库的严重违纪违规行为。

第8条 应聘人员有下列特别严重违纪违规行为之一的，给予其当次全部科目考试成绩无效的处理，并将其违纪违规行为记入事业单位公开招聘应聘人员诚信档案库，长期记录：

（一）串通作弊或者参与有组织作弊的；

（二）代替他人或者让他人代替自己参加考试的；

（三）其他应当给予当次全部科目考试成绩无效处理并记入事业单位公开招聘应聘人员诚信档案库的特别严重的违纪违规行为。

第9条 应聘人员应当自觉维护招聘工作秩序，服从工作人员管理，有下列行为之一的，终止其继续参加考试，并责令离开现场；情节严重的，按照本规定第七条、第八条的规定处理；违反《中华人民共和国治安管理处罚法》的，交由公安机关依法处理；构成犯罪的，依法追究刑事责任：

（一）故意扰乱考点、考场以及其他招聘工作场所秩序的；

（二）拒绝、妨碍工作人员履行管理职责的；

（三）威胁、侮辱、诽谤、诬陷工作人员或者其他应聘人员的；

（四）其他扰乱招聘工作秩序的违纪违规行为。

● 案例指引

1. **郑某诉某大学聘用合同纠纷案**（人民法院案例库：2023-16-2-189-001）

案例要旨：法院生效裁判认为，本案系事业单位与实行聘用制的工作人员之间因履行聘用合同所发生的人事争议。《中华人民共和国劳动合同法》第九十六条规定："事业单位与实行聘用制的工作人员订立、履行、变更、解除或者终止劳动合同，法律、行政法规或者国务院另有规定的，依照其规定；未作规定的，依照本法有关规定执行。"根据上述规定，人事争议法律适用应依照法律、行政法规或者国务院的规定；没有规定的，依照劳动合同法的有关规定执行。国务院原人事部《关于在事业单位试行人员聘用制度的意见》（国办发［2002］35号，以下简称《意见》）属于国务院下发的行政规范性文件，故本案应依照该意见执行。该意见第四条第一款规定："……聘用合同必须具备下列条款：……（七）违反聘用合同的责任。"可见，聘用合同应当明确约定违反聘用合同的责任。而福建省原人事厅《关于在事业单位试行人员聘用制度的实施意见》（闽政办［2002］162号，以下简称《实施意见》）是国务院人事部《意见》在福建省的明确细化和具体操作性规定，根据福建省原人事厅《实施意见》第八条第（一）项"当事人任何一方违反聘用合同的，违约方要承担违约责任。违约金的数额由当事人双方在聘用合同中自行约定。合同虽未约定，但造成可计算经济损失的，由责任方按实际损失承担经济赔偿责任"的规定，本案中双方当事人在案涉工作协议中可以约定违约金条款。原审认定某大学与郑某约定的未满年限离职的违约金条款无效不当，应予纠正。

2. **董某某诉某出版社劳动争议纠纷案**（人民法院案例库：2023-16-2-490-002）

案例要旨：人事争议纠纷解决有其自身的发展历程，与司法程序接轨后，人事争议案件受案范围、程序亦有明确规范，判断一个案件是劳动争议还是人事争议，应结合当事人的诉求及案件客观情况进行。事业单位转企后，劳动者要求继续履行聘用合同或劳动合同的纠纷宜作为劳动争议案件受理。

根据某出版社提交的企业法人营业执照与事业单位法人证书，1998年至2009年期间，某出版社性质上应属于实行企业化管理的事业组织。根据《劳动部办公厅关于实行企业化管理的事业组织与职工发生劳动争议有关问题的复函》的规定，实行企业化管理的事业组织的全体职工应按照《劳动法》的规定，与所在单位通过签订劳动合同建立劳动关系。本案中，董某某的仲裁请求是维持与某出版社的劳动关系，某出版社起诉要求确认董某某于 1989 年已经辞职。某出版社与董某某之间的纠纷从 1989 年递交辞职报告起至 2002 年申请劳动仲裁，时间跨度较长，加之 1998 年某出版社开始实行企业化管理，本案涉及人事关系与劳动关系的衔接和变更问题。此外，最高人民法院于 2003 年 8 月 27 日下发《人事争议司法解释》首次将部分人事争议纳入人民法院的受案范围。本案董某某申请仲裁、某出版社起诉的时间为 2002 年，结合当时的法律政策，双方无法就人事争议提起民事诉讼。且本案二审终审后，董某某于 2005 年、2007 年两次向相关部门申请人事仲裁，但均未被受理。综合某出版社性质变更情况及本案纠纷发生的背景，原审以劳动争议纠纷受理并作出判决并无不妥。

3. 闫某诉某大学附属某医院聘用合同纠纷案①

案例要旨：《劳动合同法》第九十六条规定，事业单位与实行聘用制的工作人员订立、履行、变更、解除或者终止劳动合同，法律、行政法规或者国务院另有规定的，依照其规定；未作规定的，依照本法有关规定执行。《最高人民法院关于事业单位人事争议案件适用法律等问题的答复》第一条规定，人民法院对事业单位人事争议案件的实体处理应当适用人事方面的法律规定。本案中，闫某与某医院系人事法律关系，且关于解除合同违约金的争议属于实体争议而非程序争议，故一审法院适用人事方面的法律规定即《北京市事业单位聘用合同制试行办法》而非《劳动合同法》，属适用法律正确。闫某上诉主张本案应适用《劳动合同法》，缺乏法律依据，本院不予采纳。

---

① 本案例选自中国裁判文书网，最后访问时间：2025 年 8 月 2 日。

第九十七条 劳动合同法的溯及力

本法施行前已依法订立且在本法施行之日存续的劳动合同，继续履行；本法第十四条第二款第三项规定连续订立固定期限劳动合同的次数，自本法施行后续订固定期限劳动合同时开始计算。

本法施行前已建立劳动关系，尚未订立书面劳动合同的，应当自本法施行之日起一个月内订立。

本法施行之日存续的劳动合同在本法施行后解除或者终止，依照本法第四十六条规定应当支付经济补偿的，经济补偿年限自本法施行之日起计算；本法施行前按照当时有关规定，用人单位应当向劳动者支付经济补偿的，按照当时有关规定执行。

● 案例指引

1. **唐某诉重庆某工业有限公司劳动合同纠纷案**（人民法院案例库：2023-16-2-186-004）

案例要旨：对于劳动合同法实施后应当支付经济补偿金双方并无异议，本案双方争议的焦点是劳动合同法实施前即自肖某入职的1998年2月至2008年1月1日前某工业公司应否支付经济补偿金的问题。劳动合同法第九十七条第三款规定："本法施行之日存续的劳动合同在本法施行后解除或者终止，依照本法第四十六条规定应当支付经济补偿的，经济补偿年限自本法施行之日起计算；本法施行前按照当时有关规定，用人单位应当向劳动者支付经济补偿的，按照当时有关规定执行"。依照该规定，在劳动合同法实施前，只要当时有支付经济补偿金的规定，用人单位就应当支付经济补偿金。

1995年8月4日劳动部发出了《关于贯彻执行〈中华人民共和国劳动法〉若干问题的意见》（劳部发〔1995〕309号），该意见第

40 条规定："劳动者依据劳动法第三十二条第（一）项解除劳动合同，用人单位可以不支付经济补偿金，但应按照劳动者的实际工作天数支付工资。"劳动法第三十二条规定："有下列情形之一的，劳动者可以随时通知用人单位解除劳动合同：（一）在试用期内的。"按照该条规定，劳动者只要不是在试用期内解除合同，用人单位即应支付经济补偿金。综上，在劳动合同法实施之前，劳动者因用人单位拖欠劳动报酬而解除劳动合同的用人单位应支付经济补偿金。

2. **杨某诉重庆某公司劳动合同纠纷案**（人民法院案例库：2023-16-2-186-003）

案例要旨：在劳动合同法实施前已经成立并存续至实施后的劳动合同关系，用人单位违法解除劳动合同的，应自实际用工之日（入职之日）起向劳动者支付二倍赔偿金，不应对该法实施前后的赔偿金进行分段计算。

劳动合同法第八十七条、《劳动合同法实施条例》第二十五条旨在通过提高用人单位的违法解除劳动合同的成本，在一定程度上遏制用人单位违法解除劳动合同的行为。从立法目的、条文的本意，均应解释为用人单位违法解除劳动合同的应二倍向劳动者支付赔偿金，赔偿金的计算标准应从用工之日起计算。劳动合同法第九十七条只规定了经济补偿金的分段计算，并未规定赔偿金亦应分段计算。重庆某公司据以主张的劳动合同法第九十七条第三款规定，该法条规定的是该法第四十六条规定的经济补偿金，但重庆某公司向杨某支付赔偿金的事由并不符合该法第四十六条规定的情形。且劳动合同法第九十七条第三款规定的是用人单位无错性解除或终止合同，而重庆某公司系违法解除，属用人单位有过错性解除劳动合同，相对于无过错性的经济补偿，用人单位应对劳动者予以更高的赔偿。本案并不涉及"法不溯及既往"原则的适用，重庆某公司的违法解除劳动合同的行为发生在 2008 年 1 月 1 日劳动合同法实施后，该行为当然适用劳动合同法及《劳动合同法实施条例》，而不是分段适用劳动合同法施行前的相关法律、法规。故重庆某公司主张二倍赔偿金分段计算的理由不能成立。

第九十八条 劳动合同法的施行日期

本法自 2008 年 1 月 1 日起施行。

最高人民法院关于审理劳动争议案件适用法律问题的解释（二）

（2025年2月17日最高人民法院审判委员会第1942次会议通过　2025年7月31日最高人民法院公告公布　自2025年9月1日起施行　法释〔2025〕12号）

为正确审理劳动争议案件，根据《中华人民共和国民法典》《中华人民共和国劳动法》《中华人民共和国劳动合同法》《中华人民共和国民事诉讼法》《中华人民共和国劳动争议调解仲裁法》等相关法律规定，结合审判实践，制定本解释。

第一条　具备合法经营资格的承包人将承包业务转包或者分包给不具备合法经营资格的组织或者个人，该组织或者个人招用的劳动者请求确认承包人为承担用工主体责任单位，承担支付劳动报酬、认定工伤后的工伤保险待遇等责任的，人民法院依法予以支持。

第二条　不具备合法经营资格的组织或者个人挂靠具备合法经营资格的单位对外经营，该组织或者个人招用的劳动者请求确认被挂靠单位为承担用工主体责任单位，承担支付劳动报酬、认定工伤后的工伤保险待遇等责任的，人民法院依法予以支持。

第三条　劳动者被多个存在关联关系的单位交替或者同时用工，其请求确认劳动关系的，人民法院按照下列情形分别处理：

（一）已订立书面劳动合同，劳动者请求按照劳动合同确认劳动关系的，人民法院依法予以支持；

（二）未订立书面劳动合同的，根据用工管理行为，综合考虑工作时间、工作内容、劳动报酬支付、社会保险费缴纳等因素确认劳动关系。

劳动者请求符合前款第二项规定情形的关联单位共同承担支付劳动报酬、福利待遇等责任的，人民法院依法予以支持，但关联单位之间依法对劳动者的劳动报酬、福利待遇等作出约定且经劳动者同意的除外。

第四条 外国人与中华人民共和国境内的用人单位建立用工关系，有下列情形之一，外国人请求确认与用人单位存在劳动关系的，人民法院依法予以支持：

（一）已取得永久居留资格的；

（二）已取得工作许可且在中国境内合法停留居留的；

（三）按照国家有关规定办理相关手续的。

第五条 依法设立的外国企业常驻代表机构可以作为劳动争议案件的当事人。当事人申请追加外国企业参加诉讼的，人民法院依法予以支持。

第六条 用人单位未依法与劳动者订立书面劳动合同，应当支付劳动者的二倍工资按月计算；不满一个月的，按该月实际工作日计算。

第七条 劳动者以用人单位未订立书面劳动合同为由，请求用人单位支付二倍工资的，人民法院依法予以支持，但用人单位举证证明存在下列情形之一的除外：

（一）因不可抗力导致未订立的；

（二）因劳动者本人故意或者重大过失未订立的；

（三）法律、行政法规规定的其他情形。

第八条 劳动合同期满，有下列情形之一的，人民法院认定劳动合同期限依法自动续延，不属于用人单位未订立书面劳动合同的情形：

（一）劳动合同法第四十二条规定的用人单位不得解除劳动合同的；

（二）劳动合同法实施条例第十七条规定的服务期尚未到期的；

（三）工会法第十九条规定的任期未届满的。

第九条 有证据证明存在劳动合同法第十四条第三款规定的

"视为用人单位与劳动者已订立无固定期限劳动合同"情形，劳动者请求与用人单位订立书面劳动合同的，人民法院依法予以支持；劳动者以用人单位未及时补订书面劳动合同为由，请求用人单位支付视为已与劳动者订立无固定期限劳动合同期间二倍工资的，人民法院不予支持。

第十条 有下列情形之一的，人民法院应认定为符合劳动合同法第十四条第二款第三项"连续订立二次固定期限劳动合同"的规定：

（一）用人单位与劳动者协商延长劳动合同期限累计达到一年以上，延长期限届满的；

（二）用人单位与劳动者约定劳动合同期满后自动续延，续延期限届满的；

（三）劳动者非因本人原因仍在原工作场所、工作岗位工作，用人单位变换劳动合同订立主体，但继续对劳动者进行劳动管理，合同期限届满的；

（四）以其他违反诚信原则的规避行为再次订立劳动合同，期限届满的。

第十一条 劳动合同期满后，劳动者仍在用人单位工作，用人单位未表示异议超过一个月，劳动者请求用人单位以原条件续订劳动合同的，人民法院依法予以支持。

符合订立无固定期限劳动合同情形，劳动者请求用人单位以原条件订立无固定期限劳动合同的，人民法院依法予以支持。

用人单位解除劳动合同，劳动者请求用人单位依法承担解除劳动合同法律后果的，人民法院依法予以支持。

第十二条 除向劳动者支付正常劳动报酬外，用人单位与劳动者约定服务期限并提供特殊待遇，劳动者违反约定提前解除劳动合同且不符合劳动合同法第三十八条规定的单方解除劳动合同情形时，用人单位请求劳动者承担赔偿损失责任的，人民法院可以综合考虑实际损失、当事人的过错程度、已经履行的年限等因素确定劳动者应当承担的赔偿责任。

第十三条 劳动者未知悉、接触用人单位的商业秘密和与知识产权相关的保密事项，劳动者请求确认竞业限制条款不生效的，人民法院依法予以支持。

竞业限制条款约定的竞业限制范围、地域、期限等内容与劳动者知悉、接触的商业秘密和与知识产权相关的保密事项不相适应，劳动者请求确认竞业限制条款超过合理比例部分无效的，人民法院依法予以支持。

第十四条 用人单位与高级管理人员、高级技术人员和其他负有保密义务的人员约定在职期间竞业限制条款，劳动者以不得约定在职期间竞业限制、未支付经济补偿为由请求确认竞业限制条款无效的，人民法院不予支持。

第十五条 劳动者违反有效的竞业限制约定，用人单位请求劳动者按照约定返还已经支付的经济补偿并支付违约金的，人民法院依法予以支持。

第十六条 用人单位违法解除或者终止劳动合同后，有下列情形之一的，人民法院可以认定为劳动合同法第四十八条规定的“劳动合同已经不能继续履行”：

（一）劳动合同在仲裁或者诉讼过程中期满且不存在应当依法续订、续延劳动合同情形的；

（二）劳动者开始依法享受基本养老保险待遇的；

（三）用人单位被宣告破产的；

（四）用人单位解散的，但因合并或者分立需要解散的除外；

（五）劳动者已经与其他用人单位建立劳动关系，对完成用人单位的工作任务造成严重影响，或者经用人单位提出，不与其他用人单位解除劳动合同的；

（六）存在劳动合同客观不能履行的其他情形的。

第十七条 用人单位未按照国务院安全生产监督管理部门、卫生行政部门的规定组织从事接触职业病危害作业的劳动者进行离岗前的职业健康检查，劳动者在双方解除劳动合同后请求继续履行劳动合同的，人民法院依法予以支持，但有下列情形之一的除外：

（一）一审法庭辩论终结前，用人单位已经组织劳动者进行职业健康检查且经检查劳动者未患职业病的；

（二）一审法庭辩论终结前，用人单位组织劳动者进行职业健康检查，劳动者无正当理由拒绝检查的。

第十八条 用人单位违法解除、终止可以继续履行的劳动合同，劳动者请求用人单位支付违法解除、终止决定作出后至劳动合同继续履行前一日工资的，用人单位应当按照劳动者提供正常劳动时的工资标准向劳动者支付上述期间的工资。

用人单位、劳动者对于劳动合同解除、终止都有过错的，应当各自承担相应的责任。

第十九条 用人单位与劳动者约定或者劳动者向用人单位承诺无需缴纳社会保险费的，人民法院应当认定该约定或者承诺无效。用人单位未依法缴纳社会保险费，劳动者根据劳动合同法第三十八条第一款第三项规定请求解除劳动合同、由用人单位支付经济补偿的，人民法院依法予以支持。

有前款规定情形，用人单位依法补缴社会保险费后，请求劳动者返还已支付的社会保险费补偿的，人民法院依法予以支持。

第二十条 当事人在仲裁期间因自身原因未提出仲裁时效抗辩，在一审或者二审诉讼期间提出仲裁时效抗辩的，人民法院不予支持。当事人基于新的证据能够证明对方当事人请求权的仲裁时效期间届满的，人民法院应予支持。

当事人未按照前款规定提出仲裁时效抗辩，以仲裁时效期间届满为由申请再审或者提出再审抗辩的，人民法院不予支持。

第二十一条 本解释自2025年9月1日起施行。《最高人民法院关于审理劳动争议案件适用法律问题的解释（一）》（法释〔2020〕26号）第三十二条第一款同时废止。最高人民法院此前发布的司法解释与本解释不一致的，以本解释为准。

附录二

1. 固定期限劳动合同书[①]

编号：____________

劳 动 合 同 书

（固定期限）

甲　　方：______________________________

乙　　方：______________________________

签订日期：________年________月________日

北京市劳动和社会保障局监制

① 参见北京市人力资源和社会保障局网站，https：//rsj.beijing.gov.cn/fuwu/bmxz/gz/201912/P020231225531467883192.doc，最后访问时间：2025 年 8 月 2 日。

根据《中华人民共和国劳动法》、《中华人民共和国劳动合同法》和有关法律、法规，甲乙双方经平等自愿、协商一致签订本合同，共同遵守本合同所列条款。

一、劳动合同双方当事人基本情况

第一条 甲方________________

法定代表人（主要负责人）或委托代理人__________________

注册地址____

经营地址____

第二条 乙方__________性别_____

户籍类型（非农业、农业）________________

居民身份证号码________________________

或者其他有效证件名称__________证件号码________________

在甲方工作起始时间_____年_____月_____日

家庭住址________________邮政编码________________

在京居住地址________________邮政编码________________

户口所在地_______省（市）_____区（县）_____街道（乡镇）

二、劳动合同期限

第三条 本合同为固定期限劳动合同。

本合同于_____年_____月_____日生效，其中试用期至_____年_____月_____日止。本合同于_____年_____月_____日终止。

三、工作内容和工作地点

第四条 乙方同意根据甲方工作需要，担任________________________岗位（工种）工作。

第五条 根据甲方的岗位（工种）作业特点，乙方的工作区域或工作地点为____

第六条 乙方工作应达到______________________________

附录二

____

______________________________标准。

四、工作时间和休息休假

第七条 甲方安排乙方执行____________工时制度。

执行标准工时制度的，乙方每天工作时间不超过8小时，每周工作不超过40小时。每周休息日为____________

甲方安排乙方执行综合计算工时工作制度或者不定时工作制度的，应当事先取得劳动行政部门特殊工时制度的行政许可决定。

第八条 甲方对乙方实行的休假制度有________________________

____

五、劳动报酬

第九条 甲方每月____________日前以货币形式支付乙方工资，月工资为__________元或按____

____

____

执行。

乙方在试用期期间的工资为____________元。

甲乙双方对工资的其他约定________________________________

____

第十条 甲方生产工作任务不足使乙方待工的，甲方支付乙方的月生活费为____________元或按____________________________________

____执行。

六、社会保险及其他保险福利待遇

第十一条 甲乙双方按国家和北京市的规定参加社会保险。甲方为乙方办理有关社会保险手续，并承担相应社会保险义务。

甲乙双方应当按照有关规定缴存住房公积金。其中乙方应缴存的部分由甲方代扣代缴。

第十二条 乙方患病或非因工负伤的医疗待遇按国家、北京市有关规定执行。甲方按____
____________________支付乙方病假工资。

第十三条 乙方患职业病或因工负伤的待遇按国家和北京市的有关规定执行。

第十四条 甲方为乙方提供以下福利待遇____________________
____
____
____

七、劳动保护、劳动条件和职业危害防护

第十五条 甲方根据生产岗位的需要，按照国家有关劳动安全、卫生的规定为乙方配备必要的安全防护措施，发放必要的劳动保护用品。

第十六条 甲方根据国家有关法律、法规，建立安全生产制度；乙方应当严格遵守甲方的劳动安全制度，严禁违章作业，防止劳动过程中的事故，减少职业危害。

第十七条 甲方应当建立、健全职业病防治责任制度，加强对职业病防治的管理，提高职业病防治水平。

八、劳动合同的解除、终止和经济补偿

第十八条 甲乙双方解除、终止、续订劳动合同应当依照《中华人民共和国劳动合同法》和国家及北京市有关规定执行。

第十九条 甲方应当在解除或者终止本合同时，为乙方出具解除或者终止劳动合同的证明，并在十五日内为乙方办理档案和社会保险关系转移手续。

第二十条 乙方应当按照双方约定，办理工作交接。应当支付经济补偿的，在办结工作交接时支付。

九、当事人约定的其他内容

第二十一条 甲乙双方约定本合同增加以下内容：

____

____

____

____

____

____

十、劳动争议处理及其它

第二十二条 双方因履行本合同发生争议，当事人可以向甲方劳动争议调解委员会申请调解；调解不成的，可以向劳动争议仲裁委员会申请仲裁。

当事人一方也可以直接向劳动争议仲裁委员会申请仲裁。

第二十三条 本合同的附件如下______________________

____

____

____

第二十四条 本合同未尽事宜或与今后国家、北京市有关规定相悖的，按有关规定执行。

第二十五条 本合同一式两份，甲乙双方各执一份。

甲方（公　　章）　　　　　　　　　　乙方（签字或盖章）

法定代表人（主要负责人）或委托代理人

（签字或盖章）

签订日期：　　　年　　月　　日

劳动合同续订书

本次续订劳动合同期限类型为____________________期限合同，续订合同生效日期为______年______月______日，续订合同____________________________终止。

甲方（公　　章）　　　　　　　　　　　乙方（签字或盖章）

法定代表人（主要负责人）或委托代理人（签字或盖章）

年　　月　　日

本次续订劳动合同期限类型为____________________期限合同，续订合同生效日期为______年______月______日，续订合同____________________________终止。

甲方（公　　章）　　　　　　　　　　　乙方（签字或盖章）

法定代表人（主要负责人）或委托代理人（签字或盖章）

年　　月　　日

劳动合同变更书

经甲乙双方协商一致，对本合同做以下变更：

甲方（公　　章）　　　　　　　　乙方（签字或盖章）

法定代表人（主要负责人）或委托代理人

（签字或盖章）

______年______月______日

使用说明

一、本合同书可作为用人单位与职工签订劳动合同时使用。

二、用人单位与职工使用本合同书签订劳动合同时，凡需要双方协商约定的内容，协商一致后填写在相应的空格内。

签订劳动合同，甲方应加盖公章；法定代表人或主要负责人应本人签字或盖章。

三、经当事人双方协商需要增加的条款，在本合同书中第二十一条中写明。

四、当事人约定的其他内容，劳动合同的变更等内容在本合同内填写不下时，可另附纸。

五、本合同应使钢笔或签字笔填写，字迹清楚，文字简练、准确，不得涂改。

六、本合同一式两份，甲乙双方各持一份，交乙方的不得由甲方代为保管。

2. 劳动人事争议调解申请书[①]

调解申请书

申请人……（写明姓名，性别，民族，年龄，工作单位，职务，住所，联系电话；申请人系用人单位的，写明用人单位名称〈全称〉，住所，联系电话）。

法定代表人……（写明姓名，职务，联系电话；申请人系劳动者的，则省略该部分）。

委托代理人……（写明姓名，基本情况，代理权限，联系电话）。

被申请人……（写明用人单位名称〈全称〉，住所，联系电话；被申请人系劳动者的，写明姓名，性别，民族，年龄，工作单位，职务，住所，联系电话）。

法定代表人……（写明姓名，职务，联系电话；被申请人系劳动者的，则省略该部分）。

调解请求：

1. ××××××××××××××××××××××××××××××××；

2. ××××××××××××××××××××××××××；

3. ××××××××××××××××××××。

附录二

① 王良友：《劳动人事争议文书格式样本及操作实务：协商、调解、仲裁、诉讼和执行》，中国法制出版社2017年版，第31~32页。

事实和理由：

……（事实部分：写明劳动、人事关系建立的时间，是否签有劳动合同、聘用合同？从事什么工种？参加工作以来的基本工作情况，争议发生的时间、地点、起因、经过、结果，证明所陈述的事实客观存在的证据，双方争议的焦点。）

……｛理由部分：阐述被申请人侵害申请人合法权益的事实和理由。为依法维护我（单位）的合法权益，根据＿＿＿＿（××法律）＿＿＿＿之规定，特申请依法调解，支持我（单位）的调解请求。｝

此致

×××（调解组织名称）

申请人：（签名、捺印或者盖章）

＿＿＿＿年＿＿月＿＿日

附：1. 申请人的身份证复印件（或者营业执照〈或者法人登记证书〉复印件，法定代表人〈或者主要负责人〉身份证明书及其身份证复印件，授权委托书）；

2. 证据清单（注明证据名称、证据来源及证明事项等）；

3. 证人姓名、住所、联系电话。

3. 劳动人事争议仲裁申请书①

仲裁申请书

申请人…… [写明姓名，性别，民族，年龄，工作单位，职务，住所，联系电话；申请人系用人单位的，写明用人单位名称（全称），住所，联系电话]。

法定代表人……（写明姓名，职务，联系电话；申请人系劳动者的，则省略该部分）。

委托代理人……（写明姓名，基本情况，代理权限，联系电话）。

被申请人…… [写明用人单位名称（全称），住所，联系电话；被申请人系劳动者的，写明姓名，性别，民族，年龄，工作单位，职务，住所，联系电话]。

法定代表人……（写明姓名，职务，联系电话；被申请人系劳动者的，则省略该部分）。

仲裁请求：

1. ××××××××××××××××××××××××××××××××××；

2. ×××××××××××××××××××××××××××；

3. ××××××××××××××××××××。

事实和理由：

① 王良友：《劳动人事争议文书格式样本及操作实务：协商、调解、仲裁、诉讼和执行》，中国法制出版社 2017 年版，第 163~164 页。

……（事实部分：写明劳动、人事关系建立时间，是否签有书面劳动合同、人事聘用合同？从事什么工种？参加工作以来的基本工作情况；争议发生的时间、地点、起因、经过、结果；证明所陈述的事实客观存在的证据，双方争议的焦点。）

……［理由部分：阐述被申请人侵害申请人合法权益的事实和理由。为依法维护我（单位）的合法权益，根据__（×××法律）__之规定，特诉请仲裁委员会依法裁决，支持我（单位）的仲裁请求。］

此致

×××劳动人事争议仲裁委员会

申请人：（签名、捺印或者盖章）

____年__月__日

附：1. 申请人的身份证复印件［或者营业执照（或者法人登记证书）复印件，法定代表人（或者主要负责人）身份证明书及其身份证复印件，授权委托书］；

2. 证据清单（注明证据名称、证据来源及证明事项等）；

3. 证人姓名、住所、联系电话。

4. 工伤认定申请表①

编号：

工 伤 认 定 申 请 表

申请人：

受伤害职工：

申请人与受伤害职工关系：

申请人地址：

邮政编码：

联系电话：

填表日期：　　　年　　月　　日

北京市人力资源和社会保障局

① 参见北京市人民政府网站，http：//banshi. beijing. gov. cn/pubtask/task/1/110108000000/7a1fd248-01fc-486b-b976-cd4c633cd1cc. html？locationCode=110108000000，最后访问时间：2025 年 8 月 2 日。

<table>
<tr><td>职工姓名</td><td></td><td>性别</td><td></td><td>出生日期</td><td></td></tr>
<tr><td>身份证号码</td><td colspan="3"></td><td>联系电话</td><td></td></tr>
<tr><td>家庭地址</td><td colspan="3"></td><td>邮政编码</td><td></td></tr>
<tr><td>工作单位</td><td colspan="3"></td><td>联系电话</td><td></td></tr>
<tr><td>单位地址</td><td colspan="3"></td><td>邮政编码</td><td></td></tr>
<tr><td>职业、工种
或工作岗位</td><td colspan="3"></td><td>参加工作时间</td><td></td></tr>
<tr><td>事故时间</td><td colspan="3"></td><td>诊断时间</td><td></td></tr>
<tr><td>受伤害部位</td><td colspan="3"></td><td>职业病名称</td><td></td></tr>
<tr><td>接触职业病
危害岗位</td><td colspan="3"></td><td>接触职业病
危害时间</td><td></td></tr>
<tr><td>受伤害
经过简述
(可附页)</td><td colspan="5"></td></tr>
<tr><td colspan="6">申请事项：

申请人签字：(公章)
年　　月　　日</td></tr>
</table>

<table>
<tr><td colspan="2">用人单位意见：

经办人签字：（公章）
年　月　日</td></tr>
<tr><td rowspan="2">社会保险行政部门审查资料和受理意见</td><td>经办人签字：
年　月　日</td></tr>
<tr><td>负责人签字：
（公章）
年　月　日</td></tr>
<tr><td colspan="2">备注：</td></tr>
</table>

填表说明：

一、用钢笔或签字笔填写，字体工整清楚。

二、申请人为用人单位的，在首页申请人处加盖单位公章。

三、受伤害部位一栏填写受伤害的具体部位。

四、诊断时间一栏，职业病者，按职业病确诊时间填写；受伤或死亡的，按初诊时间填写。

五、受伤害经过简述，应写明事故发生的时间、地点，当时所从事的工作，受伤害的原因以及伤害部位和程度。职业病患者应写明在何单位从事何种有害作业，起止时间，确诊结果。

六、申请人提出工伤认定申请时，应当提交受伤害职工的居民身份证；医疗机构出具的职工受伤害时诊断证明书、病历、职业病诊断证明书或者职业病诊断鉴定书等医学文件；劳动、聘用合同文本或者与用人单位存在劳动关系（包括事实劳动关系）、人事关系的其他材料。

申请人提交的诊断证明书、病历、职业病诊断证明书或者职业病诊断鉴定书应当符合国家和本市规定的要求。

七、申请人提出工伤认定申请，应当按照《条例》第十八条的规定提交材料，并附具下列相关材料：

（一）属于《条例》第十四条第（一）、（二）、（五）项情形的，附具伤害事故文书或者下落不明的事故文书；

（二）属于《条例》第十四条第（三）项情形的，附具意外伤害文书或者司法机关出具的相关法律文书；

（三）属于《条例》第十四条第（六）项情形的，附具司法机关、公安机关交通管理、交通运输、铁道等部门或者法律、行政法规授权组织出具的相关法律文书；

（四）属于《条例》第十五条第（一）项情形的，附具医疗机构出具的抢救记录；

（五）属于《条例》第十五条第（二）项情形的，附具相关单位出具的材料；

（六）属于《条例》第十五条第（三）项情形的，附具革命伤残军人证及医疗机构出具的旧伤复发诊断材料。

职工死亡的，应当同时附具死亡证明。

八、申请事项栏，受伤害职工或者其近亲属、工会组织应注明要求认定或者视同为工伤并签字。用人单位申请的，应注明要求认定或者视同为工伤并签章。

九、用人单位意见栏，应签署是否同意要求认定为工伤或者视同工伤，所填情况是否属实，经办人签字并加盖单位公章。

十、社会保险行政部门审查资料和受理意见栏，应填写补正材料或是否受理的意见。

十一、此表一式二份，社会保险行政部门、申请人各留存一份。

5. 劳动人事争议起诉状①

民事起诉状

原告……［写明姓名，性别，民族，年龄，工作单位，职务，住所，联系电话；原告系用人单位的，写明用人单位名称（全称），住所，联系电话］。

法定代表人……（写明姓名，职务，联系电话；原告系劳动者的，则省略该部分）。

委托代理人……（写明姓名，基本情况，代理权限，联系电话）。

被告……［写明用人单位名称（全称），住所，联系电话；被告系劳动者的，写明姓名，性别，民族，年龄，工作单位，职务，住所，联系电话］。

法定代表人……（写明姓名，职务，联系电话；被告系劳动者的，则省略该部分）。

诉讼请求：

1. ××××××××××××××××××××××××××××××××；
2. ××××××××××××××××××××××××××；
3. 本案诉讼费用由被告承担。

事实和理由：

① 王良友：《劳动人事争议文书格式样本及操作实务：协商、调解、仲裁、诉讼和执行》，中国法制出版社2017年版，第719~720页。

附录二

……｛事实部分：写明劳动关系建立时间，劳动合同订立情况，从事什么工种？参加工作以来的工作情况；争议发生的时间、地点、起因、经过、结果。用人单位拒不按工资欠条支付劳动者工资，或者用人单位拒不履行调解组织就劳动报酬争议达成的调解协议，或者仲裁委员会受理或者不予受理案件的时间，或者仲裁委员会逾期不作出裁决、决定的情况，或者仲裁案件中止、延期审理的情况，或者不服仲裁裁决的事实和理由，或者终局裁决被中级人民法院撤销，或者仲裁裁决书、调解书被人民法院裁定不予执行等情况。｝

……｛理由部分：阐述被告侵害原告合法权益的事实和理由。为依法维护我（单位）的合法权益，根据＿＿（×××法律）＿＿之规定，特诉请人民法院依法判决，支持我（单位）的诉讼请求。｝

此致

×××人民法院

具状人：（签名、捺印或者盖章）

年＿＿月＿＿日

附：1. 原告的身份证复印件［或者营业执照（或者法人登记证书）复印件，法定代表人（或者主要负责人）身份证明书及其身份证复印件，授权委托书］；

2. 证据清单（注明证据名称、证据来源及证明事项等）；

3. 证人姓名、住所、联系电话。

6. 支付令执行申请书①

支付令执行申请书

执行申请人……（写明姓名，性别，民族，年龄，工作单位，职务，住所，联系电话）。

委托代理人……（写明姓名，基本情况，代理权限，联系电话）。

被执行人……［写明用人单位名称（全称），住所，联系电话］。

法定代表人……（写明姓名，职务，联系电话）。

请求事项：

1. 强制被执行人履行×××人民法院第××号支付令，立即支付执行申请人＿＿（支付令明确的项目、金额）＿＿，合计××元；

2. 强制被执行人加倍支付迟延履行期间的债务利息××元；

3. 本案申请执行费用，由被执行人承担。

事实和理由：

……｛事实部分：写明劳动者与用人单位之间，因拖欠或未足额支付劳动报酬，或者因支付拖欠劳动报酬、工伤医疗费、经济补偿或者赔偿金事项达成调解协议，用人单位在协议约定期限内拒不履行。执行申请人于××××年××月××日向×××人民法院申请支付令，人民法院于××××年××月××日向用人单位发出第××号支付令。用人单位收到

① 王良友：《劳动人事争议文书格式样本及操作实务：协商、调解、仲裁、诉讼和执行》，中国法制出版社2017年版，第744~745页。

支付令后15日内，既不提出异议，又不履行支付令，且转移、隐匿、变卖或者毁损财产以逃避债务。}

……{理由部分：根据《中华人民共和国民事诉讼法》第二百一十六条第三款、第二百五十三条之规定，被执行人的行为严重侵害了我的合法权益，特申请人民法院强制执行第××号支付令，强制被执行人支付劳动报酬××元、工伤医疗费××元、经济补偿××元、赔偿金××元、债务利息××元，合计××元；本案执行费用，由被执行人承担。}

此致

×××人民法院

执行申请人：（签名、捺印）

________年____月____日

附：1. 申请人的身份证复印件；

2. 调解协议复印件一份；

3. 证明人民法院已经受理《支付令申请书》的相关证据；

4. 被执行人转移、隐匿、变卖或者毁损财产的相关证据。

本书所涉文件目录

宪法

2018 年 3 月 11 日　　中华人民共和国宪法

法律

2006 年 8 月 27 日　　中华人民共和国企业破产法
2007 年 12 月 29 日　　中华人民共和国劳动争议调解仲裁法
2009 年 8 月 27 日　　中华人民共和国矿山安全法
2011 年 10 月 29 日　　中华人民共和国居民身份证法
2012 年 10 月 26 日　　中华人民共和国国家赔偿法
2015 年 4 月 24 日　　中华人民共和国就业促进法
2018 年 12 月 29 日　　中华人民共和国社会保险法
2018 年 12 月 29 日　　中华人民共和国劳动法
2018 年 12 月 29 日　　中华人民共和国公务员法
2018 年 12 月 29 日　　中华人民共和国职业病防治法
2020 年 5 月 28 日　　中华人民共和国民法典
2021 年 1 月 22 日　　中华人民共和国行政处罚法
2021 年 8 月 20 日　　中华人民共和国法律援助法
2021 年 12 月 24 日　　中华人民共和国工会法
2022 年 4 月 20 日　　中华人民共和国职业教育法
2022 年 10 月 30 日　　中华人民共和国妇女权益保障法
2023 年 9 月 1 日　　中华人民共和国民事诉讼法
2023 年 12 月 29 日　　中华人民共和国刑法
2023 年 12 月 29 日　　中华人民共和国公司法
2025 年 6 月 27 日　　中华人民共和国治安管理处罚法

2025 年 6 月 27 日　　中华人民共和国反不正当竞争法

行政法规及文件

1987 年 12 月 3 日　　中华人民共和国尘肺病防治条例
1995 年 3 月 25 日　　国务院关于职工工作时间的规定
1999 年 1 月 22 日　　失业保险条例
2002 年 7 月 6 日　　国务院办公厅转发人事部关于在事业单位试行人员聘用制度意见的通知
2003 年 7 月 21 日　　法律援助条例
2004 年 11 月 1 日　　劳动保障监察条例
2006 年 1 月 31 日　　国务院关于解决农民工问题的若干意见
2006 年 12 月 19 日　　诉讼费用交纳办法
2008 年 9 月 18 日　　中华人民共和国劳动合同法实施条例
2010 年 2 月 5 日　　国务院办公厅关于切实解决企业拖欠农民工工资问题的紧急通知
2010 年 12 月 20 日　　工伤保险条例
2012 年 4 月 28 日　　女职工劳动保护特别规定
2014 年 2 月 21 日　　国务院关于建立统一的城乡居民基本养老保险制度的意见
2014 年 7 月 29 日　　安全生产许可证条例
2016 年 1 月 3 日　　国务院关于整合城乡居民基本医疗保险制度的意见
2016 年 1 月 17 日　　国务院办公厅关于全面治理拖欠农民工工资问题的意见
2023 年 4 月 19 日　　国务院办公厅关于优化调整稳就业政策措施全力促发展惠民生的通知
2023 年 9 月 21 日　　保障农民工工资支付工作考核办法
2024 年 5 月 28 日　　国有企业管理人员处分条例
2024 年 11 月 10 日　　全国年节及纪念日放假办法
2024 年 12 月 6 日　　使用有毒物品作业场所劳动保护条例

部门规章及文件

1994 年 9 月 5 日	关于《劳动法》若干条文的说明
1994 年 12 月 1 日	劳动部关于发布《企业职工患病或非因工负伤医疗期规定》的通知
1994 年 12 月 6 日	工资支付暂行规定
1994 年 11 月 14 日	企业经济性裁减人员规定
1995 年 8 月 4 日	关于贯彻执行《中华人民共和国劳动法》若干问题的意见
1996 年 10 月 31 日	劳动部关于企业职工流动若干问题的通知
1996 年 10 月 31 日	劳动部关于实行劳动合同制度若干问题的通知
1997 年 4 月 3 日	劳动部关于加强劳动合同管理完善劳动合同制度的通知
2000 年 11 月 8 日	工资集体协商试行办法
2003 年 5 月 30 日	劳动和社会保障部关于非全日制用工若干问题的意见
2003 年 7 月 31 日	关于国有大中型企业主辅分离辅业改制分流安置富余人员的劳动关系处理办法
2003 年 12 月 10 日	事业单位试行人员聘用制度有关问题的解释
2004 年 1 月 20 日	集体合同规定
2004 年 1 月 20 日	最低工资规定
2004 年 7 月 12 日	人事部关于印发《关于事业单位试行人员聘用制度有关工资待遇等问题的处理意见(试行)》的通知
2005 年 11 月 16 日	事业单位公开招聘人员暂行规定
2006 年 7 月 4 日	事业单位岗位设置管理试行办法

2006 年 8 月 17 日	劳动和社会保障部、中华全国总工会、中国企业联合会/中国企业家协会关于开展区域性行业性集体协商工作的意见
2010 年 12 月 31 日	非法用工单位伤亡人员一次性赔偿办法
2010 年 12 月 31 日	工伤认定办法
2013 年 6 月 20 日	劳务派遣行政许可实施办法
2014 年 1 月 24 日	劳务派遣暂行规定
2014 年 12 月 23 日	最高人民法院、最高人民检察院、人力资源和社会保障部、公安部关于加强涉嫌拒不支付劳动报酬犯罪案件查处衔接工作的通知
2016 年 9 月 1 日	重大劳动保障违法行为社会公布办法
2016 年 11 月 28 日	人力资源社会保障部关于城镇企业职工基本养老保险关系转移接续若干问题的通知
2017 年 5 月 8 日	劳动人事争议仲裁办案规则
2017 年 5 月 8 日	劳动人事争议仲裁组织规则
2017 年 10 月 9 日	事业单位公开招聘违纪违规行为处理规定
2017 年 11 月 8 日	人力资源社会保障部、最高人民法院关于加强劳动人事争议仲裁与诉讼衔接机制建设的意见
2019 年 7 月 11 日	生产安全事故应急预案管理办法
2019 年 12 月 31 日	人才市场管理规定
2022 年 1 月 7 日	关于实施《劳动保障监察条例》若干规定
2022 年 1 月 7 日	就业服务与就业管理规定
2022 年 10 月 13 日	人力资源社会保障部、中央政法委、最高人民法院、工业和信息化部、司法部、财政部、中华全国总工会、中华全国工商业联合会、中国企业联合会/中国企业家协会关于进一步加强劳动人事争议协商调解工作的意见

2024 年 1 月 10 日　生产安全事故罚款处罚规定

2024 年 6 月 14 日　失业保险金申领发放办法

2025 年 1 月 1 日　人力资源社会保障部关于职工全年月平均工作时间和工资折算问题的通知

2025 年 4 月 10 日　人力资源社会保障部 财政部 国家卫生健康委关于全面开展工伤保险跨省异地就医直接结算工作的通知

司法解释及文件

2003 年 8 月 27 日　最高人民法院关于人民法院审理事业单位人事争议案件若干问题的规定

2004 年 12 月 13 日　关于人民陪审员选任、培训、考核工作的实施意见

2010 年 2 月 8 日　最高人民法院关于进一步加强拖欠农民工工资纠纷案件审判工作的紧急通知

2013 年 1 月 16 日　最高人民法院关于审理拒不支付劳动报酬刑事案件适用法律若干问题的解释

2014 年 6 月 18 日　最高人民法院关于审理工伤保险行政案件若干问题的规定

2015 年 12 月 14 日　最高人民法院、最高人民检察院关于办理危害生产安全刑事案件适用法律若干问题的解释

2020 年 12 月 29 日　最高人民法院关于审理劳动争议案件适用法律问题的解释（一）

2022 年 1 月 19 日　最高人民法院办公厅 人力资源社会保障部办公厅关于建立劳动人事争议“总对总”在线诉调对接机制的通知

2022 年 4 月 1 日　最高人民法院关于适用《中华人民共和国民事诉讼法》的解释

2022年12月26日	最高人民法院关于为稳定就业提供司法服务和保障的意见
2025年7月31日	最高人民法院关于审理劳动争议案件适用法律问题的解释（二）

团体规定

2006年12月11日	企业工会工作条例

人大代表建议的答复

2019年7月24日	人力资源社会保障部对十三届全国人大二次会议第3577号建议的答复
2023年6月30日	人力资源社会保障部对十四届全国人大一次会议第3568号建议的答复
2023年8月22日	人力资源社会保障部对十四届全国人大一次会议第5884号建议的答复
2023年8月22日	人力资源社会保障部对十四届全国人大一次会议第7013号建议的答复
2023年8月23日	人力资源社会保障部对十四届全国人大一次会议第1404号建议的答复

答记者问

2025年8月1日	最高法相关部门负责人就劳动争议司法解释（二）答记者问

图书在版编目（CIP）数据

劳动合同法一本通 / 法规应用研究中心编. -- 3 版.
北京 ：中国法治出版社，2025. 8. --（法律一本通）.
ISBN 978-7-5216-5286-4

Ⅰ. D922.524

中国国家版本馆 CIP 数据核字第 20259U1V29 号

责任编辑：谢雯　　　　封面设计：杨泽江

劳动合同法一本通

LAODONG HETONGFA YIBENTONG

编者/法规应用研究中心

经销/新华书店

印刷/保定市中画美凯印刷有限公司

开本/880 毫米×1230 毫米　32 开　　　　印张/ 11.625　字数/ 285 千

版次/2025 年 8 月第 3 版　　　　2025 年 8 月第 1 次印刷

中国法治出版社出版

书号 ISBN 978-7-5216-5286-4　　　　定价：39.00 元

北京市西城区西便门西里甲 16 号西便门办公区

邮政编码：100053　　　　传真：010-63141600

网址：http：//www.zgfzs.com　　　　编辑部电话：010-63141797

市场营销部电话：010-63141612　　　　印务部电话：010-63141606

法律一本通丛书·第十版

1. 民法典一本通
2. 刑法一本通
3. 行政许可法、行政处罚法、行政强制法一本通
4. 土地管理法一本通
5. 农村土地承包法一本通
6. 道路交通安全法一本通
7. 劳动法一本通
8. 劳动合同法一本通
9. 公司法一本通
10. 安全生产法一本通
11. 税法一本通
12. 产品质量法、食品安全法、消费者权益保护法一本通
13. 公务员法一本通
14. 商标法、专利法、著作权法一本通
15. 民事诉讼法一本通
16. 刑事诉讼法一本通
17. 行政复议法、行政诉讼法一本通
18. 社会保险法一本通
19. 行政处罚法一本通
20. 环境保护法一本通
21. 网络安全法、数据安全法、个人信息保护法一本通
22. 监察法、监察官法、监察法实施条例一本通
23. 法律援助法一本通
24. 家庭教育促进法、未成年人保护法、预防未成年人犯罪法一本通
25. 工会法一本通
26. 反电信网络诈骗法一本通
27. 劳动争议调解仲裁法一本通
28. 劳动法、劳动合同法、劳动争议调解仲裁法一本通
29. 保险法一本通
30. 妇女权益保障法一本通
31. 治安管理处罚法一本通
32. 农产品质量安全法一本通
33. 企业破产法一本通
34. 反间谍法一本通
35. 民法典：总则编一本通
36. 民法典：物权编一本通
37. 民法典：合同编一本通
38. 民法典：人格权编一本通
39. 民法典：婚姻家庭编一本通
40. 民法典：继承编一本通
41. 民法典：侵权责任编一本通
42. 文物保护法一本通
43. 反洗钱法一本通
44. 学前教育法、未成年人保护法、教育法一本通
45. 能源法一本通
46. 各级人民代表大会常务委员会监督法、全国人民代表大会和地方各级人民代表大会选举法、全国人民代表大会和地方各级人民代表大会代表法一本通
47. 矿产资源法一本通
48. 未成年人保护法、妇女权益保障法、老年人权益保障法一本通

……